穿越想像的异邦
布衣日本散论

刘柠 著

浙江大学出版社
ZHEJIANG UNIVERSITY PRESS

目　录

作为文化的日本

转身的日本："大国化"的途中

"和平宪法"让天皇走下神坛，"人间天皇"裕仁父子在阅读联合国占领军机关报《星条旗报》。

和平宪法一甲子，志在必改？

2007 年 5 月 3 日，日本的宪法纪念日，是现行的"和平宪法"实施 60 周年的日子。60 年一甲子，一部身世奇特的宪法风雨兼程地走过，虽未经任何修改，但核心部分却被空蚀，呈空心化——日本宪法正站在 21 世纪的十字路口：改，还是不改？是一个问题。

围绕这个问题，日本社会展开了空前的论战。正值国民纷纷涌出国门、踏上海外之旅的黄金周，各大主流媒体推出与此相关的报道、社论、民调连篇累牍，给人一个总的感觉：改宪问题已到了须臾不可放置的节骨眼上。

何谓"和平宪法"

1945 年 8 月 15 日，日本接受《波茨坦公告》，宣布投降。随后，美军对日本实行了长达 7 年的军事占领。作为美对日民主化改革的重要一环，废除基于天皇总揽统治权的《明治宪法》，制定一部从制度上根除历史旧恶、"主权在民"的民主宪法成为当务之急。盟军总司令麦克阿瑟元帅责令盟军司令部民政局局长惠特尼准将领导的宪法起草委员会尽快草拟出宪法草案，并提出了制宪三原则：第一，天皇的权力和义务由宪法予以规定，天皇对人民的基本意志负责；第二，放弃作为国家主权的战争权力，日本不但要放弃作为解决纠纷手段的战争，也要放弃作为自卫手段的战争，把防卫事务委托给"左右世界的崇高理想"；第三，废除封建制度，除皇族外，华族权利只限于本人一代，不保留任何特权。

惠特尼准将不负所望，很快拿出了宪法草案，于1946年2月13日交付日本政府"检讨"。日本政府对于以象征天皇、主权在民和放弃战争为主体的宪法草案，表示难以接受。而美占领当局则考虑抢在2月26日国际"远东委员会"成立之前将宪法既成事实化，避免委员会成立后插手制宪事宜。因此，以高压手段逼迫日本政府接受，限期48小时内作出答复，并威胁说，如不接受草案，占领当局将单方面向日本国民公布。在这种情势下，日本政府只有表示原则接受。在议会审议之后，于1946年11月3日以《日本国宪法》的名义颁布，并于次年5月3日起实施。可以说，日本是在接受美援的脱脂奶粉和压缩饼干的同时，被迫接收了"和平宪法"。某种源于被"强加"的郁闷和反弹，构成了战后一直绵延至今的改宪思潮的主调。

可是，成也萧何，败也萧何。出于对冷战的应对和反共的战略需要，美国的对日占领政策经历了一个明显的变化——从最初的彻底打碎战争机器的"非武装化"、"民主化"，跳跃到后来重新有限度地武装日本，从而埋下了后者对战争历史问题认识模糊、反省不彻底的病根，而前者"首鼠两端"的政策权宜性，也为日本战后不同时期形形色色的"改宪派"提供了某种"合法性"依据。

何以是现在

日本作为东西方冷战最前沿的桥头堡，在二战后相当长的一段时期，左、右翼思想尖锐对立，各种政治势力的论战此起彼伏，而所有这些"左"与"右"的思想交锋，本质上几乎都能以"护宪"与"改宪"为线索贯穿起来。这并不是说，战后的日本是一个二元对立的意识形态化社会，但这两种思潮的博弈是如此的激烈、持久，乃至其他的声音都湮没无闻了。

事实上，自"和平宪法"颁布、实施以来，"改宪"的论调从来就没有消停过。不仅如此，其间还几度形成高分贝的动议，甚至酿成严重的社会性事件。1970年11月25日，著名作家三岛由纪夫率领4名"盾会"（由三岛弟子组成的、效忠其个人的准军事化右翼团体）成员闯入陆上自卫队营地，绑架东部方面总监益田兼利，召集千余名自卫队士官宣读"檄文"，呼吁改宪，发誓用血和生命来捍卫"日本的历史、文化和传统"，最后愤而切腹自戕，以唤起"国民精神"的觉醒。事件发生，举世震惊。"三岛由纪夫现象"成为日本国内长久的话题，而事件本身，则成了20世纪70年代经济高度成长期日本社会思潮的分水岭——从那以后，"改宪"一度成为禁忌。

对宪法问题，日本战后历届内阁，几乎都采取回避策略。继在安保斗争中下台的岸（信介）政权之后上台的池田勇人曾公开声明，"在自己（首相）任内不修改宪法"。其后，直到小泉内阁为止，前后18任首相，无一例外，都曾做出过类似的表态——首相任内不轻言改宪，成了永田町约定俗成的惯例。

首先打破这种"惯例"的，是安倍。而安倍的政治基因，则来自其毕生尊崇的外祖父岸信介的遗传。作为不折不扣打着改宪牌上台的政治家，安倍从不掩饰其政治保守色彩，谈到宪法问题时，言必称"摆脱战后体制"，这与其在太平洋战争中当过阁僚，1957年作为自民党总裁出任首相后创设"宪法调查会"，始终为改宪而不懈奔走的外祖父半个世纪前念兹在兹的"占领后遗症的根绝"、"真正独立的恢复"等话语简直如出一辙。

不过，即使安倍，也深知改宪之水甚深，不仅需要广泛的民意支持，而且要应对居高难下的法律门槛，绝非一朝一夕之功可就。连能让自民党乾坤翻转的政治强人如小泉者，也只是从释法入手，先把兵派出去，然后再试图从舆论上政治正确化，但却始终未触碰程序性法案。

而安倍上台未久，便动议被视为"改宪手续法案"的《国民投票法案》出台，实际上等于启动了改宪的预备程序。就在其2006年当选自民党总裁之初，安倍还曾从容地对海外媒体表态说：不惜以两届连任的时间来谋求实现宪改的目标。其能否如愿以偿地成功连任另当别论，但彼时的安倍显然是把宪改作为6年的中长期目标来考量的，并不像后来那样焦虑。那么，安倍何以在宪法问题上变得如此狂飙突进了呢？

答案只能从其政权支持率的变化上寻找。作为以70%的高支持率登场的明星政权，安倍显然没能做到"细水长流"。从2006年底，11名"造反"党员的复党问题开始，舆论审视安倍的视线变得严峻起来。

经过事务所经费等"政治与金钱"的丑闻和不止一名阁僚的失言丑闻之后，离心力增大，安倍开始迅速走背，支持率跌破40%。

而作为史上最年轻首相，安倍不仅自视甚高，而且对上台以来的业绩颇有几分自得：修正《教育基本法》、重估道路特定财源、防卫厅升省……自忖无一不是小泉政权求之而不得的正果。但遗憾的是，日本国民并不买账，他们觉得改革在后退。

在这种情况下，把原本留着"善终"的牌——改宪，先拿来应急便没什么不可思议的了。毕竟，在2007年7月的参院选举中，如果自（民）公（明）两党的席位跌破半数的话，作为执政党总裁的安倍是要承担责任的。虽然从法律上，下院（众院）选举似乎更为重要，但历史上因上院（参院）选举失利而引咎辞职的首相为数不少，近者便有宇野宗佑①、桥本龙太郎②等。

宪改的动因

毋庸讳言，20世纪90年代以降，特别是进入21世纪以后国家目标和战略定位的调整，日本社会对改宪已基本脱敏，各种民调结果和舆论表明，宪改的社会、政治基础日趋成熟。

日本打破"和平宪法"的禁忌有一个过程。尽管改宪的诉求是内发式的，但主要动力则源自外部刺激，并与该法的"始作俑者"美国密切相关。

第一次转机是1991年海湾战争。应美方要求，尚未趟入后来"泡沫经济"的泥淖、经济繁荣正如日中天的日本，独自承担了130亿美元的巨额战费，协助美国打赢了战争。战后，科威特政府特意在《纽约时报》斥巨资刊登鸣谢广告，一长串被感谢的国家中，硬是没有Japan。

① 宇野宗佑（Sosuke Uno，1922—1998），滋贺县野洲郡出生，神户商科大学（现神户大学）中退，日本政治家。1989年6月2日，继竹下登出任第75代首相。因性丑闻加上此前的"利库路特事件"和引入消费税的影响，在同年的参院选举中，自民党遭遇结党以来的惨败，宇野引咎辞职，在任仅69天。

② 桥本龙太郎（Ryutaro Hashimoto，1937—2006），东京都人，毕业于庆应义塾大学，日本政治家。1997年1月11日，继村山富市出任第82代首相。因金融改革不力，翌年7月的参院选举，自民党惨败，桥本内阁总辞职。

这使日本深受刺激，痛感徒有钞票、为人埋单难以在国际社会立足，要想赢得人家的尊重，就得流汗，甚至不惜流血。一时间，主流媒体上充满了对海湾战争的"反思"、批判，战时责任者海部（俊树）内阁的做法被舆论奚落为"支票外交"，"国际贡献"作为关键词取代了20世纪80年代的"国际化"。

不破不立。这场刺激的结果，导致了日本对"和平宪法"禁忌的破题：1991年4月，日政府向波斯湾派遣扫雷艇——这是战后日本自卫队首次踏出国门。继而，翌年，国会出台《联合国维和活动协力法》（"PKO法案"），自卫队开赴柬埔寨，从法律上为军队在"外国领土"活动打开了一道"非常门"。对此，日本政府所持的法理依据是，"只要不与武力行使混为一体，便不违宪"。

此乃日本以释法手段谋求突破宪法瓶颈之始。此后如法炮制，越走越远。9·11之后，为配合盟国美国的全球反恐，不仅其海上自卫队的军舰驶向印度洋，陆上自卫队的足迹甚至到了戈兰高地和伊拉克战场。

如果说海湾战争是日本战后安保拐点的话，那么，12年后的伊拉克战争则构成了另一种意义上的重要转机。众所周知，伊战是一场合法性备受质疑的战争：美布什政府以查找大规模破坏性武器为由开了战端，一场恶仗的结果，却是武器没找到。但即便是对于这样大义缺失的战争，日本也出于盟国的"义务"积极参与，并乐于提供海、陆、空全方位的配合。

小泉政权后期，日本已把驻扎在萨马沃市，从事战后复兴支援活动的陆上自卫队全部撤出了伊拉克。如今，虽然航空自卫队仍然在从事战争物资的运输服务，但按照事先的约束，始终没碰过武器弹药。如约派出，如期撤回，未折损一兵一卒，不仅给布什撑了面子，还成了小泉津津乐道的"政绩"。

在这里，宪法第九条再次体现了"安全阀"的作用：假如没有这一条的约束，或日本的释法功能过度发挥，突破了这一法律瓶颈的话，一个可想而知的结果，就是日本会被要求"全面协力"，从而深度裹进战争泥淖，像英国似的难以自拔。从这个意义上说，第九条是日本既履行盟国义务，而又能保持一定程度的灵活应对空间的唯一担保。

但虽说如此，随着中国的崛起，出于防范、遏制中国的现实需要，日美军事一体化进程势必会更加深化，日本也会被要求承担更多、更重的"国际义务"（除了经济的，还有军事的）。从这个意义上说，现行宪法确实对日本掣肘、捆绑过多，妨碍其在国际社会扮演更重要角色的诉求的表达。

解铃还需系铃人。然而吊诡的是，战后美国加诸日本的两样东西（"和平宪法"和《日美安保条约》），都在相当程度上改变了解除"敌国"武装，防范其"江湖独走"的初衷，一个成了日本拼命挣脱的"紧箍咒"，另一个则演变为美挟日以对外的利器。

宪改：改什么

过去 15 年，日本在不对现行宪法伤筋动骨的前提下，以高度的现实主义灵活性，硬是把释法空间推到了边界，乃至宪法的核心已被掏空。目前，作为宪改的一环，安倍授意成立的战略学者班底，正在加紧探讨集体自卫权行使的可能性。"法律上保有，却无法行使"局面的终结很可能是时间的问题。

众所周知，"和平宪法"的核心，其实就是第九条，即所谓"放弃战争，不保持战力"的约束。这不仅是日本对国际社会的庄严承诺，事实上也成为战后和平主义理念最大的思想资源。主权从天皇让渡给国民，公民社会的价值深入人心；男女平等，同享选举权；无论提出何种主张，信仰何种宗教，都无关"治安维持法"，不会被课以"不敬罪"；战后 60 年，无一人死于军力之下，甚至公民的身份证都没有编码，只记录最基本的个人信息（姓名、出生年月日、居住地等），以防被国家机器"恶用"于征兵、劳工等"战争装置"……战后日本的和平主义不可谓不彻底，这也是在支付了最昂贵、最惨痛的代价后所得到的唯一回报。用 2007 年 3 月辞世的日本著名小说家城山三郎（Saburo Shiroyama）的话说："通过战败，我们只换来了一部宪法。"

诚然，就保护公民权利不受侵害的宪法功能而言，"和平宪法"确乎有其局限。对此，有舆论指责国家为什么不能向国民提供免于做他国"国家犯罪"（如朝鲜绑架日本人质）的牺牲的保护；2006 年夏天，在北方四岛附近的根室冲海域，日渔民被俄罗斯人射杀，却未能得到俄方的道歉和赔偿，也令某些人士对宪法产生"幻灭感"。

但是，任何宪法、法律都有其适用边界，无边无涯的"普遍法"反而是可疑的，是百无一用的代名词。这本是常识性问题，无需解释。现行宪法实行60余年，其精神实质已深深植入日本社会，与现代国家公民社会的价值融为一体。我们理应看到：那种在战前、战时的日本，国会审议某个法案，当台下的议员向在台上解说的军部官员提出质疑时，会遭"住口"的呵斥，审议会结束，提问的议员会被罢免，甚至逮捕的事情在今天的日本是难以想像的；反体制作家、学者因著文批评政府或某个高官，而被"特高"① 便衣警察请去喝咖啡的情景已然绝迹；正因为有了宪法第九条的保护，越战时，日本没有被要求像同为美国盟国的韩国那样参战，得以专心发展经济；在硝烟尚未完全消散的战后伊拉克，日本维和部队之所以能不损一兵一卒，完璧归国，成为政治家口中的莲花，也是拜第九条"过滤"之功……应该说，战后日本能有60年和平建设的实绩，成为和平主义的策源地、大本营，拜"和平宪法"及第九条所赐矣。

这也是在今天的日本，"改宪派"已占多数、"改宪"基本上已成"政治正确"的情况下，主张改可以，但第九条不能动的声音仍然十分强大的理由；恐怕也是最大的"改宪派"安倍虽然力主改宪，通过改宪谋求建设一个"美丽国家"，而对于到底如何改，其所憧憬的"美丽宪法"究竟为何物却始终失语的原因。

---

① "特别高等警察"的简称，恶名昭著的秘密警察组织，从战前到战中，镇压共产主义、自由主义等反体制的言论、思想、宗教和社会运动，维持社会稳定。战后被废除。

"小泉剧场"谢幕，近乎完美的背影

造势舆论有穷时，盖棺小泉没商量。距离小泉"退阵"，还有两三个月的时间，小泉及其政权便已经被日本国内外媒体盖棺定论了 N 次。在日本历届首相中，蒙传媒如此"厚爱"者，恐怕并不多见。自民党总裁选举翌日（2006 年 9 月 21 日），这个被称为"怪人"的首相通过电子杂志向 5 年半以来始终支持其改革的国民郑重道别，"常言道有德者无才，有才者寡德，而我只是一介文弱、普通的'常识者'。但尽管如此，却常被什么东西庇护，兴许是运气好吧……"这份创刊于 2001 年 6 月，旨在直接与国民建立沟通的首相府电子刊物，每周四更新，以电子邮件的形式共发行了 4.5 亿份，盛期时的订阅量达 227 万份。

2006 年 9 月初，《读卖新闻》发表了关于战后首相评价的网上民调结果：小泉以 41% 的得票仅次于得票 44% 的吉田茂，位居"伟大首相"的第二位，超越了田中角荣（36%）和中曾根康弘（30%）。笔者注意到，对小泉的评价，越接近谢幕，越呈长势：战后 60 周年之际公布的民调结果，位居第二位的还是田中角荣。

应该说，这确乎是一个比较实事求是、情理之中的评价。日本学界在解读日本当代史时有一个说法，叫战后"两次崛起"，说的就是从美军轰炸后的瓦砾上崛起和从"泡沫经济"的废墟上崛起。作为两个不同历史时期的十字路口，两次都关涉设定什么样的国家战略、走什么样的发展道路的重大主题。前者，"轻军备、重经济"的"吉田路线"让日本以牺牲部分主权为代价换来长久的安全保障，在经济上以最短的时间完成了战后复兴，并一路坐成了经济大国；后者，小泉力主"小政府、大社会"，打碎自民党的派阀政治，拆分"巨无霸"国有机构邮政省，借与布什的私交，强化军事同盟，并以之为平台，把自卫队首次派到了海外战场，极大地推进了日本梦寐以求的"普通国家"化进程，把"总保守化"的政治资源与面向21世纪的国家战略目标结结实实地"链接"到了一起。前者，作为冷战时期的国家战略，其成功实施已然为战后60年日本和平发展的历史所证明；后者，作为面向21世纪的战略选择，在时间上刚刚进入过去时，后续效应尚待观察，"成功"与否，似乎还不到作价值判断的时候。但是，对于一个深刻改变了日本及其对外关系的政权，在它落下帷幕的时候，我们不妨回眸一望。这一望未必看得很远、很深，但求能看清它走过的足印，或许有助于理解小泉5年"光影交错"的改革和由此而生的21世纪日本不同于以往的政治生态及其走向。

"总统型"首相的政治秘诀

日本前首相、自民党最大派系"森派"掌门人森喜朗曾有微词，说小泉有张"非自民脸"。意思是小泉完全无视自民党传统派阀政治的"打招呼"、"调整"、"平衡"等玩法，不按党内既定游戏规则出牌。其实，森此言差矣：高喊"把自民党砸个稀巴烂"而上台的小泉，其政治上的胜利根本就是"反党"的胜利，用被视为其"接班人"的安倍晋三的话说，小泉是自民党"创造性的破坏者"。

应当承认，在日本战后历届首相中，小泉无疑是那种为数极少的具有"卡理斯玛"（Charismatic）式个人魅力型领导人之一。这不仅是因为其一头狮发、不苟言笑，给人以酷感的做派，更与其身上的一些迥异于传统日本政客的个人品质有关。譬如，说话干脆利落，绝少闪烁其词，拖泥带水；敢作敢当，勇于承担责任；思想开放，大胆任用女性官员；趣味脱俗，喜爱艺术，等等。假如在欧美社会，这些或许根本就不值得一提。但是在封闭、保守、有诸多长老社会遗留的日本政坛，说风格清新，实不为过。尽管作为政治家，小泉的所作所为确有作秀的嫌疑和成分，但这种"秀"，却不是一般政客能做得出来的，其背后也多少透出人的某种性情、胆识：如乘海上自卫队军舰视察北方四岛，雾霭茫茫的海上，一个手持望远镜的身影定格在周刊的封面；面对带伤参赛，终于胜出的名相扑手贵乃花的夺冠，即席发表"战胜伤痛，努力拼搏，令人感动"的动情而简短的发言；2002 年对平壤的闪电访问，听到朝方承认绑架日人事实的瞬间那僵硬的表情……历代首相中，少有如此与国民分享喜怒哀乐、"休戚与共"的政治人物，极大地缩小了政坛与市民社会的距离。

这也是被称为小泉政治成功秘诀之一的"剧场政治"。在某种意义上，也许我们可以说，小泉政权 5 年，正是这位酷爱歌剧、歌舞伎的政治家自编自演的一出高潮迭起、精彩纷呈的活报剧。作为导演兼主演，其对镜头、台词、舞台效果和观众心理的把握，几乎无懈可击——小泉是日本公认最会利用电视媒体造势的政治"超级明星"。

小泉赖以成功的另一个秘诀，是"首相支配"。所谓"首相支配"，原本是日本政治学者、政策研究大学副教授竹中治坚的一部著作的书名。著作本身说的是自细川护熙新党联立政权崩溃、自民党重新恢复执政以来，经过 20 世纪 90 年代中期开始的选举制度改革、政治资金规制及行政改革等历练，内阁首相的权力已今非昔比，大大强化，这成了自民党再度做成长期政权的政治基础，并直接催生了日本政治新的生态环境。小泉正是利用这一点，对执政党议员和行政官僚，行使、发挥了此前历任首相连想都不敢想的统帅权和至高无上的影响、决策能力，建立起了战后政治史上前所未有的"一朝权在手"的"首相支配"型长期政权。

众所周知，传统日本政治运作的一个显著特征，是重大政治决策往往由强大的官僚层主导，政治家乃至首相甚至都被排除在决策过程之外，即所谓"官僚支配"。作为日本社会心照不宣的传统，这种官僚主导型政治在"失落的十年"达到了极致：在内阁如走马灯似的频繁更迭的时期，一些省厅（相当于我国的部委）的日常工作和决策完全掌握在政务次官（相当于我国的副部长）手中。这种首相、内阁"缺席"的政治运作方式的长期持续，一方面说明日本官僚系统的成熟、高效和"无害化"（实际上是"去政治化"），但另一方面却导致了内阁权限的瓶颈化和国民对政府权威的饥渴状况。这种状况显然不利于日本在 21 世纪向"普通国家"的"转型"。事实上，日本许多政治家意识到这一点，也提出了一些相应的措施，力求突破现状。中曾根就在其著作中不止一次地提到要改革首相产生制度，提出向美国式"总统型"直选首相过渡。其根本用意，说穿了，就在于要扩大首相的权限。

从这个意义上说，小泉是战后日本第一位"总统型"首相。用索尼公司最高顾问出井伸之的话说，如果以前的首相是坐在神舆（祭祀时装有神牌位的轿子）上的"社长"的话，小泉就是美国大公司的CEO。并且，其五年的执政，已经从制度层面为"后小泉"时代的首相也能成为像他一样的"威权首相"作了铺垫。可以想像，其继任者，包括安倍在内，尽管未必能重演其"剧场效应"及与之自动"链接"的民调支持率 UP – DOWN 程序，但没人怀疑，泡沫经济时期的弱势首相，将从永田町彻底绝迹。

如何评价小泉政经改革

政治上，小泉大胆导入众院议员选举的"小选举区"机制，在人

"小泉剧场"谢幕。

事安排上首开不接受党内派阀推荐人选的"恶例"。仅此两项，便极大地打击了自民党内派阀系统，一些派阀已被摧毁（如"津岛派"，即旧"桥本派"），尚未被摧毁的，其势力也被大大削弱（如"森派"）。可以说，正是小泉治下，日本政治才开始呈现从（自民）党内对立到政党间对立的"政党政治"的雏形。

利用"对决型"政治话语（如"改革还是不"），制造"对决型"政治议题（如"谁不改革谁下台"），来争取民意及对无党派层的策反、怀柔，是小泉政治的一个重要特征。这种策略在打击对立势力时，其杀伤力是不言而喻的：对政治不明就里的普通民众，虽然搞不清什么才是好的政策，但面对诸如"改革或者下台"这种简单的二元对立选择的时候，会出于本能为所谓"改革派"投票。但这种"对决型"话语政治的致命问题在于，它永远需要一个敌人，自民党、保守派、邮政族……但是，当它的对立面被打倒之后，后续议题的话语空间往往所剩无几。譬如，"把自民党砸个稀巴烂"是国民耳熟能详的口号，但"砸个稀巴烂"之后，接下来该做什么，迄今未见下文。

对电视媒体和执政联盟公明党的过度依存是小泉政治的另一个特征。就前者来说，靠电视的巨大影响力来维持政治家的高人气指数，导致了自民党利权构造的瓦解，"族议员"势力也受到牵制。但其潜在的副作用也相当明显：对于小泉这种天生具有明星气质，且不乏驾驭镜头能力的首相来说，尚不可怕。但对于他之后的首相来说，很难说不会被电视控制；就后者而言，自民党与公明党并非一种单纯的联立，而是呈现一种每一名自民党议员都或多或少地被公明党和创价学会势力渗透的不自然形态。事实上，被"改写"的恰恰是自民党。

行政体制改革是小泉力倡的"构造改革"的一环，旨在清算自民党的"1955年体制"，实现"小政府，大社会"的愿景。对于这个注定会触及社会既得利益层的改革，20世纪90年代中期的桥本政权，曾有过浅尝辄止的尝试，但触动不大，无疾而终。而真正终结"1955年体制"的，无疑是小泉。他先后3次改组内阁，大力推进省厅改革、道路公团民营化改革和"三位一体"改革，并最终确定了重中之重的邮政民营化改革的方向。小泉在位的5年，日本的政府规模从2001年的22个省厅减少到目前的12个；仅邮政改革一项，就一举削减了40

万名政府雇员，"小政府"呼之欲出。

经济改革是令人眼花缭乱的"构造改革"的华彩乐章。在日本战后史上，恐怕没有一个政权像小泉政府那样从政治上自觉弘扬、并始终如一地贯彻新自由主义市场经济的价值理念。倡导"没有构造改革，便没有成长"的小泉，上台伊始，就破例把新自由主义经济学者竹中平藏拉进内阁，开民间人士入阁之先河。

从公共事业经费削减入手，到抑制新发国债额度、实施"金融再生计划"、为"主银行制"松绑……一直到邮政民营化改革，小泉5年半的改革被日本媒体形容为"光影交错"的岁月。其成效有目共睹：泡沫经济时期的巨额不良债券基本得到清理；平均股价从 1.3973 日元（2001 年 4 月 26 日）上升到 1.5634 日元（2006 年 9 月 22 日）；完全失业率从 4.8%（2001 年 4 月）下降到 4.1%（2006 年 7 月）；日本央行执行了 6 年的零利率政策终结，走出通缩已开始读秒……当日本的经济复苏持续了 52 个月之后，已经没人怀疑其下一轮的增长。

但改革的代价和副作用是沉重的：作为小泉改革的"负面遗产"，贫富差问题，已然成为世人诟病的焦点，某种程度上，也在抵消着小泉改革的"正面遗产"。日本从"一亿中流"的平富天堂，到所谓"下流社会"（日本评论家三浦展的同名著作）的出现；从提倡"终身雇佣"，到"NEET 族"（Not in Employment, Education or Training）的激增：日本正在从"最成功的共产主义国家"（美国《华尔街日报》专栏作家沃尔特·穆斯伯格语）迅速演变为一个标准的"资本主义"国家，连 OECD（经济合作发展组织）最近都对其急剧拉大的基尼系数发出了预警。

尽管小泉嘴上说"从来不认为贫富差是问题"，但无论是安倍内阁，还是最大在野党民主党，都已经将其作为最优先课题加以检讨，足见其对日本社会震荡之深远。

外交：小泉政权的"污点"

毋庸置疑，小泉外交问题多多，这也是日本国内舆论和国际社会指责的焦点。在这个问题上，笔者向来主张就事论事，不因人废言、废行。

首先，对日本国民来说，小泉政权的对美外交，功莫大焉。作为日本战后最亲美的政府，小泉自始至终把日美关系定位为重中之重，支柱中的支柱。但就其发展日美关系的出发点而言，小泉似乎与半个世纪前参与日美安保条约制定的前辈政治家有所不同。宥于历史原因，吉田茂时代的日本政治掌舵者，在此问题上的发言权、影响力极其有限，他们脑子里只有"主权换安保"朴素的战略主张。但小泉不同，作为泡沫经济后转型期日本的领导者，他有很强的要在21世纪让日本实现成为"普通国家"的战略目标的使命感及面向此国家战略时的焦虑。为此，小泉所能想到的最大资源就是日美同盟。

出于如此的战略和内心需要，小泉倾国力推进日美关系——有时甚至不惜借个人感情来促成、维系两国关系的"蜜月"——终于在谢幕前夕，将双边关系提升为所谓日美"全球同盟"的"最高境界"。日本则在美国这棵大树的荫护下，不仅把陆海空自卫队派到了海外的沙场，进而还将从法律上彻底摆脱战后的桎梏，成为可以坦然独步国际社会的"负责任的普通国家"。毕竟，解铃还需系铃人——被美国强加的宪法，要改动也绕不开与华盛顿的沟通、调整。从这个意义上说，日美同盟的强化，符合日本的国家利益。

其次，2002年底亲赴平壤，本想打开朝日邦交正常化大门的小泉，在绑架日人问题上遭遇了国内舆论的民意瓶颈，对朝外交一筹莫展。加上朝核危机日益深刻，两国关系已从胶着走向冻结。尽管如此，小泉直到最后都未曾放弃对话的努力，最终发动对朝经济制裁，实现从"对话"向"压力"的政策转变的，事实上是对朝强硬派的安倍。

至于其在对中、韩外交上的"污点"，最好还是交给历史和日本人民去审判吧。好在，大和民族似乎很少用完人标准来苛求政治家：因洛克希德事件而失足的田中角荣是不折不扣的"经济犯罪"分子，但依然不妨碍其成为战后最伟大的宰相之一。

历史证明，日本国民的眼睛是雪亮的，他们在战后重要历史关头推出的政治掌舵者绝少浪漫情怀，都是不折不扣、极端务实的现实主义者。尤其是小泉，这个被称为"怪人"的独身男人，甚至好像并不贪恋权力，在功成名就、支持率居高不下之时全身而退，留下了一个近乎完美的背影。回顾日本战后史，似乎还没有如此"退阵"的首相——在淡出权力视野的时候，却似乎为再起东山作好了一切准备。

日本版 NSC：首相官邸"白宫化"的重要步骤

2006 年 11 月 22 日，日政府在首相官邸召开了安倍政权成立以来首次"关于国家安全保障的（首相）官邸机能强化会议"，安倍首相作为议长亲自挂帅，负责安全保障事务的首相辅佐官小池百合子任代理议长，14 名成员分别由前官房副长官，外务省、防卫厅官员，危机管理专家和外交、军事评论家等方方面面的权威人士组成。这标志着安倍改革最重要目标之一的首相官邸"白宫化"工程正式启动，而该工程最重要的一环，即是以美"国家安全委员会"（NSC：National Security Council）为摹板，创设"日本版 NSC"。

就日本版 NSC 的职能问题，与会者达成三点共识：第一，外交、安保政策的综合检讨；第二，国家长期战略的制定；第三，情报的收集与分析。会议结束后，小池代理议长对记者发表谈话说，"着力构筑更加机动灵活、更适合综合权衡国家大政方针的组织架构"。接下来，会议将集中审议"日本版"的架构和权限问题，来年 2 月作出结论。

"日本版"出台背景

2006 年 11 月 23 日的《读卖新闻》发表社论称："……朝鲜核试验……日本的安保环境在剧变之中。推进战略性安保政策，应对紧急事态，政府一元化决策体制的构筑极其重要……"这在某种程度上，道出了日本的担忧。

由于历史原因和利益冲突等矛盾，战后日本首相的权限有限，政府不同部门间普遍存在不同程度的体制性壁垒。这导致政府缺乏整体连带感，不同机构间沟通不足，羁绊过多，垂直领导体制遭遇横向掣肘，不仅令行难禁止，有时连"令"本身都难以形成，即使形成也难以贯彻。譬如，朝鲜核试时，从外务省方面传出状况符合"周边事态法"适用范畴的声音，而防卫厅则反弹琵琶说"还不到那种程度"；其后，围绕以导弹防卫系统（MD）拦截射向美国的导弹是否与宪法中集体自卫权条款相抵触的问题，首相府方面认为"不妨加以检讨"，可防卫厅长官则以"技术上有问题"为由而面露难色。

对于这种状况，作为继小泉后对安保和外交问题高度敏感，甚至不无焦虑的安倍政权，找到的应对钥匙是通过强化首相府职能来扩大、强化首相自身的权限。说穿了，即首相官邸的"白宫化"和首相的"总统化"。这确实不是说说而已：从桥本内阁的"行政改革"到小泉内阁的"构造改革"，尤其是后者的5年执政，日本政坛重新洗牌，此前的派阀政治、族势力受到重创，"官僚支配"大大削弱，而"首相支配"的局面则开始定型；战后日本习以为常的弱势首相已经下课，强有力的"总统型首相"将成为常态。应该说，这既是日本在剧变的国际形势下，面向21世纪国家目标所进行的战略调整，同时也是战后（尤其是冷战后）日本社会、政治发展的必然结果。

2006年7月，朝鲜导弹危机爆发。时任小泉内阁官房长官、自民党干事长，在次期首相选举中夺魁呼声甚高的安倍晋三与美总统国家安全事务助理、国家安全委员会（NSC）秘书长哈德利频繁联络，密切公关，凭借不薄的私人交情，硬是把日美共同方案的框架塞进了安理会谴责制裁决议案中。而与此同时，外务省和防卫厅却忙于争夺各自的本位利益，既有的"安全保障会议"（中曾根内阁于1986年设立的机构）已形同虚设。这种现实让安倍痛感亟待构筑类似美国家安全委员会那样的机构，以突破日本已高度官僚化和空壳化了的外交、防卫体制的边界，强化快速综合反应能力——此乃该方案被提上日程之由来。

两月后甫一上台，安倍就在施政演说中说，"为了把外交、安保方面的国家战略通过强有力的领导能力加以迅速确立，将谋求首相官邸指挥塔机能的强化和情报收集机能的增进"，"构筑总理府与白宫恒常沟通的体制"，明言首相官邸的"白宫化"。为此，增设了多名副官房长官和直接对首相负责的首相辅佐官，强化首相官邸而不是省厅作为决策中枢的职能，包括召开此次会议，显然亦是这种战略具体化的初步尝试。其目的是革除各省厅间纵向分割的弊害，使省厅的本位利益让位国家利益，从而构筑对国际重大紧急事态能做出快速反应的高效机制。

何以是 NSC？

众所周知，创设于杜鲁门政权时代（1947 年）的美国家安全委员会（NSC），作为白宫负责制定国家中长期战略和外交、防卫政策的最高机构，由包括总统、副总统、国务卿、财长、防长等政府高官在内的众多官员、学者和政治家组成，常设工作人员在 200 名以上，拥有无与伦比的政策研究和咨询能力。

但是，一方面，由于美国的 NSC 体制本身并非理想（无论哪个政权，NSC 与国务院、国防部的对立常常表面化）；另一方面，日本毕竟不是总统制国家，而是议会内阁制政体；而且，美 NSC 的庞大组织结构及其显赫职能至少在短期内为日本所望尘莫及，因此，安倍左近，亦不乏把创设机构的摹本定为同属议会内阁制的英首相府"综合情报委员会"（JIC）的声音，连此次会议的代理议长小池百合子在亲自考察了美、英的相关体制后，都承认日本难望 NSC 之项背。

不过，既然安倍决心在"白宫化"问题上暗度陈仓，一定有其明确的战略期许。其最主要的一点，就是试图变日美安保体制的美国为日本提供保护的单向受动关系，为两国共同承担义务的双向"平等"关系。因此，"日本版"启动后，在首相官邸主导下，无论以何种形式，为日本宪法所约束的集体自卫权行使问题很可能会松绑。《安倍晋三的人脉》一书作者、日本记者水岛爱一朗甚至认为，日本版 NSC 的策动，"乃为谋求国民对集体自卫权行使的容忍的最初步骤"。

对此，军事评论家神浦元彰曾一针见血地指出："美总统（布什）任期还剩两年。安倍首相试图通过与美下一任总统建立良好关系而成就长期政权，会考虑在任期内修改宪法。作为献给下任总统的见面礼，集体自卫权的行使将获解禁。这跟小泉前首相靠向印度洋和伊拉克派遣自卫队来构筑与布什总统的蜜月关系如出一辙。"

安倍深知，其政权相当程度上是靠舆论支撑的"明星"政权，如果一开始就把集体自卫权行使问题这样重大的课题公然付诸讨论的话，舆论恐难跟进。所以，先把国民的视线吸引到国家安全保障领域，借朝核危机的紧迫性，促成国民关注、思考安保问题的舆论环境的成熟。

职能省厅弱化

毋庸讳言，日本版 NSC 的创设和坐大，客观上将导致首相官邸成为大权独揽的决策中枢，首相的地位和权限将进一步上升，这必然会触动一些政府职能省厅的利益，尤其是外务省和防卫厅的权限将被削弱。

这一点，在安倍上台伊始的出访活动中已矛头初现。2006 年 10 月，安倍作为新首相访华。在新闻发布会等一系列重要外交程式中，人们注意到，活跃在前台的不是通常的外务省新闻报道官，而是一个神秘的新面孔，这引起了日本国内外媒体的猜测。

这个新面孔名叫世耕弘成（Seko hiroshige），和歌山县出身的自民党参议员，正式官衔是"内阁总理大臣辅佐官"，是安倍任命的五名直接对首相负责的首相辅佐官之一。世耕主管外交，此番随首相出访中、韩，是作为首相辅佐官的首次亮相。没有消息披露外务省方面的反应，但其人的登场，已引起外务省当局的警觉是肯定的。对此，"上达天听"的世耕本人倒很坦然，毫不掩饰其"改革"外务省的雄心：在个人宣传主页上，明言将用四年时间，解体外务省，与经产省统合，成立"外交通商省"（Ministry of Foreign Affairs and Trade）的政策指向。

随着"日本版"的具体化推进，在一些重大政治议题及其操作上，相关职能省厅间矛盾难掩，冲突必至，客观上会为"日本版"的坐大提供条件。譬如，假如由防卫厅来主导检讨集体自卫权解禁的话，无疑会遭遇对强化自卫队一向过敏的外务省、警察厅的抵抗。而防卫厅和自卫队对集体自卫权行使问题本来就格外低调，一般来说，不大会积极参与有关讨论。就作为"日本版"重要职能之一的战略情报的收集与分析而言，信息共享是最起码的要求，从这个意义上说，外务省和防卫厅之间的无形高墙可望降低、消除。

总之，此番试水日本版 NSC，其实只是一个开端。该版本能否成功、坐大，几乎完全取决于安倍首相的领导、决策能力；而首相权限能"总统化"到何种程度，则又反过来依赖于"日本版"的成功。

日本离核国家有多远？

作为人类历史上唯一一个受原子弹袭击的国家，基于无核化、专守防卫基础上的和平主义路线，既是战后国际社会的形势使然，也是日本自身告别过去的选择。纵使国际环境发生变化，当日本被置身于面临重新选择国家道路的关头，其能否成为一个核国家依然有诸多不确定性因素，需从政治、技术和现实环境等方方面面作出冷静的分析、评估和判断。

"政治正确"，殊难成立

谈论政治上的可能性，要具体分析日本的国内形势及其所处的国际大环境，这两者又是相辅相成的。如果要对在最近的将来（譬如五年之内）的日本的国内情势作一番预测的话，"核武论"成为日本国内舆论主流的可能性可谓微乎其微。只要日美安保条约未被废止，基于美国核保护伞的、包括报复性攻击的可能性在内的遏制力就是可期待的，那么日本自身便无须拥有核武。

作为世界唯一被核弹攻击过的国家，日本一向以大力提倡"核弃绝"并为之努力奔走而著称于国际社会，参观过广岛、长崎的原爆纪念设施的人，大都不会相信那只是日本的一种和平"姿态"。而如此国家，当它试图向核拥有"转型"的时候，除非彼时的国际环境已然能容忍这一点，否则将是危险和徒劳的。譬如，日周边国家和地区（如朝鲜、韩国，甚至菲律宾、越南等）都已普遍拥有核，即核拥有不再是一种"特异"的状况。这样一来，周边国家和国际社会对于核拥有能"脱敏"，变得"宽容"起来的话，那么日本国民在核问题上的考量也许会发生某种"化学反应"。但更大的可能性是，即便如此，它也无法选择核武装道路。因为，毕竟日本面向 21 世纪的国家战略目标是以"总保守化"下的"普通国家"为最终指向的政治大国，其谋求的是在国际社会的发言权、影响力，而并非"核大国"的国际地位。日本深知，没有比一个潜在的核国家却始终贯彻"无核"原则更能赢得国际社会的尊重和实惠的了：正是由于对"NPT－IAEA"（《核不扩散条约》和国际原子能机构）体制的遵守和维护，才得到了国际社会的高度信赖，使日本不仅成为能源高度依赖核电（全国 55 座核电站，约占总发电量的三分之一）的国家，它还是五大核国家（中、美、英、法、俄）以外，唯一被允许合法从事核废料的浓缩、再处理的国家。而一旦日本列岛上空升起核试验的蘑菇云，它立马就会化为众多核国家中最弱小无依的"孩子"。

换句话说，在尚未形成对核拥有普遍"宽容"的国际舆论和"政治正确"环境的情况下，日本如若铤而走险，试水核武装道路的话，那不啻冒天下之大不韪，其必将彻底孤立于世界。这对战后靠"贸易立国"取得成功的日本来说，无疑是个过于沉重的代价。进而言之，只要日美安保的法律框架持续有效，美国绝不会轻易让日本核武化，这也是战后日美安保的初衷之一。

技术层面，问题不大

就技术层面而言，众所周知，日本的核材料和提取（浓缩）技术都是现成的。可用作核武器燃料的物质，主要有两种：高纯度钚（92% 以上）和高浓缩铀（93% 以上）。前者，将核反应堆使用过的核废料再处理，提取钚元素，然后通过位于青森县六所村的核废料再处理装置加以提纯，即可产出能生成临界反应的高浓度钚燃料；后者更简单，只需单纯重复浓缩过程，就能把核电反应堆使用的低浓缩铀变成用于核武器的高浓缩铀燃料。

尽管日本铀矿储量极少，但只需躲过 IAEA 国际核查人员的耳目，把此前进口的铀矿石和经过再处理工艺提取的钚物质加以浓缩或提纯，便可获得可用于核武器的核分裂原料，并能确保在相当的量上。

核爆装置的加工技术，为美国早在60年前就已然实现的成熟技术，对日本来说早已不在话下。今天"Made in Japan"的高性能数控机床和精密测定装置更是谋求核开发的国家暗地里拼命要搞到手的"尤物"。

运载装置是核武器的"腿"和"翅膀"，常见的有导弹、炸弹、鱼雷等，日本都已拥有。想要自己制造的话，技术上完全没有问题。更不用说，此番朝鲜导弹危机之后，日本顺应形势发展，利用同盟资源，大力推动尚处于实验阶段的导弹防御系统（MD）装备，事实上，其部署已经提速。

现实瓶颈，突破不易

问题是，作为物理的、现实的条件，核爆装置（弹头）须做爆炸试验（即核试验），而试验场所的问题如何解决？

核试验的实施有两个目的：其一是对技术有效性的确认——到底能不能爆炸；其二是向世界宣示切实拥有了有效的核弹头。从技术上来说，不同的起爆方式，有的即使不做核试验，也基本上"万无一失"（肯定会爆炸）；可有的则因在理论和技术上极其复杂，不试爆便不足以确认其性能，换言之，不试验便难以成为"实用武器"。据说，美国目前正尝试开发可不经过核试验的高可靠性核弹头，而这是由于其拥有此前历次核试验的庞大数据库，才具有现实可行性，但却未必适合其他国家。

宣称已拥有核武器的国家，客观上还需要向世界证明自己的武器真的"好使"。当然，也有像以色列那样，做没做核试验谁都不清楚（一说是1979年与南非一道实施了共同核试验），但却让国际社会觉得它的确拥有核武器，通过这种形式获得其核威慑力的国家。但是，这种情况之所以"有效"，是因为核国家毕竟还很少。如果真到了随便哪个国家都拥有核的那一天，日本要想获得有效的核威慑力量的话，就必须向国际社会亮一亮自己的"真家伙"。

但是，众所周知，日本狭长的国土既没有浩瀚无垠的沙漠地带，也没有可供施行地下核试验的场所。日本列岛分布着众多的活动断层，火山、地震活动频仍，如无视自然条件限制，冒险实施地下核试验的话，将导致何种恶果殊难预料。同时，日本虽然是群岛国家，但却天然缺乏即使实施核试验，也没有诱发地震担心的无人离岛，更不可能借用他国的场所；而大气层内和海洋核试验早已为国际条约所禁止。

自己开发有问题，那么，从现有核国家采购、引进又当如何呢？假定有愿意向日本出卖核弹头的核国家（美国以外的国家），且日本自身的法律瓶颈（"无核三原则"和盟国美国的谅解）亦可突破，但那个卖核给日本的国家和买核的日本，双方都有必要向世界宣示核（弹头）拥有，否则意义不大。但那样做的话，无异于打开潘多拉的魔盒，靠"NPT－IAEA"体制才好容易勉强维系的国际核秩序就会崩溃，日本不惜代价实现核装备的价值无疑将大打折扣。

日核武装的四个阶段

假定上述政治、技术和现实的瓶颈均能一一突破，日本已完成向一个核国家的转型，核拥有只是时间问题的话，那么，日本的核武之路大约会经历四个阶段：拥有数枚核武器；拥有数百枚战术核武器；部署战略核武器；拥有可与美匹敌的核战略体系。

让我们来分析一下如此"四段论"会遇到哪些问题：

第一阶段，即使一些技术性、现实性问题（诸如核试验手段等）均能化解，日本也必将遭遇国际舆论和政治的反制：美国等国家会中止铀燃料和技术的对日出口，连已出口的核材料也会要求返还——在能源需求上被人扼喉，日本经济必将陷入空前的混乱。更有甚者，说不定还要受到美和周边国家的贸易制裁。高度依存于国际贸易体系的日本何以承受孤立于国际社会的代价？又何以承受日美关系因此而受损的代价？如此看来，区区数枚核弹，除非是想要"自杀"的国家，否则很难说对其防卫有多大的帮助。

第二阶段，假定核试验场所能从他国有偿借用，铀原料亦可获得源源不断地提供……即使这些非现实性条件均能一一满足，或可望在有限的将来（譬如十年之内）逐渐实现的话，就安全保障而言，也不啻为最糟糕的选择。

第三阶段，假定日本宪法相关条款被顺利修改，舆论得以"统一"，国民也具备为"国家利益"长期吃苦的"觉悟"和心理承受力的话，也许经过十几二十年的卧薪尝胆，未尝不可能实现。但这期间，美国的军事技术越发发达，日本紧赶慢赶才好容易实现的来之不易的战略核部署，很可能在实效上还不如美国的淘汰品。

至于第四阶段，谁都明白是一个不折不扣的笑柄，根本就没有讨论的价值。

美炒日核，所缘为何

2006 年 7 月 13 日，美《华尔街日报》发表社论指出：对于朝鲜的挑衅，"如国际社会不作出反应，采取适当应对的话，那么包括核武装在内，日本的军备扩张将势所难免"。因为，倘以此为契机，导致日本国内"民族主义冲动"剧烈抬头的话，恐难将其压制住。

美国舆论关注日核问题，此非头一遭。早在 1994 年第一次朝核危机前夕，英国报纸公开披露了一则英国防部的所谓"秘密文档"，日本核开发的可能性成为国际舆论的焦点。虽然是多少有些令人生疑的材料，但美国迅速反应：佩里国防部长在国会听证会上说，"日本、韩国如看到朝鲜的核武化，均有向核拥有转型的可能"；共和党出身的美上院军事委员会主席萨姆·南也声称，"日本具备核开发的能力、技术，也拥有钚原料"。对此，新加坡前总理李光耀在美《外交》杂志上撰文，忧心忡忡地说："日本一旦决定涉足核武化，世界将难以使其覆水回收。因为，美国连朝鲜的行动都难以阻止。"

美情愿为日提供一切可能的军事援助，但肯定不乐见一个军事上再度崛起，并且武装到"核"的武士独步亚太，这不仅是战后日美安保体制的出发点之一，更是其近年来被一再重新"定义"、强化，终于成为"日美全球同盟"的目的所在。

事实上，美国对于日本核开发的技术可能、法律问题、现实瓶颈及核武化前景一向了如指掌，从来不曾误判。但既然如此，美为什么还要一而再、再而三地把日核问题拎出来议论不已呢？首先，是美鹰派的战略需要：让国际舆论对日本保持警戒，以强化美国自身在亚洲军事存在的正当性、合法性。其次，是否有意而为不得而知——每次日核问题进入国际舆论视野，日本政府绝少去正面回应，甚至做出强硬姿态，刻意强化国际社会对日本是一个潜在核国家或核门槛国家的印象（实际上很可能是误导）——这让人觉得日本多少有些因受压抑而形成的变态性格，同时也是对战后日本特有的、一种愈演愈烈的"普通国家"诉求的集体无意识诠释。

综上所述，笔者认为，尽管日本的核武化从理论上和技术开发上具有一定的可能、可行性，但从现实层面出发，至少在可预见的将来，几乎是不可能的——这也是日本在战后经过数次论证之后，自主放弃核拥有的主要原因。

日美同盟有"隙"?

2007年4月26日至27日，日相安倍晋三访问美国，并与布什总统举行了首脑会谈。此为安倍担纲政权以来对盟国美国的首次访问。

日美关系乃日本外交的基轴，首相上台，立马朝觐华盛顿本为永田町的惯例。但众所周知，安倍上台伊始，致力于修复日本的对亚外交——首先对北京和首尔进行了闪电访问，并因此轻获日本国民的喝彩及美方的正面评价。但上任7个月，首相专机才飞抵华盛顿，不仅几乎"史无前例"，站在第三者的角度，让人无论如何难以停止对安倍"姗姗来迟"的背景作一番揣测和联想。

安倍此行，虽照例不乏那种常常发生于盟国领导人之间的、有趣而又恰如其分的花絮，但从首脑会谈的内容看，一个总的感觉是，日美同盟的高潮已退：这个某种程度上靠小泉—布什的私人关系维系并做大的"全球同盟"，随着小泉的谢幕和布什的即将下课，似乎已不再升温。不仅不升温，甚至在一些重大议题上，两国间形成了一定的温差。

最大的问题依然是关于朝鲜。在日本看来，美对朝从最初的压力政策向对话政策转向，弯子转的太急，有"首鼠两端"之嫌。因此，确认华盛顿的真意，甚至最大限度地"修正"华府的政策轨道，乃安倍此行的最大目的。但遗憾的是，此目标可以说未能完全达成：尽管安倍自我安慰说，在朝核问题上与布什总统达成了"完全一致"，可事实上，最大的温差恰恰出在这儿：

在首脑会谈结束后的记者招待会上，针对朝鲜迟迟不履行六方会谈承诺的问题，表面憨憨的布什咬文嚼字地说："我们的忍耐不是无限的"，"我们有采取进一步措施的能力"。这大约是美方在与此前路线不矛盾的范围内，所能作出的最激烈的表达了。但对朝鲜来说，人的忍耐并非无限只是一个常识，布什并没有明确告知其忍耐的限度在哪里，一周，还是一个月，或更长时间；同时，朝鲜并不怀疑美"有采取进一步措施的能力"，但问题是它到底有无此打算，看来布什并不想明言，不明言就构不成明确的压力。

对于是否能把朝鲜从"恐怖支援国"的黑名单上删除的问题，布什只淡淡地回应了一句"将把绑架（日人）问题纳入考量之中"，这与日方所坚守的所谓绑架问题一日不解决，"恐怖支援国"的指定便不容解除的强硬立场还是拉开了微妙的距离。

七个月的时间，不菲的礼物——安倍为此访做足了功课：不仅向美方通报了即将成立旨在检讨行使集体自卫权的可能性的"有识之士会议"——此乃华府的授意；而且，对美国会动议的慰安妇决议案，安倍再次主动、高姿态地道歉——"作为一个人，作为首相，发自内心地同情，并感歉疚"。

连日本左派重镇《朝日新闻》都觉得匪夷所思——对美国道哪门子的歉："首相理应道歉的难道不是向慰安妇吗？……在（日本）国内被批评全不在意，一被美国弹劾，就马上谢罪，这什么事啊？"①

其实，安倍的良苦用心并不难理解。自诩作为"后小泉"时代日本政治的掌舵者，缺乏小泉那样的个人魅力和跟布什勾肩搭背的交情，不仅在朝核问题上，与华府有认识鸿沟，在历史问题上，也备受美国舆论的牵制，如果这种裂痕不能迅速弥合的话，长此下去，日美关系的基轴发生动摇，盟国之间同床异梦未必不会成为现实，而那种代价，是在亚洲尚难以"遗世独立"的日本所无法承受的。

所以，布什嘴上强调日美同盟的"不可替代"，在世人看来，无异于变相承认同盟有"隙"的现实。这一点，从首脑峰会后旋即在华盛顿召开的日美"2＋2磋商"（日美安全保障磋商）的结果来看，似乎更加清晰。

首先，由两国外长和防长共同参加的"2＋2磋商"一般在首脑会

---

① 2007年4月29日《朝日新闻》社评：《日美首脑会谈——别弄错了道歉对象》。

谈之前举行，基于"磋商"的结果，展开更加有效、富于针对性的首脑会谈，乃通常的惯例。按原计划，此次也不例外。但阴差阳错，实物层面的"2＋2磋商"反倒落在了首脑峰会的后头。

这里，自然不乏不久前，日防卫大臣久间章生就伊拉克战争问题批评美政府的"问题发言"引起布什不快，导致"磋商"日程推迟的因素。但更重要的，是由于面临2006年11月的冲绳知事选举和上个月的参院补选等若干对执政自民党来说重要的议程安排，因而日方不愿在"磋商"时，过多地刺激基地问题，所以围绕美军整编方案的具体实施问题，在日首相官邸、防卫省和外务省之间始终未能达成充分的沟通、协调。反映在双方签署的共同声明中，取得的"共识"多为确保同盟军事情报安全等枝节性议题，大体停留在对小泉政权时与美达成的美军整编合意的再确认的水平上，缺乏更深一层的协调。

其次，在"磋商"的最后一刻，两国达成一项重要共识：将台海问题从所谓日美"共同战略目标"中删除，以表达遏制"台独"，尽最大可能维持台海现状不变的战略诉求。尽管此举本身，表面上并不一定意味着日美两国渐行渐远、同盟关系疏离的现实，但至少说明，与一年前相比，在台海"有事"的情况下，日美同盟的战略考量，已经从"挺台抗中"转型为"抑台防中"。虽然中国依然没有完全退出日美同盟的假想敌照准视野，但形势显然已发生了微妙的变化：中国介入大国博弈的程度加深，中美日三国战略互惠机制呈进一步强化的态势。而在中美日三国作为"战略三角"进入正常运作并开始生成相应的三国共同战略利益增量之前，此前只存在于日美两国间的共同战略利益存量未必不会有所衰减，而这正是日本最为担心的。

冷战之后，世界呈美单极独大，中日两国或多或少都存在某种挟与美关系自重的心理。尤其是日本，长期以来始终把日美关系作为外交的基轴，以为只要日美关系不出大问题，其他便不足虑。可以说，其战略考量的重心，全系于美国之一身。可问题是，美国也不是一成不变的，也有政权更替，更有基于地缘格局变化之上的外交政策的转型。别的不论，此次台海问题淡出日美"共同战略目标"，很大程度上不是取决于日本，而是美国主导的结果。

就在此次安倍访美前夕，美前国务卿亨利·基辛格应邀访日，接受早稻田大学授予的名誉博士学位，并与安倍会谈了 40 分钟。以对日严厉著称的基辛格，在日本却享有崇高的声誉，政财两界都有许多"粉丝"。在东京，他谈得最多的，是亚洲与中国。在早大的演讲中，他对肩负日本未来的学子说："在我研究国际政治的时代，国际政治的中心是美国与欧洲的关系。而今天，世界的中心已从大西洋向太平洋转移。"在回答记者关于中国军费增长的问题时，他反问日本的军费是多少，然后谦逊地说："假如我说得不对，请纠正，据我所知，日本的防卫费绝对额、武器质量都比中国高。"

年逾耄耋的基辛格被称为"现实主义国际关系大师"，对美国政治至今不乏影响力。其对日本的寄语，究竟在多大程度上预示着美对日外交政策的转型尚不得而知，但有一点是肯定的，那就是：美已经意识到对中国战略平衡的重要。而对中国战略平衡的一个最重要途径，便是构筑和启动中美日战略三角机制。三国之间不仅存在大国政治的博弈，现实的经贸联系更使三国成为利益共同体。而美日的对华经济性依赖越是呈稳定的结构性发展态势，其作为同盟的对华军事遏制，便不得不因为经济上的关系而有所节制。

从一定意义上说，中国在美国眼中的战略地位提升，有时是以某个国家或地区的在美战略构成中的边缘化为代价的。这次是台湾，下次未必不会轮到日本。而这恰恰是东京最为担心的。甭管实效如何，至少这也是安倍借访美之行，试图消解两国"同床异梦"的矛盾、把同盟关系推向更高层次的初衷所在。

福田访美：蜜月同盟的拐点？

虽说是就任首相后的首次出访，而且去的是同盟国美国，但 2007 年 11 月 16 日，福田康夫对华盛顿的访问像极了一次普通的工作访问：满打满算，只待了 26 个小时，跟布什只进了一顿工作午餐。这不禁令人联想起一年半之前，前首相小泉纯一郎的对美谢幕之旅：布什夫妇亲自陪同客人乘"空军一号"前往参观位于田纳西州孟菲斯的"猫王"故居。欢迎晚宴上，蓄长发的首相深情款款地为主人清唱一曲"猫王"的《我想要你，我需要你，我喜欢你》，将派对的氛围推向高潮。反差之巨，令人唏嘘。

不仅如此，当结束会谈的两位首脑，出现在摄像镜头前的时候，没有像通常那样共同接受新闻记者的提问，而是径直淡出画面，离开了会场。斯情斯景，仿佛使日美关系倒退了 17 年：自从 1991 年 7 月，于缅因州的肯尼邦克港（Kennebunk Port）举行的海部俊树—布什（老布什）会谈以来，日美首脑会谈之后，即刻举行联合新闻发布会，回答记者提问已成惯例。

也许，仅据此便说日美关系"同床异梦"，似为时尚早。但即使在一周前的美法、美德首脑会谈时，双方在确认需改善因伊战而恶化了的双边关系之后，也还举行了联合新闻发布会。难道号称"全球同盟"的日美关系，如此之快地，就变成"不能承受之轻"了吗？

结论尚在漂流之中。不过，如果说小泉时代的日美关系是盛夏的话，经过安倍的短暂之秋，到福田，似乎已进入了霜重色浓的深秋。从过热之夏，到霜冷之秋，除了表面的日本政治生态迅速蜕变的因素之外，其背后也不无日美两国各自的战略议题从重合到错位的现实投影。

空手而去，铩羽而归

尽管不比小泉与布什甚笃的私交，福田从人格上几乎无懈可击：在靖国参拜、慰安妇等历史问题上，无任何"不良"记录；外交上是稳健派，即使对朝鲜也主张制裁与谈判并行；加上与布什同为国家元首之子，共同拥有在石油公司供职的履历……按说，两人应该意气投合，相谈甚欢才是。可事实上，却是一次虽令日本人期待已久，结果却更加不安的会谈。

日本首相访美，一向带有"朝圣"的性质，精心打造一份"土产"，作为见面礼呈上，是约定俗成的规矩。小泉与布什交情笃深，对美贡献之大，不在话下；安倍访美，不仅就遭美国会杯葛的慰安妇问题真诚道歉，而且奉上了解禁美国牛肉进口、延长"伊拉克特别措施法"（以下简称"特措法"）的大礼。福田却空手而去，几乎让西方盟友怀疑东洋人的礼数。关于已于 2007 年 11 月 1 日到期中止的印度洋加油补给活动，福田只能口头表示说"将尽全力重开"，给人以口惠而实难至的感觉。事实上，因防卫省丑闻的扩散效应及民主党主导参院的影响，新的"特措法"何时才能提交参院审议，首相心里完全没谱。

在这种窘迫之下，再开口向盟主索求什么的话，就更不现实。对日本最担心的美国是否会于最近解除对朝鲜的"恐怖国家"认定的问题，一向拙于言辞的布什居然对远道而来的客人玩起了外交辞令，"我理解日本政府和国民中有种担心，觉得美国会不顾绑架问题而跟朝鲜做交易"。然后淡淡地找补了句"我不会忘记绑架问题的"，便结束了话题。

乃至始终致力于阻止美对朝"恐怖国家"摘帽的院外游说的绑架受害者家族会，把游说活动的失败归咎于首相没有亲自向美总统"直诉"。事实上，"直诉"与否，结果都一样。日本外交努力的失败，与个人无关，日美两国各自的战略议题发生错位，才是问题的关键。

进而言之，在美中期选举和日参院选举中，共和党和自民党这两个执政党的败北，是直接导致两国政策大转型的拐点：美方根本改变了此前的对朝强硬政策，改走融合路线；而日方则中止了备受美国好评，甚至被看成是"新日美关系象征"的印度洋海上加油补给活动。正如把自己的政治生命系于朝鲜绑架问题的解决的安倍，听到由赖斯和希尔主导的对朝全面接触的政策转向后，大骂"背叛"一样，印度洋补给活动的中止，也令华盛顿的知日派痛感"日本返祖到了'1955年体制'的时代"。

而且，这种起因于双方战略议题错位的矛盾，非常深刻，几乎是结构性的：美助理国务卿希尔与朝副外长金桂官的拥抱越紧密，日民主党代表小泽一郎对新"特措法"的反对越激烈，日美间的鸿沟便会越拉越深。

西弗大使的忧虑

面对这种状况，不乏焦虑者，布什的盟友、从早年收购德州骑兵棒球队（Texas Rangers）时代便同甘共苦的美驻日大使托马斯·西弗便是其中一人。

2007年10月下旬，西弗曾向白宫发出一封电报，其内容是对狂飙突进的美朝谈判和协议的建言。西弗指出，急于解除对朝"恐怖国家"的认定必将给日美同盟带来莫大的负面影响，强调在解除认定之际，亦须检讨朝鲜对解决绑架日人问题有无实质性进展。在提醒老朋友三思的同时，奏了在对朝谈判问题上被授予全权的希尔助理国务卿一本，并流露出对后者在对朝交涉的细节方面对自己封锁消息的不满。

在副国务卿阿米蒂奇和前总统国家安全事务特别助理格林去职后，西弗几乎成了华府硕果仅存的知日派，也为日本朝野所倚重，被称为"史上最重量级驻日大使"。作为布什坚定的政治盟友，始终以构筑"坚如磐石的日美同盟体制"为己任。他深知绑架问题与日本政治、外交战略的关系之重大、直接，为此，不惜亲自前往新潟县视察绑架现场、会见被绑架者家属，甚至安排受害者家属到白宫接受布什接见。工作做到这个份上，并不是感情用事，而是看到绑架问题成为日本社会的主流民意，而民意又"绑架"了政府的外交决策甚至政治家政治生命的严峻现实，而致力于美日同盟的强化，则必须依赖这些自民党的保守政治家。

然而，形势比人强，西弗念兹在兹的强化同盟的脚本，还没来得及彩排，便迎面遭遇了共和党和自民党在各自选举中的败北，政策转向成为大势所趋。但人在东京，大使深感围绕朝鲜问题美日的温差已达临界点，长此下去，如果给主流社会造成"轻视日本"的印象，民间的反美情绪受到反刺激的话，不仅印度洋供油补给将难以为继，还会在基地等一系列问题上酿成更大的矛盾，使同盟关系遭受重创。

在这些满肚的腹诽正无处倾泻的时候，赖斯—希尔阵营派来的特使，在东京四处活动，试探日政界人士对美于当年内解除对朝"恐怖国家"认定的态度、底线。然而如此做法，却超出了大使对赖斯—希尔机会主义融合路线的忍耐的底线。于是，满腔愤懑化作越洋的密电码。

但是，令人感到蹊跷的是，西弗大使发出的致总统电报为绝密文件，但却被以特稿形式刊登在 2007 年 10 月 26 日的《华盛顿邮报》上，相关材料也出现在该报记者 Grain Kesrar 写的批判赖斯及其主导的对朝融合政策的书中。这说明，白宫高层有"深喉"存在——围绕对朝外交政策的华盛顿的攻防战，还远未结束。

FX 问题上的日美温差

"我国除 F22 以外，还有 F35 和 F18 等性能优良的战斗机。"更早些时候（2007 年 8 月 13 日），西弗大使对《日本经济新闻》记者如是说。

大使的话虽然有些饶舌，但用意明显：在日防卫省锐意推进的次期主力战机（FX）选型问题上，不建议选防卫省、自卫队方面所切望的隐形"F22 Raptor"，而力荐美英共同开发研制的 F35。

通称 FX 的次期主力战机主要用于装备新田原（宫崎）与那霸两个基地的航空自卫队，以取代现有的 48 架幻影式"F4 Phantom"战机。作为 FX 的选项，当然有包括西弗大使提示在内的若干机种（共六种）。但真正进入日军方决策者视野的，无疑是美方一再夸耀的最新锐隐形 F22 莫属。对此，日本从很早起便暗中通过华府的知日派着手运作，志在必得。即使在引退后依然保持了相当影响力的阿米蒂奇前副国务卿曾打保票说，"日本引进 F22 无任何问题"；同一时期，五角大楼成立了一个专门小组，着手检讨、制定旨在对日出售 F22 的战略。如此，美日共同装备 F22，作为"坚固的美日同盟"的象征，备受两国期待。

但随后，美下院突然出台了禁止 F22 出口的条款，其理由是属"需保护的高度军事技术"——事态开始逆转。为此，前防卫小池百合子相赴美陈情，却吃了切尼副总统公事公办的软钉子：我们有禁止 F22 出口的国内法。

其实，美在 F22 出口问题上态度的急转直下，并非出尔反尔，而是其来有自：首先，军方人士对此前日海上自卫队对宙斯舰机密情报的泄漏事件记忆犹新，不禁杯弓蛇影；其次，鉴于中国正大力推进军事现代化，从有可能刺激中国军队，加速东北亚军备竞赛的观点出发，主张"审慎论"。事实上，禁止出口的对象不仅日本，也包括英国、澳大利亚及所有北约盟国。

对志在必得的急性子的日本来说，哪里听得进这等啰嗦？但鉴于 FX 选型问题上日美间过大的温差，日防卫当局决定延长选型期限，以期大洋彼岸的风向转变。与此同时，水面下则开始检讨独立开发最新锐机型及对美提议共同研发 FX 机型的可能性。

此事件是一个隐喻，微妙地诠释了日美关系在经历了对朝政策分歧后开始退潮的现实。

"价值观外交"何以超越国家利益冲突

2007 年 8 月 19 日至 25 日，日本首相安倍晋三对印尼、印度和马来西亚三国的访问，虽然被国内舆论看成是参院选举惨败后的黯然散心之旅，但就议题本身而言，的确是题中应有之义。三国之重在印度，强化日印关系，早就在安倍战略视野的照准之中。在其政治理念集大成的著作《致美丽国家》中，安倍如此写道："进一步强化与印关系，对日本的国家利益极其重要。""10 年后的日印关系，即使超过日美、日中关系，也不足为怪。"

印度，这个亚洲最大的民主国家、第三大经济体，进入日本战略视野的核心地带其实未久：尽管 2003 年之后，印度取代中国成为日本开发援助（ODA）第一大受援国，但 2005 年 4 月日前首相小泉访印之前，日印两国首脑往来无多，两国经贸、投资的生态也难称活泼。即使在两国关系突然升温之后的今天，进出印度的日企还不到 500 家。

两国的急速接近是在安倍政权成立之后。2006 年底，安倍内阁外相麻生太郎在美主流媒体《华尔街日报》撰文，阐述所谓"自由与繁荣之弧"战略，高调鼓吹"价值观外交"。安倍则在多种场合，反复强调在日、美、澳、印四国联合中日本的主导作用。2007 年 3 月的日澳首脑峰会上，当安倍踌躇满志地在两国《关于安全保障合作的共同宣言》上签字之时，其战略视野显然已越过南太平洋，照准了印度洋上的大象之邦：以一己之力，构筑四国联盟，"价值观外交"硕果初现，其陶醉可想而知。

安倍不愧是盛产政治理念、战略思想的政治家（尽管与将其付诸政治实践的经验和能力缺乏对称），在日本历届首相中也堪称另类。此次访印，安倍在印度国会发表了题为《两大洋的交流》的演讲，指出东亚和南亚超越地理边界的结合已呈现"扩大的亚洲"的势头，主张在此基础上，在包括美国、澳大利亚在内的"太平洋全域"，构筑人、物、资本及智慧的网络，以确保海上航线的安全，"同志诸国齐心合力，承担起重责"。关于两个主要议题之一的地球温暖化对策问题，安倍端出了其"美丽国家"论的"升级版"——所谓"美丽星球50"的构想，以期实现在2050年之前，将二氧化碳排放量缩减一半的目标，呼吁作为世界第五排放大国印度的协同努力。

对此，印首总理辛格虽然表示对参与构筑"后《京都议定书》"机制事宜会加以"认真考虑"，但同时，却附加了一个条件——对印度来说，经济增长，缩小贫困，是与防止地球温暖化同等重要的课题——微妙地凸显了拥有共同价值观的两国在国家利益、国家战略上的"温差"。

第二个议题尤其关键，两国间的分歧也更加明显：围绕美印间越过《核不扩散条约》（NPT）于2006年达成的核能合作协定，日本一向是最坚决的反对者。此番面对辛格"理解并支持"的请求，安倍居然表态说："作为唯一的核弹被爆国，将慎重检讨其对核不扩散体制的影响"，从而给人以有相当商量余地的感觉，并挑战了日本在核问题上坚定不移的政治正确：继法、俄之后，日本难道会置国民感情于不顾，成为下一个对印、巴持核不扩散"例外"同情论的国家吗？首相表态既出，日国内舆论一片哗然。

新生代政治家安倍晋三以超过70%的高支持率当选自民党总裁，建立被称为"美丽国家"内阁的明星政权，但不到一年便黯然退场。

也许，大丈夫能屈能伸，恰恰是安倍作为政治家难能可贵的地方：明明是铁杆保守"自由史观"论者，对华表态时却刻意模糊靖国参拜问题（私下里不忘送个盆栽来找补）；明明不满美国对"慰安妇"问题的定性，但访美前表态时，却表示"真诚的道歉"……总之，一切以国内的选票和现实的政治为考量。

以如是视角来透视安倍的访印，便不会狐疑。在上述两个公开的"重要议题"之外，安倍对新德里当然别有盘算，而这些盘算无一不关涉中国：

我们注意到，安倍此访，有以日本经济团体联合会首脑御手洗富士为首、超过两百财界要人同行，其庞大的豪华阵容为近十年来所仅见，关于日印一揽子经济合作协定（EPA）及以德里为中心，修建一条连接孟买和加尔各答的高速货运铁道的谈判也在紧锣密鼓地推进。对日本来说，由于意识到对中国市场过度依存的潜在风险，日印经济关系无疑具有进一步拓展的空间。

与此同时，以民主主义、自由、人权、法治和市场经济等所谓"共同价值观"的名义，谋求在与美、澳之后，与印度的战略结盟，才是安倍的深层考量。这不仅将极大提高日本从印度洋到太平洋的海上能源运输生命线的安全系数，更重要的，可初步构建、完善自我封闭的"自由繁荣之弧"，从而实现对崛起之中国的战略遏制——此乃安倍此行的"干货"。

但问题是，任何精明的计算，都要建立在若干充分、必要的条件之上，否则便是不靠谱的臆想或一厢情愿。首先，印度作为地缘政治环境极端复杂、险恶的国家，历来奉行不结盟政策，实际上颇精于大国平衡游戏，与包括中国在内的国家，保持并不断强化着各种形式的交流。这头表面憨厚的"大象"，无论如何不是自甘被利用的国度。相反，印度显然有自己的打算：它不会轻易割舍与俄罗斯的传统关系。即使从遏制中国的现实需要出发，纵然印度并不排斥与日、美、澳三国的价值观结盟，但同时与俄、日两国构筑新型战略合作关系也很重要，三国不仅在地理上对中国形成天然的包围，而且对中国崛起都抱有同样的担忧。对"大象"来说，一方面，排除俄罗斯，恐难足以形成对抗中国的力量；另一方面，印度与俄罗斯的传统、紧密联系不可能因日、美、澳、印四国联合的缔结而"松绑"：2004 年，印度从俄罗斯购买的 4.45 万吨级航母"戈尔什科夫海军上将"号（Admiral Gorshkov）已成为印海军的"镇宅之宝"，对其扼守印度洋的"玄关"起到了至关重要的作用。

且不说日本"价值观外交"作为战略本身尚存在诸多概念模糊的地方，退一步讲，就算印度死心塌地认同并追随日本的战略动议，它也决不会听任联盟主导权旁落人手：美印核能合作协定问题充分反映出，"大象"的诉求是与山姆大叔对等的真正的伙伴关系，在战略同盟的关系问题上，断没有把主导权凭空让渡给"樱花树下武士"的道理。

其次，一个成熟的战略同盟需要共同价值观，但绝不是唯价值观是从，相当程度上，取决于两国间经贸关系的构造和比重。仅从日本常住人口来看，相对中国的10万人，印度只有2000人；日印间人员往来为日中间的1/35，航班数仅为日中间的1/61，贸易额只有日中贸易额的1/28。纵然日本财界再富有培育新兴市场的耐心，也断不会舍弃在华的巨大现实利益。

最后，是美国的态度。正在锐意推进的美印核能合作协定正面临最后的调整，美国为取得中国的认可，在各个阶段都与中方保持沟通，显然不愿意在如此节骨眼上，过多地刺激后者。而日本对构筑四国战略包围网过于积极、焦虑，已引发了美国的担心。不久前，美国务卿赖斯对访美的日防卫相小池百合子说，日本的举措"可能会向中国传递意想不到的信号"，其实就是一个善意的提醒。言外之意，战略封杀不能无视其副作用。

就像"美丽国家"等政治理念一样，安倍打出的"共同价值观"，也有过于抽象、空洞，缺乏可操作性之嫌。尤其是"反中价值观"的色彩过于露骨，对一向奉行全方位外交，在国家战略和国家利益上定位迥异的印度来说，全盘接受的可能性其实并不大。而缺少了印度的鼎力相助，徒有日、美、澳三个发展程度相当的富人，其作为外交战略有多大的生命力，能走多远，实在很难说。弄不好，终于富翁的游戏也未可知。因为，即使是同样的价值观，在富人和穷人看来，也可能是不同的意识形态。

因此，一方面是出于参院选举后审视安倍政府的严厉视线，另一方面是基于对仅有"共同价值观"是不够的认识，日本国内主流媒体这次并没有一片喝彩。相反，《东京新闻》发表社论奉劝安倍："价值观外交"，应适可而止。

东亚一体化：谁主沉浮？

据中国国家统计局发布的《关于2007年GDP数据最终核实结果的公告》，2007年中国GDP总量为257306亿元人民币（约3.38万亿美元），已然超过了德国3.32万亿美元的水平，成为仅次于美国和日本的全球第三大经济体。这样，东亚区域内首度出现了世界经济舞台上的亚军和季军并处一隅的情景，由此而来的悬念则是，守成的日本和追赶的中国如何各自擘画东亚的整合前景。

日本 EPA 模式曲高和寡

2008年末，中日韩三国在日本福冈举行了三国首脑峰会。这是东亚三国领导人首次单独在"东盟10＋3"框架外，于非东盟国家举行正式接触。然而，在日、韩两国领导人国内民意支持率低迷的背景下，东亚三巨头的会晤并没能给外界带来太大的想像空间。

由于政治瓶颈的存在，中日韩对外的经济整合也不得不绕道而行。2008年10月，日本与越南签署了两国"经济伙伴协定"（EPA），并已从2009年起生效。这是日本对外达成的第10个EPA协定，同时还有5个EPA协定在谈判中，有意向就缔结自由贸易协定（FTA）商谈的对象至少还有7个。中、韩的情况也大同小异，正多头并举，同时推进与相关国家或地区的FTA协定。与此同时，中日韩三国间FTA事宜却自2001年破题以来，一直未有大的进展。

日本在区域经济整合上主攻EPA方式，其解释是门槛较低的FTA不能涵盖全球化背景下的新变化，而EPA则涉及投资、服务、人员流动及金融货币等新领域的规则制定权。而事实是，通过与东亚各国展开 EPA 谈判，同时利用 ODA（政府开发援助）及投资等优势，日本可望成为领先于 WTO 的游戏规则制定者。但如此居高临下的姿态，使其目前的签约对象仅局限于新加坡、墨西哥等经济小国，而中、韩则发挥更擅长的 FTA 方式，可以将整合范围扩展到东盟甚至美国这样的大经济体。

日本有关方面将"东亚共同体"诠释为"全面和高层次的 EPA"，摆出自己将主导共同体构筑的姿态。但 EPA 的雁行模式未必敌得过 FTA 的矩阵模式。中国自 2002 年与东盟签订第一个自贸区协定以来，平均每年都会增加一个 FTA 伙伴，随着 FTA 伙伴的增加，中国作为 FTA 轴心国或中转国的地位将日益凸显，比起日本的精耕细作但投入不菲的 EPA 模式来，显然见效更快。一个不争的事实是，中国—东盟自由贸易区拥有 18 亿人口，将在 2015 年前实现 11 国间绝大多数产品的零关税。以此为基础建立相对松散的东亚共同市场，可谓水到渠成。

当然，"共同体"并不仅仅是一个经济整合的概念，还必须维系国家安全保障上的共同利益，可以使相关国家为取得和平与繁荣的背书而不惜委托主权。据此，日本目前主推的东亚一体化模式有其先进性，因为覆盖面更广泛的 EPA 包括处理纷争的法律体系、标准和认证等法治内容，比单纯的 FTA 自贸协定更能触及到政治共同体所必需的构件。

可是在制度、文化、意识形态多样化，地区冲突、矛盾（朝核、台海）空前尖锐，美国及其主导的同盟关系（美日同盟）的影响无处不在的情况下，至少在可预见的将来，东亚共同体的概念几乎不存在包含安全保障的余地。相关各国间唯一的最大公约数，恐怕也就是利用 FTA 加强经贸联系，增进相互信赖，以期加快一体化进程，朝"共同体"方向位移而已。如此说来，EPA 模式还是有些曲高和寡。正因此，在现有的 WTO 平台无法推进深层次减税安排的情况下，日本也并未放弃 FTA 这个替代性的贸易武器，且不无与中国分工合作的意图。

"东盟 10 + 3" 走到尽头

考察亚洲的历史变迁可发现，除了从战前到战时日本的"大亚洲主义"、"大东亚共荣圈"等旨在谋求地区霸权的个别国家的国家战略（事实证明已成历史的迷误）外，围绕"东亚合作"的表面化议论其实是近年来的事情。战前，有"太平洋国际学会"（IPR）①曾把"太平洋"作为一个地理范围突显出来；战后，20世纪70年代日本前首相大平正芳②提出"环太平洋联盟"③构想，1989年亚太经合组织（APEC）诞生时则有"亚洲与太平洋"的概念……但这些都不是政治上的东亚概念。直到1997年，作为亚欧会议（ASEM）组织的延伸，产生了被称为"东盟10＋3"的框架，作为超越地理的地缘政治概念的"东亚"的提法才日渐频繁，并于东亚峰会诞生后开始定型化。这并不意味着否定以前单纯指代地理范围的概念，而是基于新的需要，以新的框架来应对合作。新的政治框架与原有地理概念的内涵、外延，既有重合，也有扩大。

"东盟10＋3"机制的形成极大地拓宽了东亚地区合作的视野，对该地区的一体化是决定性的一步。1999年，"10＋3"首脑会议发表的《关于东亚地区合作的共同声明》，在原有东盟框架所涉及的贸易、投资的基础上，加上了货币、金融的砝码，进而又把合作范围扩大到社会、人才培养、科技开发、文化等领域，安全保障等课题也被纳入政治协商议程。

东亚区域合作短时期内获得如此长足发展，契机是1997年的金融危机。为避免金融危机蔓延、升级为经济危机，东盟国家痛感东亚区域合作之紧迫与必要性，决定邀请中日韩三国首脑参加于是年冬天举行的东盟首脑峰会，此乃后来被制度化的"10＋3"框架的雏形。与从部长级实务会谈出发，后发展到首脑峰会的APEC等框架不同的是，"10＋3"是从上到下，先有首脑峰会，后有实务会谈。目前，它在经济、财

---

① 太平洋国际学会（the Institute of Pacific Relations，简称IPR），是亚太地区非政府国际组织的先驱之一，1925年成立于美国檀香山。在其35年的历史中，这一"以研究太平洋各民族之状况，促进太平洋各国之邦交为宗旨"的组织，举办了13次以亚太地区政治、经济、社会、外交、文化、民族等问题为内容的国际会议，组织与推动亚太问题的研究与讨论，出版了千余种相关书籍，并在美国、中国、日本、澳大利亚、新西兰、英国、加拿大、菲律宾、荷兰、法国、印度等14个国家设立了分会。20世纪50年代，学会遭受麦卡锡主义"亲共"的指控并受到长期调查，于1960年解散。其中国分会"中国太平洋国际学会"（日本称之为"太平洋问题调查会"），成员多为学界人士，余日章、胡适、颜惠庆、蒋梦麟等人曾担任领导职务。在1931—1945年间，召开了六次年会，讨论太平洋问题及中日关系问题。相关人士在会上的言论典型地反映了中国知识分子在中日冲突问题上所持的外交立场及其变化过程。

② 太平正芳（Masayoshi Oohira，1910—1980），香川县三丰郡出生，毕业于东京商科大学（一桥大学前身），日本政治家，第68—69届内阁总理大臣。

③ 大平正芳于首相任内提出的外交政策主张。旨在以日美关系为轴心，发展日中友好，加强同亚洲太平洋地区国家的合作，施行综合安全保障战略。

政、劳动、农业等领域，均以定期召开的各种级别的高级会谈的形式，务实地推动着合作的发展。而在诸如应对能源、环境、疫病等国际社会共通的新型课题方面，相关检讨也已超越了务虚阶段，向纵深推进。

某种意义上说，"东盟10＋3"确曾引领东亚区域一体化的走向，并注定将构成未来东亚共同体的内核。一个数据是，区内13国相互间的贸易量，2003年便已达其对外贸易总额的53.3％，超过北美自由贸易圈（NAFTA）的45％，接近欧盟60％的水平；而就货币、金融领域而言，"10＋3"框架也有各国在紧急情况下融通外汇储备的《清迈协定》等防火墙，甚至有创设"亚洲通货基金"（亚元）的构想。这些都为东亚一体化，作出并将继续作出不可磨灭的贡献。遗憾的是，东盟多国近年来陷入"民主僵持"，以至于连正常的峰会都无法如期举行，而日本、美国、马来西亚等不愿看到中国在"10＋3"机制中坐大的国家却希望升级"10＋3"为"10＋6"，并于2005年底在吉隆坡举行了首届东亚峰会。

谁来掌舵及中日的分歧

回顾"东盟10＋3"机制走过的10年历程，尽管该机制的程序性主导权在东盟，但从区内GDP构成上看，日中两国占绝大部分，东盟仅占10％，韩国一国的GDP也大致与东盟10国相当，因此，实质性的政治主导权向中日韩一侧，特别是向中日两国手中倾斜是注定的。即便现在多了澳大利亚、新西兰和印度3国，构成所谓"10＋6"框架，中日依然是其中的主角。

作为东亚地区数一数二、世界数二数三的经济大国，中日两国虽然经贸互补，但缺乏战略互信，包括对东盟的关系定位和东亚共同体边界划分等问题，都是两国战略竞争的领域。

东盟地区历来为日本所重视，是其最早实现战后和解的地区。早在1977年，前首相福田赳夫在马尼拉发表了后来被称为"福田路线"（Fukuta Doctrine）的对东南亚外交三原则①，不仅从心理上拂拭了被日

---

① 1977年8月，正在东南亚诸国访问的日本前首相福田赳夫于菲律宾马尼拉发表的演讲中，首次提出对东南亚的外交三原则：第一，日本绝不做军事大国；第二，做东南亚各国的真正的朋友，构筑"将心比心"的互信关系；第三，以对等的合作，贡献于东盟区域的和平与繁荣。

本欺辱过的国家的历史阴影，也为自己带来了巨大的现实利益——东盟成为日本高增长时期最大的市场之一。基于这种传统关系，日本自恃为"10＋3"机制当仁不让的牵引车，却不料在近年来被后来者中国赶超。

2002年，中国率先与东盟签署了《全面经济合作框架协议》，提出了10年内建成中国—东盟自由贸易区的"路线图"，并于翌年着手湄公河流域开发、农业和信息等领域的合作，迈出了与东盟一体化的第一步。担心主导权旁落的日本奋起直追，除FTA外，开始加速与泰国、马来西亚、菲律宾、韩国及整个东盟的EPA谈判的准备工作进程，试图以贸易、投资、科技、能源、环境等更广泛的合作示好东盟，其后还促成了日本—东盟特别首脑会议在东京的召开，再次确认并打出了重视东盟、旨在未来结成"东亚共同体"的外交政策牌。

可是，作为思虑慎重的发达国家，日本的对外政策时而暴露出其墨守成规的一面：在2003年10月的东盟首脑会议上，表面宣称不干涉内政、和平解决纷争的日本，却在一开始放弃了加盟《东南亚友好合作条约》；直到看到中印两国加盟，才匆匆改弦更张，于两个月后签署加盟书。日本的踌躇其实是出于怕影响日美同盟的担心，但诸如此类的"首鼠两端"，多少给东盟国家以某种失望和不信任感，也直接、间接地影响其在"10＋3"机制中的主导性。

中日两国的东盟逐鹿，还表现在如何确定"东亚共同体"的边界问题上：中国主张，既是"东亚共同体"，理应在已成形的"10＋3"机制下逐步完善，而日本则出于消除美国顾虑、同时制衡中国的考虑，力主"10＋6"框架，即在"10＋3"的基础上，拉与其"价值共有"的澳大利亚、新西兰和印度入伙。不仅如此，在日本既定的EPA谈判对象排序中，中国被置于"10＋6"中的最后一位，其目的显然是要确立日本在东亚区域合作中的领先地位。至此，日中两国围绕东亚一体化进程中主导权的竞争完全表面化，本来以区内开发和经济增长为主旋律的亚洲国际关系，也因此而染上了浓厚的政治色彩。

日本复归何种亚洲意识

在东亚一体化中，左右日本所扮演角色的有两股力量，一是日本自身的亚洲意识（认同）问题，二是在亚太地区拥有举足轻重影响力的美国对东亚一体化及共同体事物的态度。

日本学界有种说法，认为从战前到战后，日本的亚洲主义分为三种位相：即政略亚洲主义、心情亚洲主义和思想亚洲主义——政略亚洲主义，是从防卫和资源确保的观点出发，以国际战略视角审视亚洲国家，霸权主义的"脱亚入欧"论即是典型；心情亚洲主义，是指那种为底层庶民间广泛共有的面对列强的屈辱，或对亚洲诸国的同情；而所谓思想亚洲主义，即"近代的超克"，旨在摸索某种可供选择的替代性现代化方案，从思想上超越近代西欧的道路。①

1963 年，日本现代思想家竹内好（Yoshimi Takeuchi）在《亚洲主义的展望》中认为正是"脱亚入欧"型政略亚洲主义对后两种亚洲主义的劫持，才导致了"大东亚共荣圈"的结果。换句话说，"大东亚战争"和"大东亚共荣圈"并非亚洲主义的归宿，而恰恰是对亚洲主义的逃逸。竹内看到，亚洲主义一旦从政治操作上实体化，往往会被绑架。那么，不被劫持的亚洲主义是否可行？竹内在其另一部著作《作为方法的亚洲》中思考的结论是："以东洋重新包装西洋，由我们来变革西洋本身。通过这种文化上的卷土重来，或者价值上的卷土重来创造出普遍性。"但是，竹内所宣称的思想亚洲主义迄今未能在日本扎根。

亚洲意识的稀薄和亚洲认同的摇摆不定，是铸成近现代日本国家悲剧的最主要根源之一。战后，日本的亚洲观虽然总体上调整到和平主义的轨道上，但遗留的问题不少。譬如，反映在对殖民战争反省的问题上，据日本著名政治记者田原总一朗（Souichiro Tahara）在刚刚停刊的《月刊现代》杂志终刊号上撰文透露：关于去年因公开为战争翻案而被免职的原航空自卫队幕僚长田母神俊雄的问题论文，他在匿名前提下对数名自民党中坚干部和自卫队官员采访的结果，表明绝大多数人对田母神的论文并无"别扭"的感觉，反而觉得是某种常识。

日本能否彻底回归东亚认同，重建所谓"思想亚洲主义"，既关系到东亚共同体构想能否顺利实现，也关系到中日各自在共同体中的角色。而在世界经济持续动荡、中国成为了承担世界主要增长角色的背景下，东亚一

---

① 见中岛岳志，『アジア主義の歴史的系譜』，《论座》（日），2008 年 9 月号，第 86 页。

体化本身也可能会反过来刺激日本亚洲意识的构建和巩固。

美国对东亚共同体存疑

美国作为对日本亚洲意识最大的外部重塑者，已卸任的布什政权将其自身与东亚各国（除朝鲜、缅甸）政府的良好关系视为主要外交遗产之一。但总体上说，美国对日本复归亚洲、领导东亚的行为尝试鲜有明确表态，态度既谈不上积极，也谈不上消极。因为毕竟东亚共同体尚未被明确定义，离成形尚远。但同时，东亚共同体通过该地区既有的国际组织架构，在朝一体化的方向渐渐构筑的既成事实，也让美国抱有一定的担忧。大体说来，美的警惕主要集中在四个方面：

第一，东亚共同体会不会如同当年的欧洲共同体一样，对美国未来的地区安全保障和经济政策构成束缚，影响其灵活性？第二，东亚共同体如果在中国的主导下推进的话，会不会沦为中国的工具？第三，东亚共同体构想，使东亚多种政治体制并存的现状被承认和肯定，这会不会导致美国所追求的民主主义制度转型和尊重人权的政治议题钝化，甚至中途改道？

此外，也许美国最大的疑虑是：未来的东亚共同体是否包含美国？因华盛顿从未表明过参与意向，所以目前对这个问题肯定和否定两种主张都可以展开，其分别导致不同的结果。但有一点是肯定的：任何新的国际机构、规约框架的形成，如果威胁到美国参与的军事同盟或其他安全保障体系，都将是其所无法容忍的。不管这个政府是由希拉里领衔的亲华而漠视日本的国务院决定外交政策，还是由所谓更具国际观的奥巴马实际掌舵，都不会有差别。

日本幢幢谍影的背后

据日《产经新闻》2008 年 1 月 4 日报道，日本警方为调查一桩涉毒案，竟意外牵出一件泄露军情机密案。因案涉军情，且背景复杂，警方的调查工作一直在秘密推进，直到最近案情才被曝光。

2007 年 8 月，日警方对位于东京都新宿区的一名涉嫌藏毒、贩毒的男子的住宅实施了搜查，旨在发现毒品的线索。原本就事论事、无心旁骛的警方偶然发现该男子房间的一个纸箱里，竟藏有陆上自卫队的部队编制文件资料。文件的每一页都印有"秘"字，共 50 页，装订成册，册子的封面已被撕掉。经分析，判明为载有陆上自卫队所有部队及其驻地名称，各部队装备、部分军事能力及其所属系统等信息的《部队编制表》的起始部分。

日自卫队方面人士指出，"编制表"为日在"周边有事"之际制定作战方案时所必需的基础数据，关系到战时根据作战的特性如何重新调遣军力的问题，属于被指定为"秘"级的重要情报。各部队通常会将此类文件锁进保险柜严加保管，断无外流之虞。原先，自卫队的军情保密工作是按内容的机密程度，分为"机密"、"极秘"、"秘"三个密级来加以管理。后来，形式上有所调整。现在，依《自卫队法》，将有关军情机密分为"省（防卫省）秘"、"防卫秘密"两种。某个文件一旦被列为秘密，即使后来被解除指定，也应照有关规定做销毁处理。此次发现的文件虽然系平成十五年（2003 年）以前编写的内容，但根据密级来判断，显然尚未过保密期。

因在男子房间内，只发现了文件的一部分，警方认为通过该男子及曾入住其中的人，被发现内容以外的情报，有可能已然有所泄露。据该男性供述，藏有问题文件的纸箱为此前在此赁屋而居的其他人的物品，内装何物自己并不清楚。对此，警方正在调查，并请自卫队方面协查该文件缘何外流。

该事件发生于"陆自"（陆上自卫队），看似偶发，其实并非个别，类似事件在"海自"（海上自卫队）和"空自"（航空自卫队）均有发生，其背后暴露了日本防卫体制的欠完备性和国家安全领域中的"空穴"问题。

同样发生于2007年的两个案例，也颇耐人寻味。其一是因涉嫌泄露包括美提供的与宙斯舰有关的情报在内"特防密"（特别防卫秘密）级军情，违反了与《日美相互防卫援助协定》（MDA）相伴生的《秘密保护法》，"海自"横须贺基地业务队三等海佐（相当于三等校官）被神奈川县警和"海自"警务队逮捕。面对调查，嫌疑者本人承认明知系特别防卫机密，却将其提供给按规定无权限接触此类机密的同僚的事实。

其二是某"空自"一佐（相当于一等校官）因涉嫌向国内某家大报（《读卖新闻》）记者泄露美军所提供的防卫机密情报，违反了《自卫队法》，被"空自"警务队强制搜查住宅并立案调查。而且被认为接受了有关军情并将其公开发表的报纸，被警方要求交出记者名单（但此项要求遭国内新闻媒体一致抵制，致使警方最终断念，只追究军方相关责任者单方面的责任）。

这一系列的事件，凸现了日本国家防卫体制中除武装力量建设之外的另一个层面的危机——所谓"第三条战线"的危机。换句话说，一个国家的情治工作，除了面向海外他国的旨在谋求本国国家利益最大化的情报收集之外，还有一个重要方面，那就是捍卫本国国家利益，杜绝、防止任何形式的情报外泄。而就后者而言，由于战后特殊的国家体制、和平主义的国家道路及相当彻底的民主化，今天的日本已近乎一座"不设防城市"。

战后日本的和平发展道路，尽管也曾有过迂回曲折，但从大的向度来说，始终是朝着否定、弱化国家主义的方向推进的。经过60余年的"和平演变"，日本已从战前恶名昭著的警察国家，蜕变为警察权限极其有限，甚至反过来被国民斥为"废物点心"的国家。不仅如此，日本几乎是世界上绝无仅有的无法对间谍治罪的国家——国家刑法中根本就没有"间谍罪"。

当然，对国家公务员、自卫官来说，分别有相应的约束国家公权力及服务于公权力机构中的工作人员行为的法律，包括保守秘密的义务在内，不乏相关的规定和罚则。如《自卫队法》中的"泄密罪"：针对泄露防卫大臣指定的"防卫秘密"者，设立了最高刑期可达 5 年的惩戒条款，惩戒对象甚至包括所谓"教唆者"，且适用于退役后的自卫官。

除此之外，日本是一个经济社会，巨型公司众多，技术竞争激烈，且社会对知识产权的尊重深入人心，所以针对无端盗窃公司、企业组织的专利、特有技术和经济情报等"经济间谍"犯罪，有相当完备的法律应对体系。

但对于泄密者或情报窃取者既不是国家公务员，又不是现役或退役自卫官的一介民间草根，且所泄或所窃之密也不属于某家公司或企业法人的技术或经济情报，而是关涉国家利益、安全保障的军情机密者，日本的法律反而难有作为。这既是日本不断削弱国家主义的必然结果，也未尝不是民主主义公民社会个人与国家、权利与法律的悖论。

进入 21 世纪以来，一方面日本自身的"普通国家"化诉求日益强烈，另一方面随着在国家关系上日美同盟的进一步强化，两国军事一体化程度已大大提升。在配合美军的名义下，自卫队海外活动日益频仍，大有恒常化的态势。在这种情况下，自卫队在海外的活动实态，越来越难以为国民所了解，这有悖于战后日本的民主制度。因此，日本的新闻媒体作为维护国民"知的权利"的重要窗口，近年来不断要求军方公开公共信息，以缓解防卫机关与社会的信息不对称矛盾，而这无疑在客观上也带来了一些现实问题。

日美同盟的存在，给日本造成了双重影响：日本的安全保障不仅仅是日本的问题，更是美国的问题——这种心理的长期化，加剧了日本内心的惰性，很多时候抑制、甚至遮蔽了其对国家安全威胁的正常认知；而这又反过来加深了美国对日本的不信任，使其不但不为同盟松绑，反而把绳子捆得更紧。

事实上，包括上述三个事件在内的日本国家安全案例，其实背后都有美国的影子。甚至如果没有美国的压力，也许根本就不构成任何问题。在宙斯舰军情泄密案中，当警方搜查被认为工作上并无关系，但却从泄密嫌疑者那里无端得到了有关"防卫机密"的"海自"军官（实为军校教官）的住所时，看到包含最高军情机密的文件与音乐和猥亵图片保存在同一个记录媒体中，难掩惊愕的表情。而更令人吃惊的是，如此重要的资料，何时、从何处获得，如何保存，这些问题居然连当事者都稀里糊涂。而那些问题资料，则被数不清的人拷贝过无数次，"机密情报就这样被爆发性地扩散、泄露，几乎无从追寻"——调查当局官员如是说。

尤其是旨在防御来自朝鲜的导弹攻击的导弹防御系统的共同研发上，日美间高度的信息共享不可或缺。面向系统装备的日益完善，两国原本计划缔结《军事情报总括保护协定》，从而构筑高级别保守军情的保密机制，没想到却在这个节骨眼上，最该保守的核心情报被泄露，使美对日的不信任感进一步加深。

对此，日防卫省被要求出面说明情况。2007年4月，借日美防卫首脑会谈之际访美的前防卫相久间章生，对美国防部长盖茨陈谢，并承诺彻底调查。而事件发展到嫌疑者"海自"自卫官被捕并正式起诉，其实也不无借此拂拭美方不信任的良苦用心。

"海自"自卫官被捕后，美方对法庭审判细节的要求尤耐人寻味：不认可关于宙斯舰核心情报的资料作为证据提交公开庭审的方式。自知理亏的日本哪敢顶牛。结果，证据资料中被认为在情报保全上有问题的部分，悉数都被涂黑之后，向法庭提交，才算了却了一桩公案。

美在宙斯舰军情问题上神经之过敏，也从侧面诠释着同盟的核心军情之不可承受之重。

现状的日本：从容与焦虑

新干线是现代日本民族自豪感与国家自信力的结晶。

"活力门"骚动的背后

2006 年 1 月 16 日晚，东京地方检察院"特搜部"以"粉饰决算"、涉嫌违反证券交易法为名突然袭击，强制搜查了位于东京最时尚的超大型综合性商业设施六本木山（Roppongi Hills）的著名 IT 企业"活力门"（Live Door）总部及其老板堀江贵文（Takafumi Horie）的私宅，搜查一直持续到翌日凌晨。因堀江其人的名人效应，此事被守候在现场的媒体记者在第一时间报道，在日本国内引起了雪崩般的连锁反应。

接下来的 17、18 日，从在东京证券交易所（以下简称"东证"）交易的 225 种股票算出的日经平均股价狂泻 900 多日元，两天之内下挫 5％之多，被看成美纳斯达克日本版的创业板"JASDAQ"更下挫超过 10％。大量投资者纷纷抛售与活力门相关的股票，发生了类似银行挤兑的骚动，导致东证自动交易系统瘫痪：18 日下午，因交易请求过多，已濒临系统最大处理能力的 450 万件，东证被迫于收盘前 20 分钟采取了全面停止交易的紧急措施。这是该证交所成立以来首次因系统处理能力超负荷而叫停交易，不仅在日本史无前例，在整个西方国家亦属罕见。《朝日新闻》翌日发表的社论开宗明义：《东证大混乱，国际资本市场的看板在哭泣》。据初步统计，因该事件造成的投资恐慌，使日本股市在短短三天内缩水 3000 亿美元——这相当于瑞典一年的国民生产总值。

活力门的崛起，在日本是一个神话。从一个以制作网页为主的网络公司起步，坐大为跨越电子商务、金融、传媒等诸多领域的日本三大门户之一，只用了不到 10 年的时间。与传统经济的发展不同，在其不可思议的成功背后，并非如人们通常想像的那样充满了多少失败、挫折和创业的艰辛，更多的其实是类似游戏一样的智力博弈，说白了，就是"钞票游戏"。

其坐大的不二法门是"股份分割法"，即把购入股份的单位尽可能地少量化、微量化，让广大投资者，尤其是那些从网上交易的散户小股民觉得即使小额资金也可以投资。一个上市企业的价值是不变的，如果把现有股份一百分割的话，理论上每股股价就会跌至原来的百分之一。而伴随着股份的不断分割，新股票就得不断"印制"，然后再陆续配送给股东。在日本，这个过程通常要花两个月的时间。事实上，在这期间，股东们很难卖掉已经成交，但却尚未到手的股票，因而股市上几乎只发生购入的交易，于是股价腾升。正是靠这种"炼金术"，活力门三年内四度分割其股，一股变成三万股，使其股票的时价总额以几何级数膨胀，最终成为其在美国投资银行的资金支持下收购"日本放送"股权，并险些将为后者控股的、日本老牌传媒重镇"富士电视台"变成其囊中物的原动力（最终在政治家出面调停下，活力门作出"高姿态"放弃收购，但却获得了不菲的回报）。

这种完全置投资者利益于罔顾，使本来相对健康的资本市场变得扭曲歪斜的"股价至上主义"做法，即使在鼓励冒险、投机的美国，在"安龙事件"之后，也属于规制的对象。堀江在其刚刚出版的新著《成为世界第一的现金流经营》中说，"一切都很简单，就是为了实现'时价总额世界第一'的宏大叙事。除此之外，哲学、美学、欲望，所有无关宏旨的东西，在作为经营者的堀江贵文那里一概不存在"。

如果说，活力门的成功故事是一个神话，那么其年轻总裁堀江无疑是神话的编织者和主人公。这个智商出奇，为证明自己的实力考上东大，旋即觉得瞎耽误工夫而毅然退学的青年创业者，在循规蹈矩的日本社会是一个不折不扣的叛逆。对其评价，也因年龄的不同而呈完全对立：中年以上者，经历过泡沫经济的挫折，大多觉得其分割股份、待价而沽、大肆并购的资本游戏过于投机，不择手段，太脏；30岁以下的年轻人，则把他看做是"东洋的盖茨"，寄望其打碎这个保守得不能再保守、令人窒息的经济传统，让日本走出闭塞，成为真正开放的社会。相对而言，西方社会对这个大逆不道的网络新贵的评价更宽容些：《纽约时报》评价他是"日本商界的弄潮儿",活力门开创了日本 IT 业的新纪元;后又被《时代》杂志评为"值得关注的国际商界人士"。

海外的追捧,加上国内"赞否两论"的评价让这个年轻人风头出尽,人气火旺,享受着明星般的推崇。连他去过的餐馆、点过的菜单,都会受到日本时尚杂志的推荐。其从不系领带、开"法拉利"跑车、携比基尼模特女友在东京四处兜风的"酷毙"做派备受喝彩。直到在此次事件前夕,还传出其与 26 岁的"九头身"(即身长为头长九倍的"黄金比例")封面女郎吉川日奈的绯闻。就连各色、另类如小泉纯一郎者,在 2005 年 9 月的众院大选时,都想起用堀江为政治"刺客",欲借其人气为自民党拉选票,却遭到了后者的拒绝。后来,他以无党派人士身份参加竞选,虽败犹荣,其自身及活力门的知名度获得极大提升,客观上也为他带来了巨大收益。

因此,此次事件,无论堀江最终能否证明自己的清白,其叛逆者形象及活力门的声誉,无疑已受到相当的损害,而更大的危害则是国内外投资者对日本股市信心的下滑。毕竟,日本是一个泡沫经济股鉴不远的国家,事实上,"失落的十年"之后,包括资本市场在内的经济复苏才刚刚开始。

16 日晚,很多在电视机前观看了晚间新闻的日本民众,都觉得整个突袭行动"带有很强的政治意味"。在日本,稍有常识的人都会明白,遭遇东京地检当局的"特搜"行动的确不是一般的事态。其背后,也许已经有了明确的目标。弄不好,还会有自民或民主党政治"大物"的名字被抖出来也未可知。

从这个意义上说,有日本学者倾向认为,堀江贵文有名则有名矣,但不过是被操纵到前台来跳舞的"角儿"而已,后面的水还深着呢!

"赛先生"：酷日本的软实力

正当源自华尔街的金融海啸引发日本版金融危机，东京股市狂泻逾千点，资本市场一片风声鹤唳，生活景气指数连续 6 个月恶化，创 9·11 以来新低的时候，从斯德哥尔摩接连传来的吉报多少安慰了对政治失望透顶、在经济上也开始陷入恐慌的岛国国民：2008 年度诺贝尔物理学奖被三名日本物理学家分享；而荣膺化学奖的三位学者中，也有一名日本化学家，日本可谓双喜临门。10 月 7 日，日首相麻生太郎亲自打电话向获奖者贺喜："国民也倍感欣喜。现阶段日本没什么鼓舞人心的消息。衷心感谢你们带来了愉快的心情。"

至此，包括早先在日本国内接受基础教育，后到美国发展的科学家在内，日本问鼎诺奖者多达 16 人；物理、化学两个奖项同时折桂先后有两次（上次是在 6 年前），其科技实力和成就举世公认。作为文化传统上的东方国家，其发达的科技文明，不仅成就了带动其经济发展的先进生产力，更打造了一张精致无比的科技软实力名片，其对外不断强化的所谓"酷日本"（Cool Japan）的文化辐射，使这个国家在国际社会畅行无阻。

一些经济学家注意到，在我国目前的 GDP 构成中，高科技产值所占的比例不高，甚至远不如日本在 20 世纪 60 年代高增长期的水平。这是一个关涉到我国经济在 21 世纪可持续发展的战略性问题，兹事体大：是永远甘于在技术产业链的下游，让别人坐享高附加值，还是加快调整产业战略，强化科技实力，勇敢地挑战世界高科技产业的江湖格局，争当全球化时代经济发展的火车头？在这方面，日本的成功，殷鉴不远。

历史上，日本曾被看成是"战略贫困"的国家。但是，战后60年来，在日本被称为"国家战略"的战略性思维中，至少有两件事特别值得注意：一是日美军事结盟，二是科技立国的国策。历史地看，前者并非完全是日本的自主选择，至少在初期，多少有被美国强加的成分；而后者，则不失为凝聚着战后日本老一代政治家深具战略眼光和韬晦的政治智慧。

早在1956年，日本通商产业省发表了《经济白皮书》。在总结了战后经济十年的发展历程后指出，"现在已然不是'战后'了。我们正面临着一个完全不同于过去的局面。在恢复中求发展的时代已经结束"。在被称为"电子立国"、"贸易立国"的国家发展战略的宏观指导下，日本经济进入了一个全新的时期。自此，电视机、洗衣机、电冰箱、摩托车、轻型汽车等奢侈品不但开始进入日本普通工薪家庭，而且，日货在国际市场上从无到有、从小到大、从寡而多，欧美品牌被挤走、挤垮，世界耐用消费品市场几乎成了日货的一统天下。从"神武景气"、"岩户景气"，到"国民收入倍增计划"，一直到20世纪70年代的高增长，除了受到石油危机（Oil Shock）的冲击，经历了几次短暂的顿挫外，日本经济一路高歌猛进。

继而，1980年，通产省出台的另一份政策咨询文献（《80年代通商产业政策构想》）指出："明治维新以来追赶型的现代化历史结束了"，日本从"文明开化时代"进入了"文明开拓时代"。为此，提出了新的国家战略目标：以经济大国的姿态贡献于国际社会；克服资源小国的制约性；建设"充满活力"与"舒适生活"并存的社会。作为实现这三大目标的手段之一，提出了"技术立国"的战略。

随后，日本科学技术厅在其1980年版《科学技术白皮书》中，对通产省只顾技术而忽视科学的提法作了修正和补充，正式出台了"科学技术立国"的战略口号。进而，内阁会议又通过了《科学技术政策大纲》，成为在新的历史阶段科技发展的纲领性文件。随着这些科技政策的具体化，日本政府从国家预算上向一些重要的研究开发领域倾斜，官、产、学（研）并举的科技研发体制得到进一步强化，一举改写了此前国际社会对日本只会拷贝人家的技术、而从来不愿致力于基础研发的既成印象。

1995 年，日本政府进一步出台了《科学技术基本法》，具体设定每五年一期的五年计划，树立了"50 年内打造 30 名诺奖获得者"的"量产"目标，目前已顺利推进到计划的第三期。鉴于自然科学方面的诺奖获得者往往在三四十岁时就做出导致日后摘取桂冠的重要成果的规律，政府认识到，何以创造使年轻学者可安心科研的环境，人才培养政策至关重要。于是，出台了诸如在具有竞争力的领域优先扩充资金规模、针对青年科学家的表彰制度等旨在促进基础性研究的鼓励性措施。对那些被认为是"基础中的基础"，但短期内却难见成果的基础性研究，不仅不忍痛"割肉"，反而不惜先期倾斜性投入，以期长线收益。

国家以法律形式规定了教育、科研经费在 GDP 构成中的比例，为科技研发提供了丰润的预算保障。近十数年来，虽然经济陷入结构性不景气，但这条铁律却始终得到严格的贯彻、实施，使日本在激烈的国际竞争中得以维持技术上游的地位。在大企业为了生存，纷纷将制造部门移至海外，有的公司连总部大厦都不予保留的情况下，本土日益袖珍化的研发设计部门却依然葆有核心技术的开发能力，其高附加值的知识产权确保了日本在 21 世纪的国际竞争力。今天，许多大公司都有靠国家预算推动的一流实验室，都有自己"与诺奖最近"的研发项目。七年前，日本一家普通上市公司就贡献了一名上班族化工工程师出身的诺奖获得者①，断非偶然。

事实证明，如此宏观科技发展政策是相当成功的：早在 1991 年，日本便创造了获取专利最多的纪录，超过了美国。美国虽然号称世界头号科技大国，但其领先地位已受到日本越来越猛的挑战。1989 年，美国防部在一份报告中说，在改变世界的 22 项关键技术中，有 6 项被日本执牛耳。美国的高科技和军火工业离不开日本的芯片和半导体是连山姆大叔自己都不讳言地公开秘密。

同时，日本的科学技术虽然"大器晚成"于战后，但却经历了与"近代化"等长的发展，绝非一日之功，某些领域在战前就已然具备了相当实力。战后，恶名昭著的"731 部队"军医出身的技术首脑们，靠

---

① 2002 年，岛津制作所年仅 43 岁的化工工程师田中耕一（Kouichi Tanaka）摘取诺贝尔化学奖桂冠，成为日本社会不景气时代的英雄。

向美国出卖中国人活体实验的技术数据、资料而逃避了法律的惩罚，是广为人知的"成功"交易；"满铁"于1934年在中国东北开发、研制的"亚细亚号"流线型蒸汽机车，最高时速达110公里，为当时的世界之最。乃至1941年，出生于抚顺，在奉天（今沈阳）、北京和天津接受教育的"满影"巨星李香兰（日本名山口淑子）第一次作为"日满亲善使者"回到她的父母之邦日本参加"满洲建国博览会"时，觉得开往东京的"特急"列车"太慢了"。1949年，年仅42岁的日本物理学家、京都大学教授汤川秀树（Hideki Yukawa）因预言"中子"的存在而荣获诺贝尔物理学奖。消息从斯德哥尔摩传来，"给战败的日本带来一束光"，让尚未完全从美军轰炸的瓦砾和战争的疲惫中站起身来的日本国民再次看到了自信和希望。

2008年，一连三名日本物理学者（美国芝加哥大学名誉教授南部阳一郎和日本高能加速器研究机构名誉教授小林诚、京都大学名誉教授益川敏英），因在基本粒子研究领域的贡献而折桂诺奖，其实绝非偶然。这个被称为"纸和铅笔的科学"的物理学基础研究领域，历来是日本的强项。继1949年京都大学教授汤川秀树之后，1965年，另一名理论物理学者、东京教育大学前校长朝永振一郎（Shinichiro Tomonaga）亦获此殊荣。某种意义上，梅开三度，其实只是日本基本粒子研究传统自然延伸的水到渠成的结果而已。从历史的观点来看，基础研究绝非"无用"：20世纪20年代构筑的量子力学理论成为半导体物理学的基础，而后者直接导致了IT技术在20世纪末的开花结果。只是人类自以为"务实"的近视，妨碍了前瞻的视线。

作为名副其实的诺奖大国，在日本很少听到媒体关于诺奖的炒作，科技界也基本上没有"诺奖情结"。但是，敬畏科学、尊重知识的教育，以世界第一的巨额研发投入，官、产、学（研）相结合的资源共享机制，合理、公正、高效的评价、管理体系，加上日本人特有的"拼命三郎"式忘我的工作精神，使日本在众多的基础、尖端领域保持着明显的优势与竞争力，很多拥有千名以上，乃至数千名博士的大公司、大学，都有与"国际接轨"的、"距离诺奖最近"的科研项目。

其次，日本民族对那些跟实际生活八竿子打不着的"不着调"的劳什子技艺，全无歧视、轻视，相反充满敬畏之心。诸如"为艺术而艺术"、"为科学而科学"等理想主义色彩浓厚的口号，在东洋社会是根本无需诠释的常识。所以，上至"上层建筑"的基础研究，下至下里巴人的各种绝活、手艺，都能代代相传，发扬光大。大约在自称"职人"（日语，手艺人）的东洋人脑子里，科学技术本身就是目的，"为科学而科学"就像"为艺术而艺术"一样，本身就是充满献身魔力的志业，而不是近代中国人对"奇技淫巧"的器物文明的不屑，然而，唯其如此，其努力虽然少了某种悲壮和道义色彩，却显得更加纯粹和超然，其成就才更加沉甸甸、体系化，才更加为世瞩目。

再有，日人崇尚务实，不尚浮名、虚荣。从不见提倡什么"国际接轨"，但实实在在地做到了国内第一便等于国际一流。获物理学奖的两位日本本土学者，均在国内受教育，其中一位甚至从未出过国门，因英文不好，连国际物理学会的年会都谢绝出席。

原日本驻法大使、青山学院大学教授小仓和夫（Kazuo Ogura）说："创造一个酷日本的形象，有助于'国益'。"今天，村上春树、宫崎骏、北野武……日本作为包括大众文化在内的后现代文化策源地、信息源在世界范围内得到广泛认可和评价的事实，不但克服了被称为"经济动物"（Economic Animal）、战后始终对欧美社会抱有的某种文化"劣等感"，而且，蔚为大观的科技能量已然成了国家软实力的核心组成，同时也构成了日本和日本人自信心的来源。

日本城建进入环境生态学时代
——东京站地区改造的启示

    盛夏的东京，溽热难当，只能用一个日文词"猛暑"来形容。一方面是气候：关东地区的梅雨期恰好与盛夏重合，高温加潮湿，颇有芬兰浴之功效；另一方面是热岛效应：面积相当于北京城三分之一的东京，有近1300万人居住，超高容积率、超高密度的高层建筑栉比鳞次，特别是高档写字楼集中的都心地区，热岛效应日甚一日。据日气象厅统计，百年来日本的气温平均上升了3℃，"猛暑"时节的东京，已堪与亚热带的新加坡和曼谷相"媲美"。

    但这种现象，在近年内可望得到一定程度的缓解与改善。为满足泡沫经济后日本经济重新崛起的需要，伴随着日本近代化的象征、具有百年历史的旧东京火车站的改造工程，东京站周边地区正在进行新一轮再开发。五年后，以修葺一新的旧车站著名标志性红砖建筑为中心，周边地区将形成一个由十数幢超高层智能化大厦构成的"东京车站城"（Tokyo Station City），囊括一批时装、精品的顶尖店铺。同时，充足的写字楼供应储备，将缓解大手町等传统CBD地区的过饱和压力。

    更重要的，这不是一次通常意义上的城市化扩张，而是基于全新人文环境理念、融合了最先进科技成果与手段的都市、功能的再造、升级，不仅在亚洲，乃至在世界都具有示范性意义。

    众所周知，东京的城市化开发，早在20世纪50—70年代，日本经济高增长时期便已完成，这是一个每一寸土地都被深度开发过的大都会。因此，在一个"高完成度"的成熟都市的肌体上，实施如此大规模的再开发，政府慎之又慎。为此，专门设立了由国土交通省官员和大学科研人员组成的开发项目小组，数年前便开始致力于开发方案的前期调查与科研论证工作。

2005 年夏天，科学家在东京的都心与沿海部选定 190 个点，进行气温与风速等数据的实测、收集。以东京时间 7 月 31 日下午 2 时的情况为例，位于港区的 JR 新桥站周边气温高达 34℃，而与其仅有 1 公里之隔的千代田区 JR 有乐町站的气温则为 30℃，相差 4℃。4℃ 的温差从何而来呢？答案是风速：在那个时间带，新桥站周围风速为 0.7 米，而有乐町站则达一倍以上，为 1.5 米；前者毗邻传媒总部大厦和高层商厦麇集的著名的汐留商业街，密集的高层建筑群像屏风一样屏蔽了风的同时，也形成空调和汽车排气不易发散的缺陷。这个发现非同小可，成了再开发的环境生态工学的理论基础。具体说，东京为濒海城市，因不同的都市结构，大致分为东京湾方向吹来的东南海风可长驱直入的地区和难以到达的地区，在两类地区之间会形成一个温差。而抑制热岛效应的最有效对策，莫过于利用这种自然生态条件，在城市上空构筑一条通风走廊。

方案的技术论证，动用了国土交通厅相当于 640 台大型电子计算机联网的超强计算能力的"地球模拟"系统。反复论证的结果，位于东京站面向东京湾方向的八重洲口一侧的"铁道会馆"被认为是阻挡海风长驱直入的"屏风"：东京湾上空的清凉海风沿隅田川北上、西进，撞到"屏风"后气流上升，导致车站东边高层楼宇集中的丸之内一侧风速减缓，气温升高。

"铁道会馆"始建于 1954 年，后于 1968 年扩建至 12 层，为一幢高 50 米、宽 138 米的大型综合性建筑，其本身既构成了车站大楼的主体，同时也承担了高档写字楼的功能，著名百货商"大丸"百货也入居其中。如此庞然大物的解体虽不难，但如果无法实现其功能替代或转移的话，势必给这个寸土寸金的钻石商圈的景气造成负面影响——问题的解决无疑是一个复杂的系统工程，需要既科学、务实，又大胆、前瞻的城建规划。

2007 年秋天，位于会馆两侧的高 200 米、地上分别为 42 层和 43 层的超高层南北双塔（GrandTokyo North Tower & South Tower）摩天楼群竣工，完成了历史使命的"铁道会馆"被解体，其商业功能被双塔吸收。双塔以距地面 27 米的空中步道桥相连，既实现了实用功能，增加了休闲和公共区域，又不会成为新的"屏风"。双塔的落成，使该地区原先过饱和的容积率大大缓解；写字楼的供应增加，不仅带动了该地区的二次开发，同时也缓解了城市其他商业繁华街区的人口、交通压力；而代表 21 世纪顶尖技术水平的智能化、人性化写字楼、超便捷的交通、放眼东京湾的自然景观，甚至让一些百年老店的公司（如日立等）不惜卖掉总部大厦而抢滩进驻。

如此，再开发工程全部完工后，苦于盛夏梅雨期"猛暑"的 CBD 上班族们可望享受穿城而过的一丝咸凉。而从外埠乘新干线进京的观光客，甫一出站，也许碰巧能邂逅新到任的外国大使依明治时代的礼俗，乘马车从红砖站楼前的广场驶向皇居的情景。

从著名的超大型综合商业写字楼六本木山（Roppongi Hills）的瞭望台俯瞰东京的一角。

走向民生大国：21世纪日本的生存之道

　　明治维新以降，日本现代化的目标明确而现实：富国强兵，首先从"强兵"切入。经过甲午战争的彩排，终于在日俄战争中胜出，于是认为"强兵"的目标已然实现。但这种共识在1945年被打破，日本的百年强兵之路退回到原点。日人痛定思痛，改弦更张，第一次把救国之梦寄托于对"富国"的诉求。没想到如此战略转型的结果，居然否极泰来，短短20余年便跻身经济大国之列。似乎一夜间，便雪清了几代人的国耻。

　　虽说得来全不费工夫，却难掩某种不能承受之轻的空虚。接着，经济泡沫的崩溃，让整个国家陷入萎顿，富国之路亦遭重挫，从此失去了煽动国民热情的凝聚力。毋庸讳言，日本走到了国家转型的十字路口。此后何去何从，既取决于国民的选择，同时也要看接下来的战略议题如何设定，其后者主要考验社会精英层的责任感与智慧。

　　众所周知，20世纪90年代以降，尤其是进入21世纪之后，日本明显加快了"普通国家"化的进程，而所谓"普通国家"，说白了就是政治大国（State Power）。但是，还应该注意到，与"普通国家"化的战略议题相平行，日本社会其实还有一种不可忽视的社会思潮，那就是彻底反思、摒弃近代以来富国强兵的国家道路，开创既不诉诸军事能力，也不诉诸经济力量的"第三条道路"——民生大国（Civilian Power）之路，即通过谋求国民的福祉，来实现国家的尊严，获得在国际社会中的存在感。这种思潮潜滋暗长，终将对日本的内政、外交造成深远的影响。

对"小日本主义"的理论响应

20 世纪 90 年代初期，日本出版了由著名专栏作家、《朝日新闻》主笔船桥洋一（Yoichi Funabashi）领衔主编、八名学者合著的《日本战略宣言——面向民生大国》一书，提出在和平、发展、人权、环保等领域，"日本必须发挥强大的指导能力"，"经济力量必然成为军事力量的历史法则是不存在的。决不能把日本的经济力量变为军事力量，而应把它发展成为全球性民生大国"等主张。可以说，这是日本主流社会发出的、具有相当代表性的远见卓识，它表达了一种全新的、契合21 世纪全球化视点的世界观、发展观。如此政治理念的出台，并非空穴来风，不仅基于对过去一个半世纪以来，日本所走过的历史道路的深刻反思，而且在某种意义上，其实也是对战前"小日本主义"理论的隔世回响，可谓其来有自。

所谓"小日本主义"，顾名思义，是一种根本有别于岸信介的"大东亚主义"和吉田茂的"脱亚入欧"的截然不同的亚洲观，其首倡者是被称为"保守左翼"重镇，战前做过《东洋经济新报》主笔、总编的著名政论家，战后短暂地出任过首相的石桥湛山①。

"小日本主义"的理论核心，是"放弃满洲"论。基于受甲午、日俄战争胜利的鼓舞，日本社会中出现的要像兼并朝鲜那样并吞"满洲"的民意，石桥以大量统计数据和翔实的材料，论证拥有殖民地不仅在经济上没有价值，而且会过度增加军费开支，压迫国家财政，最终导致国民生活恶化，进而有暴发毫无益处的战争的危险；尤其会刺激殖民地的民族主义，并导致与美国等西方发达国家的对立，使国家在国际上陷于孤立，反而不利于日本的发展。

以鲁迅研究著称的日本著名思想家竹内好在战前对石桥一无所知，战后读了《石桥湛山全集》后非常吃惊，感慨系之道："多年来一直在寻找既是自由主义者，又是亚洲主义者的人，差不多快要绝望了"，而

---

① 石桥湛山（Tanzan Ishibashi, 1884—1973），东京都人，毕业于早稻田大学，日本著名新闻记者、学者、政治家，第 55 代首相。

这样的人终于找到了。

战后，石桥始终如一地扮演着中日关系正常化先驱者的角色，从20世纪50年代末起，数次访华。其基本立场是日中间因意识形态而对立是一种不幸，两国将来的命运是要加强合作，政治与经济不可分，并在此基础上提出了"日美中苏和平同盟"的构想，在同周恩来总理会谈及国内外的各种场合中，不断地强调、完善这一构想。可以想像，在剑拔弩张的冷战环境中，日本在其中扮演的尴尬角色，注定了石桥政治理念始于理想主义，终于理想主义的悲剧命运。然而三十年河东河西，不可思议的是，冷战结束后，其被认为"理想主义"的构想反而倒越来越接近现实了。也许，这正是思想所具有的穿越历史、超越时空的前瞻性。

20世纪90年代中期，正值战后50周年之际，与政界中"战后总决算"的声音甚嚣尘上、空前高涨的事实相对照，日本出版界、学界曾有过一场静悄悄的"石桥热"。石桥像挑战风车的唐吉坷德，从20世纪初即开始对抗主流社会思潮的各种"小日本主义"思想文本被重新发掘、出版，接受战后民主主义一代知识精英的检讨，令人眼界大开。1993年，一些从自民党内分裂出来议员组建了一个名为"先驱新党"的袖珍政党，其党魁武村正义出版了一本书，书名就叫《小，然而熠熠发光的日本》，系统诠释了石桥的"小日本主义"。

石桥湛山并没有仿效吉田茂、岸信介等同时代的政治大鳄，在自民党内留下一个大的派系。但是，其思想却通过石田博英、宇都宫德马等门生，经由三木武夫统领的鸽派传承了下来，并对池田勇人、宫泽喜一等保守主流政治家产生了相当的影响。

"小日本主义"之所以不早不晚，偏偏在20世纪90年代初期"显灵"，并与彼时的主流社会思潮发生深层响应，其背后自有深刻的社会背景。泡沫经济对经济大国日本是一次摧毁性的打击，媒体甚至有"第二次战败"之说。回首战后日本走过的半个世纪的富国之路，一些日本人认识到，把国家的希望维系在对"富国"的诉求上，与此前的通过"强兵"振兴国势实为同一枚硬币的两面。尽管偌大的国富可在一代人之间构筑，但亦可在瞬间贬值、缩水，成为经济海洋中的泡沫，可谓"其兴也勃焉，其亡也忽焉"。归根结底，构筑真正意义上的现代国家，仍需从"立人"开始，只有每一个国民个体福祉与尊严的最大化，才是最根本的国家利益所在。日本沿着和平发展的道路继续走下去，成为一个全球性民生大国，不仅符合日本的"国益"，而且符合历史发展的潮流。

这种最初肇始于部分学术和媒体精英的理论务虚性质的检讨，一经大众传媒的平台展开、放大，立即获得了国民意想不到的同情、响应，乃至在今天的日本社会，谁都无法否认，"民生大国"是与"普通国家"并行不悖的国家战略议题，后者甚至需要以前者为基础和依托才能为国民和国际社会所接受。

民生大国，既是政治家津津乐道，用以吸引国民视线、招徕选票的口号，也是全社会共同关心的、维系国家发展方向的、实实在在的改革实践。就其内容而言，涉及社会福利、法治、教育等方方面面，有些属于人类社会尚无先例的社会实验，具有破天荒的性质。若成功的话，无疑将成为现代日本贡献于世界的为数极少、但却意义重大的价值之一。

终老于家不是梦：国民看护保险

日本著名思想家、作家、护宪团体"九条会"的创立者之一加藤周一（Shuichi Kato）曾提出过一个 QOL 指数的概念，意为"生活品质"（Quality of Life）。经济大国日本，是很以自己的高 QOL 为自豪的，治安良好，水源清洁，基础设施世界一流，年轻人从海外旅行回来，会更爱自己的国家。笔者的日本记者朋友，结束长达 4 年的北京特派员生涯，期满回东京后，给笔者来信说："繁街闹市不见痰迹，片纸无存，连街头的垃圾桶都锃光瓦亮——即使不加任何诠释，也是名副其实的'美丽国家'①。"

但是，如此"美丽国家"，却面临一个重大的社会问题：出生率锐减，人口老化。2005 年，人口进入负增长，日本已是不折不扣的"银发国家"。老龄社会的出现，必然带来一个问题：老人的终老问题。明治维新以降，日本社会的伦理体系是儒教，以家族制度为核心。但是，

---

① 日本前首相安倍晋三上台后，出版《致美丽国家》一书，系统诠释了其保守化的国家战略思想。

作为战后经济发展的代价，这种制度解体了——上班族以公司为家，整个国家被称为"日本株式会社"便是一个隐喻。

而与此同时，国民年金绝对金额不足的现实，要求未来的老人长期工作。2007年，在被称为"团块世代"的战后第一个出生高峰出生的人集体退休之后，状况越发严峻，把退休年限提高到70—75岁，已不是笑谈。工作一生的老人，一旦停止工作，便会成为家庭的"负担"，而以家族制度为核心的社会伦理体系的解体，如果没有新的替代性制度支撑的话，家庭的负担会转化为社会的负担，社会将不堪其累。

在这种情况下，日本政府在长期调查论证的基础上，于8年前导入了面向全体国民的"国民介护（看护）保险"制度，与40年前全面实施的旨在使国民享受医疗保障的"国民健康保险"一样，覆盖全体纳税人。这在整个西方国家来说，都不失为一项大胆创举，被称为"家族革命"。它意味着对老人的看护，不复依赖家庭，而通过无血缘关系的专业人士所提供的专业服务来实现其保障。

作为一种国民福祉，该制度的意义之重大，不可小觑，且带有制度创新的范本性质，因为有经济实力的"银发国家"远不止日本一个。该制度创新的实质在于，国家在承认传统家族制度崩溃的现实的前提下，不回避责任，把负担一味推向社会，而以社会财富的积累为条件，以保险的契约方式，为国民的晚年埋单，以"国富"回馈国民。通过这种改革，哪怕是鳏寡垂病之人，也不复为自己的终老担心——颐养天年，终老于家园，而不是医院，不再是遥不可及的梦。

而同时，大量草根阶级的青年、妇女可通过职业培训取得看护资格，加入到看护的行列，一方面解决人口减少、经济规模缩小之后的就业问题；另一方面，强化因家族制度的解体而变得稀松了的社会连带意识，诚可谓一石多鸟的善举。

让司法审判的权利落实到国民

长期以来，日本的司法审判（包括刑事审判在内），一直由法官、检察官、律师等法律专门家"包办"。由于高度的专业性和对司法公正、审判"正确性"的重视，成了国民难以涉足、置喙的禁域，对此，批判的声浪始终不绝。尤其是对诸如奥姆真理教那类案件的审理，久拖不决，被认为过度浪费了纳税人的税金，且国民缺席，纳税人的权利没有得到贯彻。

在西方民主国家中，英美有市民参与评议，判断有罪或无罪的"陪审制"；法德有法官与市民一起评议，共同判决的"参审制"：两者均以市民参与审判程序为特征。有鉴于此，2001 年 6 月，日本政府"司法制度改革审议会"在反复检讨、论证的基础上，向国会建议导入"审判员制度"。3 年后，国会出台了《关于审判员参加刑事审判的法律》（简称"审判员法"）。按日本政府的说法，启动司法审判制度改革的初衷，是"让健全的社会常识反映到刑事审判中"。

审判员参与审判的对象，是那些国民有强烈关注、社会影响面较大的重大案件，因为只有那些案件，被认为需要并适合听取广大市民的意见。照此解释，全国每年发生的杀人、盗窃致死伤、住宅及建筑物纵火、危险驾驶等 10 余万件起诉中的大约 3000 件，将成为审判员参与审判的对象案件。而对那些被认为有可能对审判员构成危害的案件，作为例外，仍然由职业法官来审理。

那么什么人可以成为审判员呢？并不是谁想当便可以当。每年秋，由全国 50 所地方法院管辖内的市区町村的选举委员会，根据抽签结果，确定候选者，并登记造册；然后，相关地方法院据此在年底前做成《审判员候补者名簿记载通知》，并将文件寄送有关候补者；被送达文件者则有可能在翌年度的一年间，被选为审判员。

当有被认为适合由审判员参与审判的案件发生时，负责审理的法院从候选者名簿中按每个案件 50—100 人的比例抽签。被抽中者被要求在初次开庭前的 6 周之前前往法院（具体日期由法院在送达通知时与本人确认）。一旦拿到法院寄送的书面通知，候选者原则上不能拒绝前往法院。无正当理由而拒绝前往者，将被课以 10 万日元以下的罚金。候选者前往法院，经过审判长的面试，除因这样那样的理由（如已通过报道活动等知晓了事件的内幕，或因其参加有可能影响审判的公正等，但"工作繁忙"、"家务过重"等泛泛的理由将不被认可）需回避之外，余者再次抽签。通过此次抽签确定的 6 人将成为正式的审判员。

6 名审判员将与 3 名职业法官一起，落座于公开法庭的审判席。对被告的有罪或无罪，有罪的情况下，量刑的轻重，审判员不仅将参与相关评议，且拥有法律效力上完全等同于法官的珍贵一票。

除此之外，"审判员法"还对保护审判员的隐私，包括开庭期间每天的工作时间，交通、食宿费用的支给、补助金额的上限等均做了明确的规定，可谓事无巨细。

通过这样的改革，完善、保障法治社会国民的民主权利，让司法审判这种从来由身穿法袍的专业人士垄断的神秘重地，也能充分体现民众的参与。如此实验，不要说在东亚社会是填补空白，就是在全球范围内，也具有开先河的重大意义。

与阪神大地震有关的两个问题

救灾、复兴的经验与教训

1995 年 1 月 17 日凌晨 5 时 46 分，以兵库县南部的淡路岛为震中的里氏 7.2 级地震，是日本战后最严重的地震灾害。由于系震中临近都市的直下型强震（该地震在特征上与此次汶川地震颇多相似处，同为直下型，但由于后者震源距地面只有 10 千米、断层长达 250 公里，地震的破坏力为前者的 30 倍），位于淡路岛及阪神间的兵库县周边地区遭到严重破坏，尤其是港口城市神户，几乎被摧毁。

日本在震后第一时间开始了救灾，并在其后 10 年的岁月中不懈地致力于灾后重建，如今的神户，可以说已然实现了创造性的复兴。但是，作为造成了 6434 名罹难者（失踪者 3 名）、43792 名负伤者及逾 30 万名无家可归者的巨大灾难，其巨创深痛已然深深烙印于国民的心中，对救灾及复兴经验、教训的总结、反省，未曾有片刻终止。即使地震科学发达如日本，地震也是不会"预先张扬"的灾难，任何懈怠都意味着将在灾难中支付更惨痛的代价。

谈地震，要分两个层面：一是救灾，二是灾后重建。

一般来说，作为多震国家，日本的建筑物结实、耐用，抗震系数高，但却不可一概而论：新建的现代化公共建筑，包括高层建筑，甚至超高层的摩天楼，破坏程度并不大；但 1982 年以前建造的楼宇、公寓、医院、车站等设施，坍塌、毁坏相当严重。这是日本在 1982 年修改了《建筑基准法》，建筑的设计、施工标准得到了大幅提高的缘故。

但除了现代化的多、高层公寓，日本家庭的民居多为一家一户的木结构住宅，且相当多是建筑年代久远的旧宅，有些内部结构已经老朽。这类民居大量倒塌，成为最大的"杀手"（据统计，死于木造房屋坍塌者约有5000名，占全部罹难者的80%）。不仅如此，它还是震后火灾的"助燃剂"，7483栋住宅被烧毁，受灾家庭多达9017户。木质结构、高度覆盖的煤气管道网、高密度的家电设备，是日本震灾常伴随火灾等次生灾害的诱因。

日本城市街道狭窄，社区房屋密集，一旦地震，住民的避难场所尤其重要。一般来说，公园、学校、市民广场等承担了这一功能，公立中小学和体育馆则是法律指定的"防灾避难所"。不仅震灾，洪灾、火灾时也一样。所以，日本的学校，相对来说都建在地基牢固、地势开阔的地方，且建筑标准高，很难被轻易摧毁。阪神地震时，神户市内多达345所中小学、幼儿园中，受灾总数为195所，但未发生建筑物倒毁；发生天花板塌陷、墙体开裂的教室有507间，仅占总数的6%。

由于日本地方政府享有高度的自治，震后，如果没有地方执政首长的请求，哪怕是自卫队，也不可以擅入灾区。但地方政府初期的应对并不理想，后来遭到舆论的批评。譬如震后第一时间，驻于横须贺基地的美海军第七舰队便申请军舰驶入神户港，然后以军用直升机实施伤者救援。但却被地方政府以政治等理由拒绝，从而错过了最初的黄金救援时间。对法国、瑞士等国救援队的接纳，也被指责为"太迟钝"。

但与之相对的，是对民间志愿活动的开放。从头一天起，平均每天有超过两万人的志愿者在灾区参与救援，3个月的时间，有近120万名志愿者活动在救灾第一线。地方政府与来自各地NGO组织相互接洽，制定救援方案，分配任务，救援工作组织得井然有序。

通过地震救援活动，日本社会对NGO和志愿者的理解、认识空前深化，大震之年被称为"志愿者元年"，地震发生的日子1月17日被法定为"防灾与志愿者日"。乃至在今天，没有民间志愿者参与的公共事业，几乎是不可想像的。

与救灾相比，重建更是一项艰巨而持久的工作。用日本人的说法，前者是复旧，后者是复兴，复旧容易复兴难。因为复兴，并不仅是单纯恢复到震前的状态，而是以面向21世纪"成熟社会"的创造性复兴为目标，不亚于创建一座新城市。

为此，日本政府出台了《阪神、淡路震灾复兴计划》（"兵库凤凰涅槃计划"）的十年规划。该计划分几个步骤：用三年的时间完成《紧急复兴三年计划》，在基础设施、住宅、产业三个领域，恢复到震前的水平；继而，用两年时间实施《复兴计划推进方案》，完成各个领域的相关战略课题，达成初步复兴；震灾五周年时，委托国内外权威机构专家，以国际的视野和标准，"验收"从"复旧"到初步复兴的成果；在检讨过去五年工作的基础上，广泛听取市民意见，一边应对遗留问题，一边把救灾复兴过程中产生的一些新课题作为复兴的动力，推出旨在深度复兴的"升级版"复兴计划《后期五年推进计划》，直至全部计划完全落实。

通过如此的规划、实施，加上有效的社会监督，历经十年的重建，神户重拾福祉与尊严，成了一座更富魅力的港口城市。

灾难报道中的新闻伦理问题

除当地媒体外，日本各大全国性媒体也在震后第一时间赶赴灾区，并立即投入旷日持久的赈灾报道活动。作为大众传媒高度发达的媒体社会，日本在收视率、发行量等传媒量化指标上的过度竞争及媒体工作者自我约束的懈怠也带来了问题，其中一个显著的问题，即新闻伦理问题。

在灾难降临的初期，一方面慑于大自然神秘的威力，另一方面对受灾情况几乎一无所知，不仅灾民惊魂未定，媒体人内心也受到震慑，是很自然的事。这种情况下，发自现场的灾情"第一报"往往带有极强的"狼来了"的色彩，这本无可厚非。但随着报道活动的深入，有效信息越来越多，一个建立在事实基础上、最大程度接近真实的对受灾状况的分析判断理应凸显；接下来，报道活动的重点理应侧重置身于这种状况之中的人本身的处境，所有的镜头、麦克风都应当尽量去表现灾民的危险、疾苦、感受和需求；同时，还应当为他们打气、加油，让他们在余震不断、次生灾害随时可能发生的危险中，在未来漫长的救灾和复兴建设过程中，看到希望并保持信心。这种深层的、富于建设性的报道，就远远不是初期"狼来了"式的报道所能涵盖的了。

但是，在阪神震灾报道过程中，从始至终，人们看得最多的，就是直升机航拍的阪神高速公路扭曲、倒塌，楼宇火灾火光冲天的刺激性场面。这种酷似灾难片的长镜头不仅在第一时间传遍全国，而且长久占据视听者的脑海，成为挥之不去的灾难性记忆，相当程度上成了灾难的象征和替代物。然而，在倒塌的建筑残骸中，在火灾现场中，还有多少不幸的生命在挣扎；在瓦砾堆中，还有多少幸存者和志愿者埋头救人的身影……而这些，则往往成为报道的镜头难以曝光的"景深"。对充满惊险刺激的戏剧性场景的过度扫描和对普通抗震救灾场景的过度忽视，凸显了大众传媒视野中的"盲点"。而恰恰是后者，那种看上去平淡无奇的日常性赈灾场景，才最有可能是持续性的，是需要付出长期韧性努力的。

　　大众传媒媚俗的一面，还表现在对人与报道关系的模糊认识上：是为人的报道，还是相反？巨震后，各大媒体纷纷动用直升机拍摄、报道，这虽然对国内观众迅速了解受灾情况、满足国民知情权有莫大贡献，但低空飞行直升机的噪音，往往遮蔽了瓦砾下的呻吟和呼救的声音，对初期的救助工作造成了不小的困扰。其他诸如为拍摄黎明前避难场所内的情形，无视灾民的疲惫，刺眼的摄影灯无所顾忌地打在正熟睡的人们的脸上等问题，也遭到了国民的质疑。

　　日本媒体有极强的精英意识和高度的同质性，在某些问题上的应对也惊人的一致。初期，因组织、动员不力，政府救援姗姗来迟，在现场展开救援活动的多为NGO及志愿者，甚至有总部设在神户，在阪神地区根深叶茂的著名黑社会组织"山口组"。对浑身上下满是闪亮的金属链扣、平时不可一世的"老大"们为灾民施粥、发放毛毯的情景，媒体出于决不为反社会性特定组织做软性宣传的媒体人自觉，作了低调得不能再低调的报道，灾民接受救助的行为被说成是无奈的"苦涩的选择"。其实，绝望的灾民接受救助更接近一种求生本能，在"合法"的救援到达之前，任何形式的救施都是现实的、宝贵的，也是高尚的，同样充满人性的光辉。因为在人道面临危机的关头，任何重建人道的努力都是值得评价的善举，这种普遍性的价值，无疑高于并优先于大众传媒的精英意识。

日本的恶心

作为本土传媒上所谓的"知日派"，笔者从不掩饰对"美丽国家"日本的喜爱。但这种喜爱绝不是盲目的，也基本不具备"爱屋及乌"的延伸特性，而是就事论事，"是其是，非其非"。

在日本近年推行的若干重大社会改革举措中，对诸如让普通国民参与司法审判的"裁判员制度"和旨在提高21世纪老龄社会国民福祉的"国民看护保险"等制度，笔者无不举双手赞成，并将其作为战后日本和平建设的成就予以正面评价。但对某些举措，由于其改革的方向不是指向开放社会中个人尊严与权利的增进，而是恰恰相反，甚至带有明显的反社会、反文明的性质，令人深感遗憾乃至愤怒。其荦荦大者有二：一是在出入境管理中对外国人的强制性指纹按捺措施，二是在签发入境签证上的一项"改革"。

先说前者。2006年11月起，日本开始实施修正后的新《出入国管理及难民认定法》。据此法，凡进入日本的外国人，入境时被采取指纹、同时拍摄头像将成为"义务"。日本此举，是典型的"搭便车"行为：9·11后，美国出于反恐的考虑，率先导入了入境外国人指纹采取制度，以强化出入境管理。日本紧随其后，不顾大赦国际等海内外人权组织的反对，效颦盟友，在短暂的可行性检讨之后，遂步其后尘。据说，实施头一天，即将五名曾在日本留有不法滞留等案底的有前科者拒之门外，可见其成效不凡。

对日本来说，此番指纹按捺制度的实施，其实是旧制度的死灰复燃。早在战后初期冷战时代，日政府和驻日美军出于防范在日朝鲜、韩国人的目的，以外国人登录制度及强迫按捺指纹等措施，对被看成是"犯罪预备军"的朝韩族裔进行高压管制。该制度因带有露骨的歧视和侮辱色彩，开始就遭到侨居日本的外侨和众多国民的批判和抵制。为此，旨在反对并废除该制度的市民运动始终不绝，有人甚至不惜因此坐牢或离开日本。1984年，一位拒绝按捺指纹的美国女性被横滨地方法院以违反外国人登录法的罪名作出罚金一万日元的有罪判决；翌年，神奈川县警以同样罪名逮捕了在日韩国人李相镐。至此，民间反对运动开始升级，一些知识分子活动家卷入，连第二代在日韩国人、著名政治学者姜尚中也成了其住地埼玉县的拒绝指纹按捺"第一号"。20年后，姜在其自传《在日》中对此仍愤懑难耐："问题不在指纹按捺本身。对原为'日本人'的在日韩国、朝鲜人，战败后，却以自己的理由随便将对方看作是'外国人'，以出入国管理和外国人登录法等形形色色的法律和行政处分横加刁难、歧视，才是问题的所在"；主张应以行动来表达公民个人的"食指的自由"。在市民运动和舆论的强大压力下，日政府当局被迫做出妥协，在执行层面上逐渐放宽，最终于2000年废止了这项制度。

对曾几何时销声匿迹的恶法借尸还魂，日本律师联合会发表声明指出：指纹按捺制度违反了日本宪法第十三、十四条和相关国际人权公约的规定，影响了日本国家及国民在国际社会的声誉，理应废止。但政府当局却以外国人居高不下的犯罪率等数据为借口，不惜打着冠冕堂皇的理由，复活令人联想到罪恶与羞耻的旧的问题制度，令良知蒙羞。事实上，外国人犯罪问题本身，亦不无被过大评估的夸张之嫌。近年来，东洋社会中许多反社会性恶性犯罪，恰恰是不法日本人所为，如最近发生的厌世男在秋叶原的繁华大街上挥动匕首，致17人死伤的惊人事件。这充分说明，以强化外国人出入境管理来应对社会治安，乃至反恐，未必是瞄准了靶子。

其次，作为福田访华的成果之一，日本对面向中国旅行者观光签证的发放进一步放开：从2008年3月起，中国两三口之家即可以"家庭游"的形式组团赴日，这对很多想去日本观光的中国人来说，是一个"利好"。但是，这项利好措施却伴随着一个附加条件：签证对象的年收入须在25万元以上。

作为民主主义国家，日本理应知道如此政策的反社会性及其对广大中国人心理的伤害——不客气地说，这简直是一项反动的政策，不仅与人类普世价值相抵触，而且与日本在 21 世纪锐意谋求的民生大国的国家战略方向有内在冲突。这样做的结果，短期内可能招徕一些中国"成功人士"赴日，多少贡献于日本的观光经济，但从长期看，势必招致包括相当多有良知的"成功人士"在内的中国消费者的反感，从而强化中国人头脑中既有的对日本的"机会主义"印象，而这恰恰是对后者国家软实力的莫大伤害。

以现代"地球村"通行的标准来衡量，诸如剥夺外国人"食指的自由"及把签证与入境者年收挂钩的做法，其反社会、反文明的程度足以用恶心来形容。如此恶心而不自觉，甚至窃喜者，无疑会遭到国际社会的鄙夷。用美《新闻周刊》一篇文章的话说："岛国根性（Insularity），正威胁着日本的未来。"

派阀：自民党政治的秘密

　　2008 年 9 月 24 日，原自民党干事长麻生太郎在自民党总裁选举中获胜，成为日本第 92 届首相。麻生作为自民党干事长和党内少数派麻生派（"为公会"）的领袖，在选举中得到了町村派、津岛派、古贺派等主要派系的支持。作为回报，作为党总裁和首相的麻生，则以党内高官和内阁阁僚的位子来酬谢：前首相、森派（现在的町村派）大佬森喜朗，被任命为辅佐干事长的总顾问。从自民党党内人事安排名单中也能看出，麻生对党领导核心只作了最小限度的调整，对派阀领袖级人物多有任用，其以不变应万变，为应对随时可能发生的内阁解散和总选举而优先构筑"举党体制"的良苦用心可谓不言自明。

　　毋庸讳言，自民党总裁选举已成日本社会和媒体的狂欢。选战期间，公共场所的电视屏幕上接连不断地闪回候选人竞选活动、街头讲演的场面，花絮多多；各大报纸的民意调查、选情观察连篇累牍，无所不用其极。但是，狂欢之下，有个怪现状：除了那些面孔常见诸媒体的自民党所属国会议员外，党的地方势力——覆盖全国 47 个都道府县的自民党基层组织支部联合会的政治家们，那些投票参与选举总裁的"党友"，到底是什么样的人，是何种面孔，从事何种营生，社会背景如何等等，从来不为人所知。可以说，这个人群——自民党政治的草根阶层，其存在是被模糊化了的。

　　而这些利益集团又是何方神圣呢？简而言之，大体有二："族"与"派"。前者以族议员势力为代表，实际是某个特定领域的利权结构的代言者，其背后是庞大的政治游说集团，旨在确保政策朝自身利权最大化的方向倾斜，如"道路族"、"邮政族"、"国防族"等；后者相比之下比较简单，即党内的派阀。两者有重叠、错位、此消彼长，但一般来说，"族"要纳入"派"的体系，并通过"派"来出牌，表达利益诉求。

如果说，自民党派阀政治在小泉纯一郎政权时代已趋于弱化的话，那么，经历了安倍、福田两个政权的复权，今日已卷土重来。应该说，这既是对此前小泉"反党"的反动，也是为确保自民党江山不易手的政治现实需要使然。在政治成色传统保守的麻生政权下，派阀政治向何处去？是适可而止，见好就收，还是会进一步坐大，甚嚣尘上？

由来与演变

自由民主党（自民党全称）的党章中，并没有关于"派阀"的定义。在党内，派阀通常被看成是"政策集团"，俗称"村"（Mura，相当于中文的"山头"）。也有些政治学者，倾向于不把自民党看成是一个政党，而是"由若干被称为'派阀'的政党构成的长期政党联盟"，这道出了派阀政治的本质：胜者为王，轮流坐庄。"政党联盟"，即指若干在政策主张上有共通点，以树立政权的为目标，以国会运营为基本单位，为实现自己的政策，而谋求力量整合的政治组织。

日本的政党，规模大小过于悬殊，很难用一个统一的定义来描述。就政党的功能而言，自民党内的一个派，完全可以看成是一个独立小党，甚至远远大于一般独立小党的规模。像党内最大的町村派，在国会有88名成员（众院61人、参院27人），几乎相当于社民、共产两党总和的3倍，产生过数任首相，其政治影响力已然不是普通小党的概念。

自民党的派阀历史由来已久，其雏形在二战前就已然形成，但真正做大，还是在战后，其发端与"55年体制"紧密相连。1955年，分裂为左右两派的社会党走向统一。为与之对抗，自由、民主两党也实现了保守联合，成立自由民主党。这一事件对日本以后的政治具有深远的影响，在这一时期形成的左右对峙的政治体系，被称为"55年体制"。作为两党合并而成的政党，其党员在思想背景、政治经历、政策取向及人脉关系上不尽相同，而物以类聚，人以群分，成色大致相近者在党内实力派议员的麾下集合，结成政治利益集团，此乃战后派阀的由来。1956年底的自民党党总裁选举，已成型的8个派阀轮番登场，被称为"8个师团"（因石桥派比其他派阀规模小，也称"7个师团加1个旅团"）。

以此为雏形，在后来围绕党总裁宝座的权力斗争中，聚散离合，大浪淘沙，小派系逐渐被淘汰。初期的派阀，比较松散，不乏脚踏两只甚至三只船者。进入20世纪70年代以后，派阀迅速组织化。1970年代中期，为应对中选举区的选举制度，分化、重构为"五大派阀"，进入被称为"三角大福中"的"战国时代"。

所谓"三角大福中"，系三木（武夫）、田中（角荣）、大平（正芳）、福田（赳夫）和中曾根（康弘）所统领的派阀的简称。五人均为实力派政治家，围绕总裁宝座展开了炽烈的争夺战。而在这个过程中，各自的派阀也得到了极大的组织强化。

派阀领袖与国会议员的关系，颇像黑社会大佬与小弟们的关系。领袖一旦为王（即成为党总裁，继而成为首相），便顺理成章地为派内议员分配政治资金和大臣的位置。对小兄弟们来说，这绝对是望眼欲穿的政治资源和资历，正求之不得。

在"五大派阀"时代，由于各派阀均以担任过党的三驾马车（干事长、总务会长和政调会长）或内阁重要阁僚职务的资深实力派政客为领袖，在各派间展开的总裁宝座争夺战，实际上是派阀领袖们的逐鹿之战。就其结果而言，基本上是轮流坐庄。1980年大平正芳去世后，由非派阀领袖的铃木善幸继任（后成为大平派的领袖），乃结党以来最初的例外。竹下登内阁时期，"利库路特事件"等丑闻曝光，令派阀领袖的威信大大降低（使国民看到"领袖也是人"），其职能也发生了微妙的转变。1989年，中曾根派的非领袖政客宇野宗佑出任党总裁；宇野内阁倒台后，由河本派的海部俊树继任总裁。继而，1993年，自民党下野，由宫泽派的河野洋平出任总裁；1995年，由小渊派的桥本龙太郎继任。至此，随着"55年体制"的崩溃，党总裁的定位也从早期的那种各派觊觎、残酷竞争的"王者"权力象征，逐渐转化为为确保党的执政地位，通过党内协商而树立的一块旨在赢得政权选举的看板——所谓"竞选面孔"。因为对执政党来说，确保江山不易手，是高于一切的最高利益。因此，不久前闪电辞职的前总裁福田康夫，在一个月前的内阁和党人事改组时，不惜把党干事长的位置让给反对派的麻生太郎，以确保即使自己下台，自公联盟（自民、公明两党组成的执政联盟）也能在众院解散后的总选举中立于不败之地，被舆论批判为福（田）麻（生）间的"禅让密约"。"密约"真实存在与否另当别论，但福田在政权凝聚力下挫不已，自知难以赢得总选举的情况下，抬出麻生充当"竞选面孔"的良苦用心却是不言自明的。

评价与批判

众所周知，日本并不是一个实行首相直选的国家，这与其不具备像美国那样的真正意义上的两党体制有关。"55年体制"确立后，半个世纪江山不改；1993年虽一度失守，但百足之虫，死而不僵，自民党通过自身的"调整"及与公明党结盟等措施，实现转型，再度夺回了政权。尽管危机与挑战俱在，且不无升级的危险，但唯一有希望抗衡的在野党派民主党，似乎尚未出息到足以单挑政权的程度。所以，理论上"55年体制"虽已崩溃，但好像被实施了"延命术"，至少表面上，给人以"差强人意"之感。而只要江山姓"自"，自民党的派阀政治便不会终结——这是其赖以"机能化"的秘密所在。

客观上，派阀政治与政党联合一样，可为执政党带来某种多样性，使其能顺应多重、复杂的政治环境变化，多少获取单一政党原本不易获得的社会支持，从而为政权的长期化提供某种保障。

但是，尽管作为自民党的重要制度，派阀政治早已定型化为政治传统，但日本社会和国民对它的批判从未停止过，可以说这类批判伴随了其成长、坐大的全过程。主要的批评，集中于两点：一是对所谓"密室政治"、"国民缺席"的批判，二是所谓"金权政治温床论"。

就前者而言，舆论认为由国民选出的自民党两会议员数以百计，可实际的政治议程，却操纵在极少数派阀大佬手中，且决策过程缺乏透明，离现代社会的政治文明有相当距离；而后者，典型者如20世纪70年代前首相田中角荣所把持的田中派，凭借其"建设族"出身的庞大财源和人脉，在政界呼风唤雨。甚至因"洛克希德"① 丑闻系狱后，在监房里还推出了数任党总裁，被称为暗影中的"国王缔造者"。如此超越政治伦理，乃至法律之上的政治实力，令民主社会的国民感到恐惧和厌恶。由于国民的批判，自民党派阀曾于1957年、1963年和1994年三度自主解散。但这种政治密码，真强大到像遗传基因或灵魂附体一样，无论遭遇多大的外作用力，最后都会被其"反动"掉，卷土重来。也许对自民党来说，派阀制度跟民主制度一样，是一种"必要恶"，也未可知。

对派阀政治最大的一次打击，是在小泉政权时代。众所周知，小泉其人出道于彼时最大的派系森派（即现在的町村派），曾任会长，人称"怪人"。他专打"反党"牌，高喊要"砸烂自民党"，矛头直指党内派阀。凭借其个人魅力和不俗的演技，小泉上台后，不仅退出所属派系，而且拒绝党内大佬推荐的组阁名单，一个人关在小屋里，拿出了个人色彩颇浓的去派阀化的组阁名单。但由于其作为"怪人"特立独行的怪癖及其不可小觑的政治凝聚力，包括前首相森喜朗在内的党内大佬对他毫无办法，只好由他去。而小泉自己果然凭借其政治实力，极大削弱了党内派阀和族议员的势力，推行大刀阔斧的"构造改革"路线，最终成就了执政五年有半的战后第三长的长期政权。

客观上说，小泉的"反党"，虽然也是政客的看板，但确实在相当程度上挽回了党的执政权威和合法性，恰恰拯救了自民党。其强力推行的基于新自由主义经济政策的、旨在形成"小政府，大社会"型结构的"构造改革"，从根本意义上说，是以削弱派阀和官僚势力为前提条件的。然而吊诡的是，有迹象表明，小泉所赖以推进改革、提前解散众院，并赢得总选举胜利的被称为"小泉孩子"（Koizumi Children）的党内无派系少壮议员群体，今天似乎正朝着独立的派系化方向发展，有朝一日未必不会演变成一个新派阀。

遗憾的是，安倍上台，由于政治实力太弱，根本无法抵御派阀政治的反动，不到一年，派阀、族势力和官僚纷纷复辟，安倍自己也黯然下

---

① 1976年，美洛克希德公司为推销其新型宽体喷气式客机，不惜向首相田中角荣及其他重要政治家行贿5亿日元。事件被媒体揭露后，田中于翌年12月黯然下台，并被追究刑事责任。但田中其人作为自民党内最大派系"田中派"的领袖，即使在服刑期间，仍保有幕后操纵政坛的实力，直到1987年田中派分裂为止。

台。而继任者福田，更是老资格的自民党政客，其政权本身，即是除了反对派麻生之外的党内 8 个派系中 7 个派系"力学平衡"的结果。其上台后只能强做"八方美人"，不可能启动任何深度改革措施几乎是注定的。

前途与走向

首先，应该看到并承认，最近，派阀政治的姿态确有所改变。近年来的总裁候选者，很少有派阀领袖。20 世纪 90 年代以降，派阀大佬最终做成党总裁的，6 人中只有 3 人。而与此同时，超派阀、无派系少壮议员层的壮大令人侧目。

其次，强人型派阀领袖的退场。"三角大福中"时代，即使是人望很差的大佬，也具有强有力的政治实力，其滚滚财源和人脉，有时会使派阀政治这种"有限恶"朝"无限恶"的方向恶变。而这样的大佬型、强人型政客，已然绝迹。

再次，选举制度本身的改变。众院选举（按日本宪法的众院优先原则，众院选举决定政权）从中选举区制变为小选举区和比例代表并立制。一个小选举区只能有一人当选，纵然派阀想挺更多的人，但如果党内高层不同意的话，则根本无望进入候选人名单。换言之，党的权力有从派阀向中央集权的趋势。

第四，国民、舆论审视政治献金、黑金政治的视线变得比以前更加严厉，法律规制更加完备，派阀的敛财能力大不如前。

最后，也是最重要的一点是，派阀政治的前途，取决于自民党作为执政党的前途。党本身的实力在衰落，已很难单独树立政权。而目前的自公联合政权，实际上已经逸出了传统派阀政治的框架。两党十年合作，已然出现不谐和音。而将来的政治，走向"大联合"是大势所趋。自民党派阀之间闹得再凶，如果无法取得政治主导权的话，也完全没用，徒给国民和普通党员添堵而已。

综上所述，派阀政治作为曾长期主导日本政治生态的一种传统政治文化，其本身也在急剧变身，也在与时共进，这会在某种程度上延长其寿命。但从大方向上来说，派阀政治的盛期已过，处于"下风下火"的收敛态势是不言而喻的。

"下流"，怎么了？[①]

　　2005 年，日本作家、社会学者三浦展（Atsushi Miura）的《下流社会——新阶层集团的出现》出版，一时纸贵东洋，4 个月加印 12 次，成为近 10 年来屈指可数的百万级畅销书。两年后，作者又推出了续篇《下流社会——须眉何以输巾帼》，亦引发话题效应，颇有后来居上之势。两本书相辅相成，谈的都是日本社会的"下流"化及其出路。

　　先作名词解释。所谓"下流"，原意指河川的下游，被作者转意为下端、底层，并没有汉语中形容人品行不端、举止轻佻狎亵的意思；而"下流社会"，则为作者的造语，相对于此前传统的"中流社会"而言，指社会向下发展的态势。

　　开宗明义，作者先对读者作一番"下流度"测验：在给定的 12 个要素中，如有半数以上命中，便说明被测验者是"下流"的。这些问题包括：年收不到年龄的 10 倍（单位应为"万日元"），想活得像自己，喜欢独处，常以点心和快餐充饥，有时整日在家打电玩、上网，大龄未婚（男性 33 岁以上，女性 30 岁以上），等等；在续篇中，又追加了在 2005 年 9 月众院选举中初挺自民党，有时会被石原慎太郎吸引，在奥运会和世界杯足球赛上衷心声援日本，讨厌中国和韩国，觉得在工作上即使努力也无法得到回报，等等。通过对数以万计的问卷调查基础

────────────

　　① 本文为日本作家三浦展的下流系列［《下流社会——新阶层集团的出现》（『下流社会——新たな階層集団の出現』），（日）光文社，2005 年 9 月；《下流社会——须眉何以输巾帼》（『下流社会——なぜ男は女に負けたのか』），（日）光文社，2007 年 9 月］撰写的书评，发表于《21 世纪经济报道》（2008 年 4 月 7 日）。发表时，题目改为《日本社会的下流化》。

上"提纯"的要素的选择倾向的观察与分析，社会中特定人群、年龄层的价值观，生活、消费观的变化曲线凸显出来，据此，作者得出了日本社会已日益"下流"化的结论。

"下流"者，未必单纯指收入的低下，也包括沟通能力、工作态度、学习意愿、消费欲望等方面的不振，就是说，对人生的意愿本身，处于相对较低的水平。表现在结果上，就是收入水准上不去，老大不当婚的几率甚高。他们慢吞吞地走路，慢吞吞地活着，因为只有如此节奏，他们才觉得爽。这类人不仅为数甚众，且在30多岁的年轻人（即"团块次世代"——战后第二次生育高峰出生的一代）当中，有日益蔓延的倾向。

而这代人，正是日本社会在成为"一亿总中流"的中产社会后诞生的一代，其特征是，他们从未见识过显著的贫富差别。在郊外卫星城的新兴住宅社区里长大，同龄的人拿同样的年薪，住同样大小的公寓，开同一档次的车，在他们是天经地义。他们既缺乏从"下"往"中"或从"中"往"中上"上升的冲动，也不太会考虑有一天会从"中"掉到"下"的可能性。

受惠于资本主义物质文明的高度繁荣和社会民主主义色彩浓厚的社会政策，正如其父辈经历过的匮乏的平等一样，这代人在富裕的平等中长大成人。周末开车去郊外的 Shopping Mall 采购，琳琅满目的商品以低廉得出奇的价格出售。在这样的时代，还成天琢磨努力工作赚钱的人确实显得有点傻。就像登富士山一样，对山顶有更美的风景的期待是继续登山唯一的动力。但差不多登到"七合目"的时候，风景已足够雄奇，再往上攀也不过尔尔，巅峰体验的刺激便难以维系登顶的诉求。于是，哥几个就地坐下，喝点冷饮，吃个火山熔岩煮鸡蛋，指点一番江山，下山了事。

曾几何时，日本以"一亿总中流"为骄傲，整个国家宛如一间巨型公司，手提公事包、身穿蓝色西服套装的 Business Man 满世界飞，被西方人奚落为"日本株式会社"。从 20 世纪 50 年代中期开始，直至经济泡沫大而未破的时期，日本人始终以为增长神话会无限持续下去，东洋式管理模式也会被世界普遍移植、嫁接（西方也不乏类似的声音，诸如美学者傅高义的《日本世界第一》等）。但泡沫还是破了。这一破，让日本 10 年不振。不仅不振，世风随 GDP 而江河日下，人心道德受到空前严厉的试炼。

再度从泡沫经济废墟中崛起的日本，对其公司管理的模式已不复从前的自信。目睹泡沫崩溃后，被认为永不会倒的百年老店的银行、证券、金融机构一间间倒闭，日本人终于知道没有什么是"永远"的，包括东洋式的终身雇佣和建立在其基础之上的年功序列。今天，包括日本顶尖的电机制造公司在内，公然打出"终身雇佣"招牌的企业已然绝迹。但与此同时，随着企业的瘦身、重组，大量冗员被清除出"蓝西装"的行列。这些昨天的上班族，因种种原因，成了从日本工业生产线上脱落下来的螺钉。他们与成群的"飞特族"①、"尼特族"②、失业者、无业者一起，成了日本"后泡沫"社会的游魂。

毋庸讳言，"下流社会"现象的始作俑者是小泉（纯一郎）—竹中（平藏）经济路线，是前者开创的"构造改革"的"负的遗产"。其理论来源是新自由主义学派，主张"国富"由少数精英创造，而大众只需消费"国富"，唱唱歌、跳跳舞，扩大内需即可，基本上是以拉开"格差"为前提的理论预设。当然，从彼时企业不良债券呈恶性膨胀的天文数字的状况出发，作为"被动改革"之一环，如此政策设定大约是别无选择。但即使在后来的安倍政权时代，关于"格差"问题，来自政府方面的权威解释依然是让穷人能活下去，但富人可以赚更多的钱，越富越好。可见贫富差距并没有被"恶"视化，至多是一种"有限恶"。

在战后生根发芽的日式民主主义社会，基本只有阶层的观念，而阶级的概念是相当模糊的。但随着"格差"矛盾的深刻化，原本呈梭形结构的社会分层迅速分化，并有朝金字塔型社会重构的危险。类似英国社会中劳工阶级与管理阶层之间边界井然的鸿沟，将来未必不会出现日本版，在"飞特族"、"尼特族"与大公司白领之间形成"us and them"式的紧张局面。

---

① 日人根据英词"Free"的造语"Freeters"，近乎中文"自由职业者"的表达。

② 日人造语词"NEET"的音译，Not in Employment, Education or Training（不是雇员、受教育或培训）的英文字头。

所幸的是，到目前为止，日本社会各阶层之间的流动、重组，虽然有严重的问题，但基本上还是社会性的，尚无升级为政治性矛盾的迹象。出现一定的社会分层，甚至社会分层加剧并不可怕，可怕的是阶层及不同阶层之间"格差"的固定化。因为后者意味着父母"下流"，孩子便一定"下流"，而这是与民主主义社会的普遍价值观及其道义诉求相悖的。对此，作者开出的药方是"机会恶均等"，即在教育等领域，促成机会均等的现实，但却力避那种"绝对机会均等"论主宰的过于残酷的社会竞争（譬如你成绩不好，不是因为父母的低收入、低学历，完全是你自身的低智商所致。如此"自然淘汰"的结果，必然指向人的遗传基因，有导致某种"恶的优生"思想的危险）。

　　日本之所以在改革后会形成"格差"社会，很大程度上当归咎于长期以来"结果恶平等"的分配机制，即无论个人能力强弱、努力与否，反映在工资待遇上，几乎差别全无。到头来，除了造成"结果逆差别"、"结果不平等"的社会现实，损害实质正义外，客观上成了催生今天这种基于实力主义、成果主义的"格差"社会，也是使其定型的"催化剂"与口实。

　　但是，在检讨社会的"下流"化及其出路的时候，还应当认识并撇清一个事实：相当一部分"下流"分子的"下流化"现状，并非社会淘汰的结果，而恰恰是基于其自甘"下流"的自我选择的结果，因为他们"想活得更像自己"。尤其一些女性"下流"分子们更是如此——"下流"并快乐着。2007年度芥川文学奖得主青山七惠（Nanae Aoyama），便是一名1983年出生的女"飞特族"，其获奖小说《一个人的好天气》被认为是一代"飞特族"的青春告白。

　　今天以三十来岁的青年为主流的"下流"分子们所选择的"下流"活法，在清一色蓝西装的"日本株式会社"，未尝不是一种社会进步，初次呈现了人作为人而不是作为机器、社会作为人的社会而不是生产线的一种可能性。当这些多数还处于过渡期的分子们真正以自己的活法，活出了自己的时候，也许便是社会产生更多元文化的开始。

　　所以，真正有骨头的"下流"分子，是那些自甘"下流"者。面对来自体制的压力与白眼，他（她）们有勇气理直气壮地说：下流，是的。So what？

日本"下流社会"何去何从

2008年6月，笔者在东京著名学术书店"三省堂"看到一红色封面的文库本新刊被整齐地码放在醒目的位置，旁边的架子上，贴有《朝日新闻》书评的剪报。仔细一看，原来是著名普罗作家小林多喜二的《蟹工船》。如果不是亲眼所见，很难相信这样的事实：1933年，因犯有所谓冒渎天皇的"不敬罪"，遭当时恶名昭著的思想警察——警视厅"特高课"虐杀的小林多喜二79年前的著作，竟在全球化时代的经济大国卷土重来。据推出文库本的出版方新潮社透露，2007年以前，每年印刷、投放5000册左右；而2008年，则连续增印，已突破30万册，成为年内第一大畅销书。

同一时期，纯文学杂志《昂》（*Subaru*）6月号推出题为《无产阶级文学的反击》的特刊；NHK专题纪录片*Working Poor*（"劳动贫困"，意为即使努力工作，也无法摆脱贫困）创下收视率纪录；超左翼刊物《失去的一代》创刊，卖得超好，面市两天便增印；《资本论》新译本出版，一些20多岁的青年派遣社员（指由劳务派遣公司"派遣"到相关用人单位的非正式雇佣的短期、廉价劳动力）结成《资本论》学习会，研究自己被剥削、被榨取的秘密。在这种形势下，近年来，因国会席位过少，在日本社会已成边缘小党的日共，因其对社会贫困化问题的关注，往日门可罗雀的状况竟为之一改：委员长志位和夫演讲撰文，出镜频频，俨然成了媒体新宠；从2006年9月开始，党员人数以每月千人的速度稳步递增，一年时间，"新米"过万，乃至"日共泡沫"成为话题。

种种迹象表明，长期以来以所谓"一亿总中流"傲然于国际社会的日本超稳定的中产社会结构正经历着崩溃、分化与重构的过程。在三浦展的通俗社会学著作《下流社会》成畅销书之后，媒体甚至有"一亿总下流"说法。在这个"化学反应"过程中，"物质"（传统的社会组织结构）本身所释放的巨大能量及其带来的剧烈震荡不仅是前所未有的，而且会在相当程度上改变日本的世道人心，甚至可能使日本进入21世纪以来正迅速变身的社会转型中途改道。

"一亿总下流"化的实态

据日本厚生劳动省发表的 2007 年度国民生活基础调查数据结果显示：截至 2006 年底，日本家庭平均收入为 566 万日元，比经济高峰时的 1994 年减少近 100 万日元；感觉"生活艰难"的家庭比例连续 6 年上升，达创纪录的 57.2%。与此同时，日本家庭的构成呈进一步老龄化和少子化态势：2007 年，拥有 65 岁以上高龄人口的家庭的比重首次突破 40%；在这些"高龄"家庭中，有 48% 的家庭全部由老年人组成，三代同堂式家庭的比例仅占 18%，而由老年人照顾老年人的所谓"老老看护"型家庭的比例则继续上升。

1995 年，享受生活保护（相当于我国的"低保"）人员为 88 万人，现已达 150 万人，为史上最高纪录；这个历来以高储蓄率著称的国家，零储蓄家庭从 2000 年的 12.4% 激增至 2006 年的 22.9%；非正规雇佣者占全部劳动人口中的比例达 33.5%，而在 24 岁以下的人口中，则超过 50%；年轻女性中的一半多为非正式雇佣者，如果她们不结婚的话，几乎注定要与贫困为伍。

毋庸讳言，今天的日本正直面经济高度成长以来的最大危机：贫困。而且，这种贫困，是干不干活都贫困，甚至是越干越贫困。诗人、评论家吉本隆明把其命名为"新贫困社会"，指出现状已接近战败初期的贫困时代："近四五年，社会进入应称之为'第二次世界大战败期'的阶段……干活！干活！可无论怎么干生活也难以轻松的现实感，正在年轻一代蔓延"；这种状况导致人的心病陡增："今天的日本，相当于产业革命时代的肺结核的，怕是精神疾患吧。"

更严重的是，目前的贫困，并不单纯意味着物质的贫困。在传统的日本社会，纵然暂时面临经济的窘迫，但以家庭和地方共同体为依托，或尝试新的工作，或协助家业，从长计议，为将来重做打算总不是什么太难的事情。可现在不同，不仅为低收入所困，而且老龄社会的发展、地方经济的凋敝，使人孤独无所依，连从眼前的困境中举拔出来的支点都不具备，遑论明天——一句话，是一种毫无前途可言的浮萍状态。

一个颇具象征性的可资参考的数据是关于自杀者数的统计：连续10年超过3万人；2007年为33093人，比前一年增加938人。据警察厅按自杀者遗书的分类、统计，自杀的理由依次为生计问题、工作环境、健康状态。而自杀者的年龄，则多集中于30多岁和60多岁这两个世代，一边是年富力强，风华正茂，一边是刚刚退休，好容易喘口气，筹划"第二人生"的时候。对前者来说，年过而立，看破无论再怎么努力，状况也难以好转的残酷现实（客观上，多数劳务派遣公司，薪水到被派遣者30多岁就封顶），只好断念；而对后者来说，退休后收入大减，自己的储蓄额和国民年金所能给付的退休金都已明确，失去工作后"第二人生"的一筹莫展，加上对健康状况的担忧，构成晚年生活的不安和恐惧的根源。

日本非正规雇佣劳动大军的形成和扩大，非一日之寒。远的不说，据日总务省"劳动力调查"结果显示，从1997年到2007年的10年间，非正规雇佣者就增加了580万人，而正规雇佣者（正社员）人数则减少了371万人。如果是高增长的景气时期，经济规模本身在不断扩大，纵然有再多的非正式劳动者，正规雇佣的正社员们也断无失去饭碗之虞。但今天，随着经济萧条的长期化，从政府机构到大企业，对"效率"的追求高于一切，定员定岗，订单的增加并不意味着人员编制的扩大和工资收入的上浮。相反，一个非常现实的问题是，如果为非正规雇佣者改善待遇，便等于堵死了"正规军"们薪酬成长的空间。

因此，倾巢之下，安有完卵？非正规雇佣者的低薪酬不但没能为正式员工的合理待遇提供保障，反而把后者的薪俸给拽了下来。其结果是，政府机构和企业中，对白领的忧郁症、过劳死及自杀等劳动保护灾害的认定数量，已达史上最高水平。可以说，"下流"化的结果，连中流也自身难保，最终成为社会普遍"下流"化的牺牲。用日本作家、前"全国劳动组合总联合"（全劳联）的专职谈判专家，致力于派遣劳动者受害支援的浅尾大辅（Daisuke Asao）的话说，如此状况，将导致对现代日式资本主义的三重破坏：即"生存的破坏、自豪的破坏和未来的破坏"。

"下流社会"是如何酿成的

笔者服务于占日本 GDP1％的综合电机公司时，曾听一位老板语重心长地说："在这个国家，只要你服务于一间过得去的公司，干上 10 年、20 年，公司对你的回报总应该让你能够娶妻生子、买车买房，维持起码的有尊严的生活。这是常识。"

他说的是"实话"。曾几何时，日本企业提倡终身雇佣，只要一就职，公司的"年功序列"不但保障薪酬的不断增长，国民年金制度也承诺退休后稳定的生活；健康保险、雇佣保险等自不在话下，社宅和社员旅行等优厚的福利也是题中应有之义。除此之外，劳动组合（工会）通过日本特有的劳资谈判方式，以在终身雇佣、年功序列型薪酬体系的统一框架内工作的企业内全体劳动者为对象，在不对劳资关系构成本质伤害的前提下，一年两度或数度展开对资方的有理、有利、有节的集体交涉（诸如"春斗"、"秋斗"等）。作为员工个人，就算再平庸无能，只要肯付出，以公司为家，用不着自己出头，一切都会有制度性保障，每个人都相信"公司不会亏待我"。乃至经过战后短短一代人的时间，上班族便养成并习惯了上述"常识"。客观上，也构成了日本社会的安全网和国民"公"的意识与道德资源的支撑。

可殊不知，三十年河东河西，此一时彼一时也。泡沫经济崩溃后，如此"常识"即使尚未被颠覆成"非常识"，也正经历着巨大的动摇。而风起于青萍之末，最大的始作俑者是新自由主义经济政策。

新自由主义在日本的登场，可追溯到 20 多年前，最初是以行政改革的形式出现的。1981 年，铃木善幸（Zenko Suzuki）内阁成立了一个委员会，目的是平衡国家预算，以应对日益深刻的财政危机。为达成此目标，动议进行旨在缩小财政规模、削弱政府职能的行政改革，具体措施包括减少公务员数量、国企民营化及诸多领域的解除管制（所谓

"规制缓和")。从那以后，历经15任首相，或多或少，或有力或无力，始终朝着这个既定的大方向推进。而决定性的推动，无疑是小泉纯一郎任内的"构造改革"。这里既有小泉本人的个性因素，也有泡沫经济等客观性因素，还有美国等国际因素。总之，被认为"史上最亲美政权"代表的小泉，凭借其政治上与布什惺惺相惜的新保守主义权威，在经济上实行了大刀阔斧的新自由主义改革。加上其差强人意的政权凝聚力和五年半的任期，及国内保守色彩浓厚的意识形态环境，"构造改革"虽然没能进行到底，但岛国的面貌为之"豹变"，却是不争的事实。

客观上，泡沫经济崩溃后，为不良债券等问题困扰不已的大企业，在有可能长期化的萧条中求生存成为第一要义。随着像美国似的那种作为企业经营者，首要的工作是赢利，而不是照顾员工的商业意识形态被正当化，传统日式经营理念开始让路，终身雇佣、年功序列等"国粹"迅速被抛弃。1999年，随着劳务派遣法的修正，原有的管制被放宽，廉价而优质的劳动力转眼间便充斥市场，人满为患，大企业资方额手称庆。

开始时，财界对大企业的裁员还抱有一定抵触。当日产汽车的巴西籍CEO、被称为"成本杀手"的卡洛斯·戈恩宣布实施其庞大的裁员计划时，经团联会长奥田硕曾苦言相劝。但小泉上台的2001年，一下便有120万白领"下岗"，财界很快就适应并习惯了"构造改革"时代的游戏规则，甚至乐此不疲，乐不知返。

但是，当由企业、家庭及区域社会构筑的安全网被层层拆除之后，要阻止贫困化的蔓延，只能靠国家的社会保障体系。但日本作为后发资本主义国家，社保体系其实非常脆弱。以2003年的数据为例，社保支付额度占GDP的比例仅为17.7%，虽然比美国略高，却大大低于欧盟的平均水平（26%）。而小泉的"构造改革"，却首先从本来就已很薄弱的公共事业费开刀，所谓"从容易砍的地方先砍"。于是，从2002年开始，每年以2200亿日元的额度，连续削减；进而，2006年出台的《关于经济财政运营和构造改革的基本方针》（"骨太方针"），又确定了未来5年内进一步削减1.1兆亿日元（1兆＝1万亿）的框架。这项被称为"安全网拆除工程"的事业，现在仍处于进行时。

如此，几年下来，尽管日本的大企业某种程度上恢复了效率和国际竞争力，但整个社会的公共事业却已面目全非。一个贫困蔓延的"格差社会"，作为小泉"构造改革"的负面遗产，不仅受到国民的批判，且必将在后续政权中被加以纠正。

"下流社会"定型化的危险

最近发生的两个事件，极大震动了日本社会：一是去年，北九州市 52 岁的患病男子，由于丧失生活保障，留下一纸"我想吃饭团"的遗书，在电、煤气都被切断的房间里活活饿死的事件；另一个是今年夏天，25 岁的男性派遣劳动者在东京秋叶原街头挥刃乱砍，致 7 人死亡、10 人受伤的无差别杀人惨剧。事件通过大众传媒的报道，使人们在看到贫困其实就在身边的同时，真切地认识到贫困的可怜与可怖。尤其是后者的反社会凶恶犯罪的性质，更使一些知识分子意识到虚拟的"左翼"向"右"急转的危险性。有迹象表明，这种担心绝非多余。

2007 年 1 月，"飞特族"出身的"失去的一代"（日本社会对 25—35 岁的年轻世代的称呼）自由作家赤木智弘（Tomohiro Akagi）在《朝日新闻》系学刊《论座》①杂志上发表一篇文章《叩问丸山真男——31 岁飞特族，希望是：战争》，舆论大哗，据说当期杂志比往常多卖了一倍。

赤木根据其自身长期作为派遣劳动者为生存四处奔波的"下流社会"的经历，为人们揭示了为什么身为贫困层的年轻人却支持活力门（Live Door）的堀江贵文等新贵阶层，甚至对小泉、安倍这种一手制造了"格差社会"的保守政权也充满"好意"的貌似自相矛盾的谜底："对我来说，年轻人的右倾化并非不可理喻。一个极单纯的道理是：如果日本军国化，战争爆发，死很多人的话，社会便会流动起来。我觉得很多年轻人希望如此。""……我们这些低薪劳动者，被社会放任已 10 年。社会不但不曾对我们伸出援手，且骂我们没干劲，成了国家 GDP 的分母云云。只要和平继续，这种不平等便会持续一生。若打破这种闭塞状态的话，兴许会生发某种流动性也未尝可知。而造成这种局面的可能性之一，那便是战争。"

挣扎于"下流社会"的年轻人为打破"和平却令人窒息"的"格

---

① 已于 2008 年 10 月停刊。

差社会"，重建某种合理的流动性，却不得不诉诸于战争的极端手段："非常遗憾，正如我们不得不希望的非常手段那样，社会的差距如此之大，而且已被做成不可撼动的定型化的东西。"

而为什么要"叩问丸山真男"呢？丸山是战后日本知识界左翼的代表人物。1944年3月，时年30岁、有"思想犯"前科的丸山接到了召集令，旋即被作为陆军二等兵派往平壤。而那些连中学都没上过的一等兵，却免于在战败前夕被派往沙场。对丸山来说，战争时期的征兵制确是一种不幸；但对那些连中学都没上过的一等兵来说，欺负一个毕业于东京大学的精英，如果不是战争所赐的"机遇"，永远都不可能。换言之，正是战争，在那些未受过教育的一等兵的眼前，展现了打破等级社会的藩篱的希望——也是"流动性"。

最后，作者说道："……如果社会在和平的名义下，对我持续性地恃强凌弱，对我菲薄的幸福梦想持续性地加以嘲弄的话，那时，我便会在内心希冀'全体国民持续受苦的平等'，并不假踌躇地把它作为我的选项。"

"大国化"焦虑下的舆论环境

"命令放送"与报道自由

2006 年 11 月 10 日，日内阁总务相菅义伟召见 NHK 会长桥本元一，要求其短波国际放送（Radio Japan）节目对朝鲜绑架问题做重点播报，引发了关于"命令放送"的争论，在日本舆论界掀起了轩然大波，不仅 NHK 改革问题再次成为舆论的焦点，大众传媒的使命及其与政治、权力的关系这个老掉牙的命题也被主流社会旧话重提。

NHK 的"正体"

NHK，日本放送协会（Nippon Hoso Kyokai）的简称，是日本唯一的国家广播电视网，除放送事业外，还涉足出版、教育、电影、文化等诸多产业，甚至拥有自己的交响乐团（即"N 交"，著名日裔指挥家小泽征尔赴波士顿之前曾就职于此），是举世罕见的巨无霸传媒巨人。从战前到战时，NHK 完全置于政府管辖之下，其放送事业承担了战争动员者的角色，尤其是海外放送，更是直接的国策宣传机器。

战后，NHK 在战争反省的基础上告别过去，以"绝不屈从权力，唯奉献民众"（原东京大学教授、战后首任会长高野岩三郎语）为宗旨重新出发。其国际放送基于 1950 年制定的《放送法》于 1952 年重开，以多语种覆盖全球绝大多数国家和地区。

为什么是"命令放送"

据日本《放送法》第 33、35 条，内阁总务相有权命令 NKH 国际放送节目播放指定的内容，其费用由国家负担。但历代总务相在行使这项行政权力时，一般习惯用比较抽象、笼统的措词，如"时事"、"国家重要政策"、"对国际问题的政府见解"等，回避在放送命令中指定具体内容，旨在体现对公共放送事业"自主性"的尊重。

尽管在事后举行的新闻发布会上，总务相本人出面表态说，针对国家放送机构 NHK 的放送命令将不会扩大到民间放送，但依然无法阻止新闻界对政府公权干预报道活动的批判及对言论自由价值本身的反思。日本新闻协会发言人发表谈话指出："为维护报道、放送自由之计，无法让此次事件轻易蒙混过关。"在敦促政府自律，停止对新闻机构政治介入的同时，呼吁修改与"命令放送"相关的《放送法》。

从事后披露的材料看，开始时，对就某项具体国策下达放送命令的做法是否构成对新闻报道自由的侵害的界定，政府并没有十分的把握。因此，11 月 8 日，菅义伟曾向主管国家放送广播事业的独立行政管理机构"电波监理审议会"咨询该命令的合法性。但是，由五名成员组成的审议会仅用了不到一小时的时间，就得出了"命令适当"的答复。正是基于这个答复的精神，菅义伟做出了放送命令。因审议会的审议过程是非公开的，详情不得而知。但从审议程序所花时间和在整个审议过程中从未向 NHK 方面确认任何情况这点来看，所谓"审议"，究竟是否经过了充分论证，其实相当可疑。

按政府的解释，此次之所以出台如此具体的放送命令，是因为一些朝鲜官员也是 NHK 短波国际放送的听众，有必要向他们传达绑架问题是日本最重要课题的信息，以强化对朝施压。可问题是，放送命令一旦涉及具体播放内容，且以"国家最重要课题"的名义加以贯彻实施，客观、中立的报道原则就难免受到伤害，言论自由未尝不会成为政治的牺牲，这不仅与"放送法"一向弘扬的所谓"不偏不党"、"政治中立"及"编辑自由"的精神背道而驰，而且离新闻媒体监督公权、满足公民知情权的天赋使命也相去甚远。

事实上，为鼓励在朝绑架受害者勇敢地活下去，以及进一步加深国际社会的同情和理解，促进绑架问题的彻底解决，NHK 国际放送所起的作用不可谓不大：从 2006 年 1 月到 9 月，NHK 国际放送报道的约 2000 条关于朝鲜的消息中，与绑架问题有关的就占了 700 条，但离对朝强硬的安倍政府的要求显然还有相当距离。

但是，在民主主义社会，作为社会公器的大众传媒毕竟不是国家的喉舌，任何国家利益的达成和国家战略目标的实施虽离不开新闻媒体的舆论造势，但却不应当是代表国家的政府公权力单方面强制的结果，否则便是媒体的失格、堕落。对日本来说，尤其要警惕借所谓"国策"绑架民意的做法——没有什么"国策"具有高于言论自由价值本身的权威。

"NHK 事件" 凸现病灶

此次事件，表面上是作为新闻媒体的 NHK 受到政治压力，报道自由受到行政权力侵害的问题，其背后则暴露出政府在新闻自由价值理念上的模糊认识及新闻媒体本身与体制、权力的某种含混不清的"粘连"。换句话说，NHK 既是新闻自由权利遭侵害的受害者，某种意义上，也是把自己的权利拱手让渡他人的始作俑者，至少是"共谋者"。

该事件之所以迅速引起舆论关注，是因为有去年的"NHK 事件"在先——作为舆论监督机关，NHK 已不止一次被反置于舆论批判的视野之下。

2005 年初，NHK 拍摄了一部以战时从军慰安妇和天皇的战争责任为题材的电视片。投入正式放送前，NHK 的干部把样片作为"征求意见稿"呈给政府重要阁僚和自民党高官们审片。也许是时任内阁官房长官、自民党代理干事长的安倍晋三和时任经济产业相的中川昭一等实力派政治家施加了压力，也许是基于 NHK 单方面的"自肃"，审来审去的结果，44 分的片子被剪掉 4 分，成了 40 分的片子，乃至有些地方内容的衔接和连贯出了问题。事件被《朝日新闻》曝光，引发了两家媒体间一场旷日持久的口水战。《朝日新闻》在朝日系学术月刊《论座》杂志上，组织了一组重磅批判文章，作为"紧急特辑"推出，总标题开宗明义《NHK 是媒体吗?》，致使 NHK 前会长海老泽胜二黯然辞职。

对这个事件，尽管事后包括安倍晋三在内的政府高官一致矢口否认"压力"说，并对《朝日新闻》等媒体的舆论攻势做出强硬姿态，但 NHK 当局对公众的陈情说明到底还是泄露了天机：就制作中的节目内容，由 NHK 高层将样片呈送有关政治家，进行"事先说明"，乃业务范围内的"理所当然"，"在谈预算问题的时候，顺便端出了片子的话题……"对一向提倡报道自由、自主编辑的媒体来说，这等于变相承认了政治压力的存在。不仅如此，所谓"事先说明"，就是接受审查，无异于实行新闻检阅，而新闻检阅是违宪行为。

众所周知，与一般商业电视台不同，NHK 没有广告，完全靠国家预算和直接从电视受众征收的"受信费"来维持运营。预算、决算和高层人事任命都要通过国会审议，因此，为确保顺利过关，由精通国会运作、能轻易搞掂政治家的人出任会长，是一条"潜规则"，这就是为什么 NHK 会长多系政治部出身的原因。可以说，这种构造的形成、坐大和定型化，才是 NHK 最大、最本质的问题，它注定了 NHK 的摄像镜头所聚焦的，不是视听受众，而是政界。

不过，尽管存在着这样那样的问题，NHK 作为日本的国家电台、电视台，依然承载着国民不薄的期待。人才济济加制作预算的丰厚，一些巨额投入的鸿篇巨制，如灾害、战争题材的节目，几乎非 NHK 莫属。承担这种角色的"NHK 特别放送"（NHK Special），为一个必要的场景，不惜派遣大队人马长驻现场（有些是海外现场），追求专业效果到了近乎偏执的程度。这种大制作当然是那些靠广告收入维持运营的民间放送吃不消的。所以，在某些报道领域，NHK 没有对手与之竞争，完全是独占的。这也是国民对其期待甚殷的原因。日本的电视观众，不仅希望看到来自伊战前线的最新战况和美国中期选举的选情，更关心日本国内政治的内幕，而后者，恰恰是在政界人脉、资源应有尽有的 NHK 所能为而不为的。

在这种情况下，日本社会要求 NHK 改革的呼声越来越强。加之近年来，NHK 内部接连曝出财物丑闻，人们审视它的视线也变得越发严峻，拒缴受信费者也越来越多，已到了足以影响运营的严重程度。据说，由于有太多的受信费难以入账，NHK 不得不一再削减员工工资、压缩经费开支，以最少的人员投入来谋求最高的制作效率。对此，总务相菅义伟明确表态说，作为对受信费拒缴的应对，将检讨受信费滞纳金制度。但是，受信费拒缴问题的实质，是受众对放送内容的政治介入和 NHK 自身的财物丑闻、与政治家"粘连"的不满，引入滞纳金制度不仅不能根本解决问题，反而有可能激化矛盾。

NHK 的问题，是结构性的，非一日之寒，有积重难返的一面，其本质是新闻媒体独立性的问题：靠公共资金运营的媒体能否维系独立于政治的尊严？这方面，一个常常被用来比照的案例是英国国家广播公司（BBC）。围绕伊战问题，BBC 公司与英政府当局尖锐对立，为此，BBC 高层去职。但继任者如法炮制，并明言将继续为媒体的独立性而战。

从机制上说，BBC 有独立的经营委员会，从而保证了新闻独立的贯彻。更重要的，在体制架构之上，还有一种基于自由主义历史传统的、根深蒂固的社会共识，那就是：成为政府的附庸，是一切价值沦丧的开始。

冷战后，日本新闻界两极分化，形成了《朝日新闻》《每日》VS《读卖新闻》《产经》的格局。广播电视媒体也自动站队，基本上构成了两种势力对峙的构图。如系基于各自政治理念，本着公平、公正的游戏规则相互辩论的话，倒还算是公民社会应有的差强人意的姿态。但实际上更多的情况是利益集团和政治团体的利益先行，媒体跟进、造势，挺不同势力的媒体互相攻讦、拆台而已。在表面不可开交的你来我往之间，对大众传媒来说最重要的社会共识反而倒无从孕育，甚至渐行渐远。

从这个意义上说，日本媒体，虽规模庞大、总量惊人，但其扎根于现代公民社会价值理性的根基尚浅。无论是对于此次"命令放送"，还是类似"NHK 事件"中的新闻检阅，只有全社会媒体人不分政见、立场，一致大声说"不"，才能形成对抗反言论自由势力的统一战线，才有望构筑符合大众传媒和公民社会恒久利益的社会共识。

自由媒体何以成为战争协力者①

　　在日本，近年来，由新闻媒体发起的对历史问题及战争责任问题的检讨明显多了起来。其中动静较大者，有第一大报《读卖新闻》"战争责任检证委员会"编纂的《检证战争责任——从九一八事变到太平洋战争》一书（日文版于 2006 年 7 月出版，中文版于翌年推出），在中日两国均引发了强烈的话题效应。但对新闻媒体来说，最"边缘化"的选题，其实莫过于自身历史的问题，这也是到目前为止鲜有媒体描绘关于媒体的历史的主因。而任何一个敢于自诩"公器"且负责任的媒体，要想思考并切实履行作为公共舆论平台的社会责任的话，面对过去，检讨自己在过往历史中的扮演的角色虽然相当沉重，但却是必要的功课。

　　《朝日新闻》推出的题为"新闻与战争"的大型系列调查报道（同名著作于 2008 年 7 月由朝日新闻出版社推出），连载一年，系统而深度地考察这家大众传媒的百年老店在从九一八事变到战败的历史中的角色、作用，以自我解剖、反诸求己的姿态，回答"为什么报纸没能制止战争，反而陷入战争协力的深渊"的本体性追问，在大胆回应媒体责任问题的同时，也为现代传媒社会中媒体的公信力问题做了一个惊世骇俗的注脚。如此"出位"的历史反省、检讨，某种意义上，是最初的，很可能也是最后的尝试。对当事者的采访是不折不扣的与时间的赛

---

　　① 本文为《新闻与战争》[《朝日新闻》"新闻与战争"采访班，（日）朝日新闻出版社，2008 年 7 月] 撰写的书译，发表于《南方都市报》（2008 年 11 月 23 日）。

跑；战时任《朝日新闻》记者的松林园，2007 年被采访时高龄 102 岁，在连载结束前夕，于 103 岁生日的翌日去世。

"如果哪天《朝日新闻》突然变调的话，可要小心了。"这是一名读者孩提时代耳熟能详的长辈的口头禅，一方面诠释了彼时《朝日新闻》在舆论界举足轻重的地位，另一方面也折射了其从主张和平主义、国际协调到向支持战争的急转身对国民心灵的烙印之深。事实上，不仅《朝日新闻》，也包括当时有影响的其他自由主义媒体，如果没有大众传媒的协力，"十五年战争"（日本现代史划分，指从九一八事变到战败的 15 年历史）之"进行到底"是难以想像的。正是新闻媒体从战争批判到被迫噤声，从不情愿到情愿，从半推半就到全面协力，直到其完全成为喉舌、道具的蜕变，最终为军国主义化国家打造战争意识形态、实行战争动员铺平了道路。

作为拥有世界最大规模读者群的大众媒体，战前和战时的《朝日新闻》并非一般意义上的新闻报纸，而是整合了报纸发行、新闻制片、各种以报纸为名头的商业活动，甚至航空运输等事业的立体化经营的报业托拉斯（不仅《朝日新闻》，《每日新闻》和《读卖新闻》也大同小异）。以航空事业为例，九一八事变时，报社拥有社用机 15 架，用于战地记者、新闻原稿和摄影菲林的运输；朝日航空部干部的一句大实话——"紧急情况下，可于 30 分钟内出动（飞机）"，令军部都为之色变。一般说来，对一家新闻媒体历史的检讨，对其社论、社评、重大事件报道及其背景的分析当是主要的作业，但如此平面化的叙事显然难以涵盖像《朝日新闻》这种"传媒大物"的历史。除了作为新闻报纸的内容（报道、评论）产品之外，战争新闻纪录片的摄制及在各地的上演，对女性劳军活动的动员、组织（如"国防妇人会"等），与名作家的"笔部队"合作推出前线报道及组织归国巡回讲演会；到战争末期召开旨在动员少年志愿兵参战的"少国民总决起大会"……至此，标榜"自由主义"的新闻报纸"客串"了一把激进的国策协力动员者角色，并几乎反客为主，乐不思返，因为其中的每一个环节，都为报社带来了报纸购读人群扩大的高附加值。

报纸成功的秘诀是独家性、垄断性。而战时，新闻人要想获得独家消息，唯一的办法是对军界"公关"。于是，以《朝日新闻》的影响力，频频组织劳军活动、壮行会，曾几何时的自由主义意见领袖、报社的首脑亲赴"满洲国"拜会关东军的头面人物；凭借与军界的"良好关系"，殖民主义的铁蹄践踏到哪里，新闻社的支社、支局便开到哪里，从中国台湾而朝鲜，从"满洲"而南洋。在新闻媒体理应自觉保持的与国家、军部的距离感丧失殆尽的同时，新闻人不自觉地走上了与后者"一体化"的道路，战地记者和"笔部队"的作家们脱下西装，换上军服，像军官一样武装到牙齿；报社的社用机、飞行员被海军征用，作为回报，用海军提供的汽油，在前线与日本内地间空运写真菲林。直到此时，媒体人仍乐此不疲。很少有人想到，他们是在一条被称为"通往奴役的道路"上的被绑架者。

很快，随着败色愈浓，舆论弹压升级，军部和内务省的新闻检阅和对新闻媒体的压迫日益表面化，自觉协力如《朝日新闻》者居然也屡遭社论在付印前撤换，甚至撤换也来不及，被迫"开天窗"的异常状况。至此，新闻人开始感到战争的真实情况无从报道，感到了公开的矛盾和压抑，但为时已晚。随着"通稿"式官制报道的日常化，连不同媒体间独家消息的竞争都不存在了，报纸完全成为军国的"喉舌"。最具讽刺意味的是战争末期，《朝日新闻》的社员与社屋一并被军需产业征用，为印刷制版而开发的技术，被转用于军用飞机设计图的扩大和复制；以东京本社的摄影部长为首脑，在位于名古屋市名东区的中部总局所在地，设立"航空化学工业株式会社—名古屋工场"，代号为"护国第4476工场"。战前的反战舆论重镇沦为战时的兵器制造基地，历史的嘲弄确实够狠。与狼共舞的新闻从业者们，被剥夺的不仅是新闻专业精神，连新闻职业的饭碗都被端掉了。对此，本书作者归结为，"要笔，还是要生活，这是作为新闻媒体要有所觉悟的问题"。但问题远没有那么简单。日本著名作家井上（Hisashi）指出：在这种"鱼与熊掌"式的两难抉择中，"作为个体的记者不得已选择生活"，本无可厚非。但是，"记者选择笔，而报社捍卫记者的生活"，"只有理解该原则的媒体经营阵容的存在，才是一家好报纸的条件"。

不过，历史、客观地看，井上的话，其实也不无复杂问题简单化或事后诸葛亮的嫌疑。事实上，《朝日新闻》之所以以九一八事变为拐点，摒弃此前的自由主义和平道路，突然在社论中变调，实现向所谓

"国益拥护优先主义"的支持战争的编辑方针转型，其实恰恰是与报社首脑们的捍卫从业记者的生活、做"好报纸"的主观愿望分不开的。唯其如此，出于对军部压力下发行数量减少的不安（及对扩大发行的期待）、对孤立于大众的精英主义的恐惧及对"满蒙权益拥护论"的暧昧立场，让这家老牌的自由主义大报在危急关头"华丽转身"。这与其说是报社高层对经营战略的误判，不如说是历史的吊诡。所以，战后被占领时期，先有报社的记者工会要求追究报社高层的战争责任掀起的被称为"社内革命"的社内民主化运动，后有报社首脑遭美军当局（GHQ）整肃，黯然下台的一幕。而被整肃的个别人士口中的"《朝日新闻》曾经是自由主义媒体"云云的辩白，在历史的浓重大幕下多少显得有些不合时宜，可怜、可笑。

回过头来看，截至九一八事变前夕，《朝日新闻》作为"自由主义"报纸，尽管主张以裁军、普选权、国际协调为代表的和平主义路线，但在当时被看成日本最大"国益"所在的"满洲"权益问题上，则始终持暧昧的肯定立场，基本不脱"对内宪政主义，对外帝国主义"的套路，与力倡"满蒙"权益放弃论的石桥湛山和坚持批判军部立场的横田喜三郎等铁杆自由主义知识分子其实已然拉开了距离。正由于这种学理立场上的内在矛盾，一旦政府、军部方面有何风吹草动，报纸经营受到某种压力，便轻易放弃原来立场，改弦更张，其实未尝不是题中应有之义。而即使在转向后，按绪方竹虎[①]等报社首脑原来的意图，仍然幻想一面与军部构筑和谐，一面以此为依托，试图保留些许批判、抵抗的萌芽，以伺机东山再起。但如此首鼠两端的文人小算盘，显然跟与狼共舞的主旋律太不合拍，且对诸如介入的深度、罢手的时机、何时反守为攻等问题，既无战略性通盘考量，也缺乏对抗的勇气。共舞的结果，只有被狼牵着，一步一步走向通往奴役的道路是不言自明的。

战后，出于不同的历史、社会背景，更由于冷战和基于冷战需要的美国对日占领政策的转型，与德国战前、战时的报纸遭悉数废刊的命运

---

① 绪方竹虎（Taketora Ogata，1888—1956），山形县出生，毕业于早稻田大学。日本著名记者、政治家。曾任《朝日新闻》主笔、副社长；战后从政，曾出任自由党总裁、内阁官房长官、副总理等要职。

不同的是，包括《朝日新闻》在内的日本主要报纸，经过短暂的整肃，均得以保留。《朝日新闻》也在反省其战争协力的不光彩历史的基础上，实现了重新出发，并以彻底反省、批判侵略历史，坚决捍卫民主主义普世价值的主调，再度成为战后日本社会的左翼舆论重镇。此番烛照历史暗部、挥刀自宫式的反省，纵然其深度和成果有待检讨，但其反诸求己的决绝姿态本身，尤其是抢救正面临湮灭的战争历史资料的艰苦作业，无论如何值得评价。从这个意义上说，这份大众传媒的百年老店，战前到战后不止一次遭保守派军人和右翼分子血洗的报纸，不但担得起读者的敬意，而且值得人们阅读并继续阅读下去。

东京神田—神保町旧书店街一角。

出版史的良心记录①

　　借用钱钟书式的表达，出于吃了个鸡蛋，觉得不错，便动念一窥那只产蛋的鸡的风姿的阴暗心理，笔者一向爱读出版家的回忆录，或回忆出版家的文字，诸如赵家璧、陈原、沈昌文，或者贝内特·瑟夫的《我与兰登书屋》等等。一方面是类似"窥淫"的"不良"动机使然；另一方面，无论哪个国度、哪个时代，新闻出版那摊子事，是最能反射斯时斯地人文环境的温度、湿度的晴雨表，读出版人的心路历程，客观上等于顺带读了那个社会、那个时代的文化思想史、经济生活史、风俗世相史及文化人内心或挣扎、或亢奋、或激进、或颓废的精神受难史，不失为一石数鸟、效率颇高的"悦读"。

　　虽说如此，当这部跟踪多时、好不容易花重金购得（加上消费税，书价近1万日元）的逾650页的豪华版"砖头"，终于从东京的书店快递到笔者寒酸的书斋的时候，我竟一时未能像往常那样立马展读，在手中反复摩挲了两个月后，才"恋恋不舍"地读下去。阅读的过程，也很难说完全是"悦读"的快感，大半混合了某种心痛、困惑的情绪。心痛，是类似读中国近代史般的心痛；困惑，是因为今天的出版业，无论之于哪个国家，与金融、制造业、观光业等行业相比，都是不折不扣的"小众"产业，小众到几乎要重新修正关于大众传媒出版的定义的地步。但纵然如此，依然有出版家能推出厚重如此的著述，依然有虽然

---

　　①　本文为《出版与社会》［小尾俊人，（日）幻戏书房，2007年9月］撰写的书评，发表于《21世纪经济报道》（2008年8月25日）。

急剧小众化，但却不至于被消灭于无形的铁杆读者，那个国度的文人有福了。这样想着，困惑之余竟有了一种羡慕，一种陶醉。

小尾俊人（Obi Toshito），之所以成为东洋知识人耳熟能详的名字，不仅因为其本人就是学富五车、卓然有成的人文学者，更因为频繁见诸于各种学术著作、学刊的版权页上的名字，无论作为责任编辑，还是出版发行人，有点像三联书店的沈公昌文，但比后者更资深。小尾俊人1922年（大正十一年），出生于东北地方的长野，18岁（1940年）"进京"，入羽田书店，开始学码字，做编辑。1943年（昭和十八年）冬，以"学徒出阵"被征兵入伍，在"晓部队"当通信兵。不到两年，日本战败。战后，与山崎六郎、清水仗男一起创立"Misuzu书房"，主持编辑事务，直到1990年（平成二年）退休，凡45载，把一间简陋的书店办成了举足轻重的学术出版机构，成为东洋知识社会一道坚硬的风景线。用日本作家池内纪的话说，"吾未见从粗陋的社屋中接连不断地推出秀作如Misuzu书房者"。这是一个不折不扣与书打了一辈子"魔鬼"交道的出版人：直到耄耋之年的今天，其仍保持着每周四次定期造访神田—神保町旧书店街的习惯，或淘书，或在熟悉的咖啡店与友人小坐，有一搭无一搭地谈点子关于书的事、关于书的人。

作为一部出版家的回忆录，《出版与社会》首先是一部出版思想史，是前辈资深专业人士对一生念兹在兹的出版事业，乃至人类出版活动的追根溯源的反思。"自与出版发生关系以来，经历了漫长岁月。被称为出版的社会现象，是一个复合体。若扪心自问'何为出版'的话，至今仍感困惑不已。""公害，是一个人们闻之久矣的语汇，但如果不是指自然公害，而是从精神、社会公害的角度出发，来考察我们生活空间中的污染度的话，出版界的参与确实很深……从入社学徒时起，做梦都没想过要成为制造那种玩意的编辑者。"作者的困惑，从侧面诠释了现代出版既有物化的属性，同时也有超越物化一面的"两面性"。

尽管活字印刷术作为中华文明的"四大发明"之一，早在几百年前就已经问世，但真正推动了近代出版业发展，酿成媒介革命滥觞的，却是15世纪莱茵河畔美因茨小镇的德国人古登堡（Gutenberg）的发明。于是，中世纪教会那种传统的一本写在羊皮纸的大字版《圣经》挂在高处，信众被从上至下布道的风景为之一变：随着批量印制的

《古登堡圣经》流入社会，人们可以在家里读到印刷在破布做成的纸上的"口袋版"圣经，这直接催生了新教（Protestantism）社会。

古希腊亚里士多德在《形而上学》的卷首开宗明义道："人，生而欲知者。"作为出版的物化形式的书籍，一方面是"纸"，另一方面是文字与文字的结合物（语言）的载体。这种载体通过人的感受性与想像力，赋予人把过往的经验（记忆、知识）在当下重温的能力，而这种能力又反过来强化了人的感受性与想像力，从而赋予人更强的行动力。500年前，以发行最早的定价图书目录而闻名于世的意大利佛罗伦萨的阿尔丁（Aldus）出版社，把象征速度的海豚和象征沉思的锚交叉相绘的图案作为其出版物的 Logo，并在上面加了一句拉丁文"Festina Lente"（"快，但要沉着"），意思是务必理解书中的新知，展开想像的翅膀，但同时也要对自身的心智和行动深思熟虑。这表明早在近代出版业兴起之初，大众媒介的"两面性"便已然为人所察觉并有所警惕。可以说，这种对出版业的批判性认识，伴随了现代出版业从发生，到发展、坐大的全过程。

书籍，作为纸张与油墨的物化组合，确实是"物"。但一叠纸一旦被印上文字，进而做成书的模样，便会产生某种不可思议的"场效应"；而一批书，齐整地排列于书房的书架上，仿佛一队无言的伍者，会对人的内心产生某种无形的压力。东洋自古有种不成文的禁忌：不可以从放在榻榻米上的书上跨过去。所谓"精神通过物质，却超越物质"、"我的佳肴，是你的毒药"，书籍正是集物化与精神两种属性于一体、内涵二律背反之矛盾的"危险存在"。

同时，正如书名《出版与社会》所表达的那样，出版作为伴随着近代社会的确立而形成的一种现象，也是一种社会活动，既无法脱离不特定的读者而存在，更离不开作为媒介的出版机构的产品化操作。用德国文豪托马斯·曼在最早出版"万有文库"丛书的雷克拉姆（Reclam - Verlag）出版社百年社庆演说中的话说，"出版社在出版这个精神性事业中，不是独奏者，而是指挥者"。

作为生涯和职业经历横跨从大正到平成三个时期的出版家，小尾对自己学术回忆的定位是"从大正民主到第二次世界大战终结的出版历程再现"。之所以未涉及战后的情况，是因为顾及"还有活着的人"，

"而不依凭印刷物的资料的写作，会流于自己的主观感想"。此语道破作者的诉求不是一般意义上的回忆录，而是"旨在以实证的形式，抛开自身，再现彼时的空气和动静"，"对同一现象，从多种视角聚焦，以逼近客观性"。为此，不惜从明治、大正、昭和时代卷帙浩繁的报章杂志中旁征博引，不仅有当事者的证言、照片，还辅以当时出版物的图版、书影，以佐证自己的历史记述，导出学术性的判断，可以说无一字无出处。按人名统计，被引用者超过 260 人，诚可谓是一部实证主义案例研究的范本，相当程度上复原了一部重峦叠嶂、复调浓墨的日本现代出版史。

从经过 1923 年（大正十二年）关东大地震的浩劫，书刊大量焚毁，国民精神也濒于死灭的极度绝望的废墟中，讲谈社创始人野间清治窥见一线商机，创刊大众杂志《国王》（King），以 150 万册的发行神话，使那些"虽然识字，但精神却消极被动、缺乏主体性与批判意识"的普通国民成为传媒文化的受益者，并意外奏响了日本现代出版大众媒介化的先声，到改造社老板山本实彦率先推出低成本印刷的"元本"（即一日元一册的简装本）《现代日本文学全集》，以应对劫后青黄不接的严肃图书出版市场的困境，引发"元本热"；从著名学术出版社岩波书店与之对抗，推出"文库本"战略，使学术"袖珍化"，到新潮社、平凡社等出版机构纷纷卷入白热化的商战，出版大鳄们竞相在竞争中燃烧自己的理想、情热和财力，山本实彦（改造社）、岩波茂雄（岩波书店）和下中弥三郎（平凡社）等一代国民出版家的人间群像呼之欲出；到围绕河上肇（早大经济学教授、马克思主义经济学者）译《资本论》的出版风波，民间出版社如何与国家权力的干预周旋；直到 20 世纪 20 年代后期，随着军国主义化的"暴走"，中国战云密布，日本国内舆论规制升级，新闻检查和出版弹压事件层出不穷。1932 年，普罗作家小林多喜二因出版小说《蟹工船》被捕，被控犯有冒渎天皇的"不敬罪"，翌年遭恶名昭著的思想警察警视厅"特高课"的虐杀。为此，中国作家郁达夫、茅盾、鲁迅、丁玲等人发起"为横死之小林遗族募捐"的活动……至此，日本终于一头扎进法西斯主义的不归路，国民的言论自由完全被封杀。

难能可贵的是，小尾作为昭和时代的过来人，不仅见证了从出版走向大众媒介化之初的繁荣到言路被窒息的全过程，而且通过如此扎实的实证性案头工作，为读者留下了大量第一手资料，具有极高的学术和史料价值。此著连同其与新闻出版有关的其他几种已面世著作，共同构成了一部完整的昭和出版"良心史"。而其中有些个性化历史记述，几乎成了弥足珍贵的"小尾版"孤证。如其在前著《书之诞生以及诞生之后》（幻戏书房，2003 年）中所描绘的 1940 年（昭和十五年），作者作为羽田书店的新职员前往内务省警保局"纳本"（按战前日本《出版法》和《新闻纸法》，所有出版社均有把出版的所有种类的出版物送交内务省检阅的"义务"）时所目击的一幕：

> 我从内务省的窗口往里张望，但见众多官人（即国家公务员）把书摊在办公桌上在埋头读着，在检阅，在挑错——就是说，他们在工作。我想，这大约就是所谓的集团阅读吧。事实上，在为他们感到遗憾的同时，竟然也有些羡慕他们。之所以羡慕，是因为自己忙得几乎连读书的时间都没有呢。

这种略带讥讽口吻的奇妙描写，令人联想到卡夫卡小说中的情节。幸也罢，不幸也罢，日本现代出版业在大众媒介化量产时代的开端，竟与新闻检阅制度的全盛期微妙地重合在一起。

何谓新闻记者

2008 年 11 月 7 日，日本东京电视台（TBS）著名新闻政论节目"NEWS 23"主持人筑紫哲也（Chikushi Tetsuya）因肺癌去世，享年 73 岁。是夜，日本各大媒体纷纷报道了筑紫去世的消息。11 月 11 日，TBS 播出题为《多样化的新闻——请君安息》的特别追悼节目。在长达 112 分钟的节目中，日本一流的知识分子、媒体人、演员汇集一堂，共同缅怀这位杰出的新闻前辈；故人生前的搭档、美女主持人泪流满面，几度哽咽失声。一家商业电视网，在晚间黄金时段，以如此兴师动众的声势，隆重悼念一位新闻工作者的辞世，在日本诚为空前之举。缅怀故人的同时，现代社会中新闻媒体及新闻工作者的责任这个老生常谈的问题，再次成为众议的焦点。

伟大的新闻记者、纯粹的自由主义知识分子、战后历史的见证者、新闻之"侍"……所有这些盖棺故人的"溢美之词"，筑紫当得起任何一项而无愧色。但被逝者贯彻终身，并引以为傲的，其实只有四个字而已：新闻记者。

1935 年 6 月 23 日，筑紫哲也出生于大分县日田市，1959 年毕业于新闻记者的摇篮早稻田大学政治经济学部，同年进入左翼大报《朝日新闻》政治部，从此踏上政治记者之路。因其早年做过内阁总理大臣三木武夫的"番记者"（即专门从事某一领域跟踪报道的记者）的缘故，在自民党内鸽派势力中，有广泛的人脉。政治部时代，曾作为常驻冲绳、华盛顿的特派员，参与了围绕琉球返还的日美交涉和导致尼克松下台的"水门事件"的深度报道。

1984 年，出任《朝日新闻》系周刊《朝日 Journal》总编，其独家策划的《年轻人的神祇》《新人类的旗手们》等系列长篇访谈，以独特的视角透视消费主义社会中的青年及其亚文化问题，使这个在 20 世纪六七十年代左翼学生运动时期几乎人手一册的著名刊物再度风生水起，他提出的"新人类"等表达那个时代特殊氛围的造语在现代日文中定型化，并成为描述 20 世纪 80 年代文化的关键词。这个时期，筑紫开始频频出镜于朝日系电视网，担任时政节目主持人。影视媒体的强大影响力，让这个风度儒雅、一表人才，对着麦克风侃侃而谈的两栖媒体人很快就家喻户晓。

1989 年秋，筑紫从《朝日新闻》退社，进入 TBS，担纲"NEWS 23"的节目主持人，此乃这位有 30 年文字记者经验的媒体人从活字世界到银屏的重要转型。从此，直到其病倒前近 19 年的时间，从周一到周五，筑紫都会出现晚 23 点整开始的新闻节目中，从未迟到过一秒钟，准得像原子钟一样。其每次在新闻报道结束后，对着镜头一口气"干侃" 90 秒的核心评论专栏"多事争论"，不仅成为日本政治、社会的风向标，也是后来为各大电视网争相效颦的电视专栏的最初模本。

19 年如一日，每晚西装整饬、端坐于镜头前的筑紫哲也，其如炬目光轮番聚焦于诸如"平成"改元、柏林墙倒塌、淡路阪神大地震、奥姆真理教及"9·11"等吸引世界关注的重大事件，并在第一时间做出深入的背景分析；TBS 那间逼仄的演播室，曾接待过克林顿、朱镕基、李明博等众多的国家政要、政府首脑，日本政治家更不计其数；可以毫不夸张地说，前 30 年的文字记者经历加上后 19 年的电视人生涯，筑紫几乎是一部完整的战后史的目击者、见证人。在相当程度上，已成新闻专业主义的代名词。

2001 年 9 月 11 日，纽约世贸双塔遭恐怖袭击，筑紫在镜头前预言："9·11"之后，世界将改变。作为左翼舆论重镇，筑紫将反战立场进行到底：伊战前夕，飞赴战云密布的巴格达采访；2007 年，邀请从前线归来的美国士兵做客节目，寄语日本观众。

但是，面对疾速蜕变的纷繁复杂的世界，这位手持麦克风的金牌新闻主持人所带给观众的，与其说绝少有持"第四种权力"之牛耳的尊大感，不如说更多的是某种无力感。当判明正是电视采访的影像资料披露给奥姆真理教的干部，才导致律师坂本一家被杀害时，筑紫悲愤难掩:"这等于是 TBS 死了。"

像一枚硬币的两面,在同情弱者的视线背后,是近乎偏执的死死盯住权力的监视的目光。筑紫有句名言,新闻界的最大工作,就是当权力的"番犬"(Watchdog)。2007 年 7 月,执政自民党在参院选举中败北于在野党,但首相安倍却毫无引咎辞职之意。筑紫在节目中,单刀直入地采访安倍,指出:"民主主义的本质,是选民当家作主。但在答案已然清晰的情况下,作为首相仍了无去意,打算接茬练的话,所谓国民的审判还有何意义?难道不是形同虚设吗?!"

直到最后的日子,筑紫都没从新闻记者的角色中"淡出",连自己的病患,也成了其研究的对象,用主治医师的话说,他"是穿着病号服的癌症研究者"。在临终前三周播出的其主持的最后一期"多事争论"中,筑紫联系自身的病例指出,癌症患者因与癌症斗争的需要,所摄取养分的相当部分被夺走,而无法有效地提供肌体所需,导致最终被夺去生命。这正如目前日本的现状——"这个国家患了癌症"。而任何疗救措施的出台,有效与否,取决于是否能在正视问题所在的基础上加以有针对性的检讨。当然,最终的结果仍然有胜负两种可能,但正视问题无疑是第一步。

日本出版的四种"神器"①
——在"书业观察论坛"上的发言

出版与传媒的互动

日本是世界第一的传媒大国，全国各种报纸的发行量在 7000 万到 8000 万份，而它的总人口约为 1.2 亿。如果加上各种周刊、月刊等新闻、娱乐、学术性刊物的话，达到人手一报（刊）的水平完全不成问题。日本的大报，像《读卖新闻》《朝日新闻》这样的百年老店，发行量均在千万上下。

日本报纸有个传统：大量刊载书刊广告。随便翻开一份大报，最为昂贵的头版广告，雷打不动地为书刊广告，这在全世界都是一个非常奇特的现象。传媒与出版，不仅体现在广告上，还体现在内容（选题）的深层互动上。举个例子，《检证战争责任——从九一八事变到太平洋战争》这本书，实际上是 2005 年，为纪念第二次世界大战结束 60 周年，在日本第一大报《读卖新闻》集团总裁，著名报人、学者渡边恒雄（Tsu-neo Watanabe）的动议下，在《读卖新闻》上连载一年的旨在检讨日本战争责任的长篇调查专栏的结果。包括渡边本人在内的策划、撰稿人班子，再加上是冠世界之最、高达千万份以上的报纸发行量，无疑为书作了一个绝好的广告，所以非常畅销。

再看日本的杂志。日本可谓当之无愧的杂志大国，而且很多杂志都

① 此文为根据 2007 年 9 月 26 日书业观察论坛第 19 期"日本出版——崩溃还是回升？"上的发言改写而成，发表于《出版人》（2007 年 12 月 1 日号）。

是战前创刊的百年老店。仅就学术性、综合性月刊而言，从左翼岩波书店的《世界》《朝日新闻》系的《论座》，到成色保守的《文艺春秋》《读卖新闻》系的《中央公论》，一直到右翼的《产经新闻》系的《正论》《诸君》等等，不一而足。我们看鲁迅日记，有许多某月某日，在内山书店购得某某刊物的记录，其中有的刊物，到现在还活着。这些杂志的封面报道等独家策划的重要选题，在刊物连载发表后，往往会出单行本，而一旦成书，几乎注定大畅其销。究其原因，一是选题本身的"大众传媒化"，即作为媒体，只做那些与当下关系最直接的选题，很抓人；二是其在杂志刊发的时候，凭借刊物强大的发行能力，已经形成了相当的眼球效应，趁热打铁出来的书，卖俏几乎是题中应有之义。

日本是老龄社会，"银色阅读"在国民阅读中占有相当的比重。除了上述商业性刊物外，日本近年出现了一些定制发行的小众刊物。这些刊物发行量少，定价高昂，只面向特定的读者层（甚至作者同时也是订阅者），某种意义上可以说是富裕社会的"奢侈品"。这种小众刊物的特点是，读者（订阅者）少则少矣，但非常铁杆，很多人会"从一而终"。比如，我通过日本朋友订阅的一种叫《SIGHT》的刊物，就是这类杂志：季刊，分春、夏、秋、冬号，风格前卫，思想左倾，自由主义色彩浓厚且广告极少，非常严肃。

2006年和2007年，凤凰卫视与日本朝日电视网搞了两次中日关系大辩论，现场直播。日本那边的主持人叫田原总一朗（Souichiro Tahara），朝日电视签约的金牌主持人，也是著名学者、政论家，其主持的"辩论到天亮"的深夜辩论节目，20年如一日，收视率居高不下。因为选题都是高度贴近当下的重大政治、国际或社会性话题（比如在小泉执政的中日"政冷经热"时期，做中日关系何处去；安倍上台后，做改宪问题等），所以，一俟节目完成，马上便有单行本问世，而且多成畅销书。

这种"螳螂捕蝉，黄雀在后"式的传媒——出版互动机制，便是日本出版的第一种"神器"。

出版与评价、激励机制

日本出版的第二种"神器"，是出版与评价、激励机制问题。其中，包括两个问题：一是各种奖项，二是书评机制。

日本有形形色色的创作奖项，纯文学奖、非虚构文学奖、推理小说奖、学术著作奖等等，可以说非常多，很多奖都是战后一直在评，代有人才，从未中断。而且评奖过程，程序公正、透明。日本一旦有一本小说获了"新人奖"、"芥川奖"什么的，马上就会在《文艺春秋》或其他纯文学杂志上连载，随后单行本就出来，十有八九会成为畅销书。可见，各种文学、学术奖项，成为出版激励机制的一部分，起到了一种类似催化剂的作用。

其次是书评机制。日本各大报刊都有书评版，且篇幅不菲。每期做什么，不做什么，如何取舍，完全靠中立的"书评委员会"来运作。每家大报延聘10名书评委员。这些人作为作家、学者来说，是术业有专攻，都是某个领域的专家，但作为负责报刊书评版的责任者，则持中立的第三者立场，根据某一本书的定位、学术价值等，提出自己的判断，确定评论对象后，组织专业人士撰写书评，为读者提供导读，当然一些书评版的稿酬也相当丰厚。

出版业的"东洋标准"

日本现代出版史上也有过"好大喜功"、出书必豪华版的时期。但那是20世纪六七十年代经济高增长期，大款、暴发户批量产生，争相用成套的板砖似的作家全集、文集来装饰书柜、书房的畸形风气使然，是早已为世所唾弃，被移风易俗的"恶趣味"，代之以装帧素雅、装订工艺考究、开本小巧的现代出版业"东洋标准"。

大致说来，日本主流出版物一般分为单行本、新书和文库本3种开本，除了尺寸，从功能上还有微妙的分工。单行本类似我国的大32开本，因开本较大，定价也比较贵。按过去的惯例，单行本出版三年后，才会出文库本（相当于口袋版），因为出版社要靠单行本收回成本。这条行规最近有些变化，因为读者越来越追求实用、廉价，所以上来就出文库本的现象也不少。"新书"版的"新"，并非新旧的"新"，而是一种介于单行本与文库本之间的版本标准，比32开小一圈，比文库本稍大些。从内容上来说，"新书"版的书基本上反映的是学术前沿信息，或当下的新闻时事，作者都是各个领域的权威人士，但用非学术性的表达，通俗地加以诠释，旨在一般读者中扩大影响，多少有点"去专业化"的意思。

比如岩波书店的文库本经典学术文丛。从性质上说，有点类似商务印书馆的"汉译学术名著"，但视野更加广泛。基本上从中国的诸子百家，到西方古典大师，一应俱全，大有"古今中外，一网打尽"的学术野心。而且都是文库本，价格便宜，老少咸宜，对一个民族的文化建设来说，真可谓功德无量。

知识产权、著作权保护意识

读书为文的人，少不了跟出版社和书商打交道。日本的出版社，在尊重知识产权、保护著作权方面做得很好。

我曾经帮我的老师办过一件事。2005 年，偶然从日本朋友那里得到一本书，正是这位老师著作的日译本，为 1994 年出的绝版书。我把书送给他，问他知不知道。他说完全没有听说过。我说这样的话，是不是跟出版方交涉一下，以讨回你的合法权益。他当即同意，并委托我来操作。我看书是一间仅次于讲谈社的比较大的学术书店出版的，于是便给出版社发了一封电子邮件，谈了事情的原委和作者的要求。

不到一周，便有了回复。说出版之际（1994 年），出版社有人到北京，试图与作者取得联系，译者还特意跑到作者当时所在的大学打听过作者的下落。但因种种原因，终未能取得联系。无奈之下，先行出版了译著，恳请作者原谅云云。按惯例，译著需付原作者的版税率为 6%，出版方痛感未知会作者便先行出版的责任，作为一种罚则的性质，自愿提高一个百分点，按 7% 支付版税。并说当时书卖得并不理想，印 5000 册只卖出了 1500 册，但表示将按实际印数来支付版税，并问作者还有没有其他要求。老师表示满意。于是他们寄来合同原件，补签合同，并问了作者在国内的银行账户。前后不到一个月的时间，版税便如期到账，几乎不费任何交涉。后来，译者代表出版社还专程来京看望老师，并约定了下一本书的翻译事宜——坏事变成好事，皆大欢喜。

当然，支撑日本出版神话的，还有其他方方面面的因素，如中盘机制，包括出版自由等等。而有些因素，也是无法拷贝的。但上述四点，是我所想到的值得并可能借鉴的地方。

日本杂志"变局"背后的社会涵义

　　2008 年 9 月，《朝日新闻》旗下的著名月刊《论座》杂志在推出终刊号（10 月号）之后，宣布"休刊"；一个月后，日本最大的综合出版社讲谈社旗下的杂志《月刊现代》，也宣布于年底"休刊"。谁都知道，所谓"休刊"，是日人在其特有的"暧昧"文化语境下的委婉表达，其真实含义其实就是寿终正寝。除此之外，《读卖新闻》旗下的《读卖周刊》，《花花公子》旗下的《花花公子·日本版》，集英社旗下的电影杂志 ROAD SHOW，世界文化社所属的面向中年女性读者群的时尚杂志 GRACE，及 Magazine House 所属的年轻女性定位的杂志 BOAO 等刊物，也纷纷宣布停刊，关门大吉。"这个冬天有点冷"，在美国金融海啸引发的全球经济震荡日益坐大成持续性萧条的严峻情况下，日本出版界的杂志停刊风潮只是冰山一角。据日出版业内人士称，连锁反应尚未结束，且不无进一步升级的态势。

　　像《论座》《现代》这类杂志，在日本被称为综合杂志，32 开本，350 页左右，内容从政治、经济、国际、社会到文化、文学、漫画、八卦，应有尽有，无所不包，用旅日作家李长声的话说，"就好像日本便当，各种吃食摆满一盒子"。作为日本特有的文化现象，综合杂志思想倾向各异，构成复杂，其中不乏百年老店，如《读卖新闻》系的《中央公论》已有 120 年的历史，文豪菊池宽创立的《文艺春秋》也有 85 年的历史；其面向主流社会，纵论时政、领军思潮的姿态，也被称为"论坛志"。如今，"论坛志"接踵停刊，兹事体大。

缘何停刊？媒体社会杂志的功罪

就某个具体刊物而言，停刊的原因可能有多种多样。但网络、手机等新兴电子媒体的发展、电视媒体的杂志化转型，从根本上颠覆了内容产业的市场格局，使以书刊为代表的"活字"文化的消费群大大缩小无疑是一个大的背景；而在这个大背景之下，社会贫困化的蔓延，使贫困人口激增，而这些贫困人口中的大多数本来是杂志定制发行之初锁定的假想读者群。社会分化的结果，是这群人远离了杂志，好像一场预先策划的集体哗变。尤其是后者，有深刻的社会背景。贫困化的坐大，导致读者压缩生活开支，减少文化消费预算；持续性萧条，使企业削减宣传、广告投入。据日本最大的广告公司电通公司统计，全国杂志广告费1998年为4258亿日元，2006年缩小至3887亿日元；而同一年，网络广告为4826亿日元，首次超过杂志，2007年更大幅增至6003亿日元。

广告盈利减少，就要扩大发行，但不景气却直接打击了承担发行中盘角色的书店业。1998年4月，日本书店商业组合联合会的加盟店有10277家，到2008年4月减至5869家。笔者几年前因工作关系，经常会去日本东北地区的一个港口城市出差。原先车站前的商业街上有好几家小书店，但每次去都会发现有店家新近关张。

从价格来说，日报相当于一听饮料，周刊杂志相当于一杯咖啡，而综合月刊则相当于一碗拉面。一般来说，综合杂志的盈亏线是5万—6万册（实销册数）。据日本杂志协会的统计数据，在近年来被称为杂志盛期的1998年，《论座》《月刊现代》的销售业绩分别为8万册和14万册，而在2008年（4—6月平均水平）则锐减至1.7万册和8.3万册，最惨淡时实销仅1万册和4万册。

《论座》于1995年创刊，虽然历史不长，但却是左翼大报《朝日新闻》的舆论重镇，与岩波书店的《世界》杂志同为自由主义的理论看板。其选题多围绕重大的政治、社会和国际问题，保守批判、贫困化问题和年轻论客发掘是维系刊物存续的三大支柱，也是在诸多综合杂志中把"论坛志"的特质发挥到极致的存在，其超大篇幅的学术辩论曾吸引了主流知识社会众多的眼球。2005年，围绕关于慰安妇的电视纪录片遭安倍晋三等保守派政治家杯葛、制作方 NHK 方面被迫修改内容的事件，与 NHK 就新闻媒体的社会责任问题展开了旷日持久的辩论，坚决捍卫新闻独立的普世价值，抵制任何形式的"政治介入"；2006年，以前首相小泉纯一郎的靖国参拜为导火索，社会舆论再次分裂为左右两个阵营，主张坚守民主主义社会政教分离原则、反对参拜的朝日系与代表保守派过激言论、支持参拜的产经系对峙。朝日系主要论客、《朝日新闻》主笔若宫启文和《读卖新闻》老总渡边恒雄以超长篇对话，批判靖国参拜。全文刊载对话内容的那期刊物（《论座》2006年2月号），上市没几天即告售罄；《论座》一向注重发掘年轻写手，培养新锐作家。去年，一位年仅31岁、名不见经传的自由撰稿人赤木智弘以《叩问丸山真男——31岁飞特族，希望是：战争》的刺激性标题，在刊物上撰文抨击贫困社会的"格差论"（2007年1月号），一石激浪，作者一跃成为新锐评论家。所以，《论座》虽然历史未久，实销有限，却颇集合了一群铁杆作、读者，在日本主流社会的影响力诚不可小觑。

《月刊现代》是日本最具实力的大众读物出版社、百年老店讲谈社的看板"论坛志"。1966年创刊，3年后便创造了实销36万册的骄人业绩。其强项是非虚构性（Nonfiction）长篇"硬派"作品的连载，现任主编也是日本顶尖的历史学者、纪实作家佐野真一。翻翻战后出版史，先在刊物上连载，后由讲谈社付梓的非虚构类畅销书，多到不胜枚举。由讲谈社设立的"讲谈社非虚构奖"已颁发30届，与"大宅壮一非虚构奖"一起，共同构成了日本非虚构类作品的两个权威文学奖项。所以，已有作家在担心，讲谈社会不会因《月刊现代》的倒掉而丧失其特有的"文化身份"？

在信息社会，如果对各种有效信息加以分类的话，大体可分为官方信息和民间信息。前者凭借其权力资源，在精选的基础上，可迅速形成新闻报道（主要是报纸）；而后者则因内容过于驳杂，相对于前者报道主体的报纸，往往由杂志来承担其细化、传播的工作。杂志的衰退，会伤害信息的多元化和多样性。因为，无论如何，官方信息自然照发不误，通过博客等形式，个人信息、小道消息也会照传，但在国家与个体之间，作为"社会"的信息便流失于无形。所以，杂志及其承载的杂志文化，不仅是一个社会文化品位的标识（不仅仅是对各种时尚、趣味性同人刊物而言），而且是那个社会经济发展水平、市民化程度、成熟与否的指标之一。

从这个意义上说，战后日本的杂志文化，不仅与报纸、广播、电视一道，真正把传统工业社会变成了一个现代传媒社会、信息社会，而且对酿造日本的民族性格、提炼东洋文化的精粹、传布民主主义的政治理念，对现代文明的普遍价值观在日本社会扎根可谓功莫大焉。难以想像，如果没有从 20 世纪 50 年代到"安保运动"，以"《文艺春秋》VS《世界》"为构图的"保革对决"；如果没有"右手《少年 MAGAZINE》（1959 年创刊的少年漫画杂志），左手《朝日 Journal》（《朝日新闻》旗下的青年周刊，风行于 20 世纪 60 年代末到 80 年代初）"的"全共斗"世代大逆不道的叛逆，现代日本的思想光谱真不知会发生怎样的基因突变，今天风靡全球的所谓"酷日本"（Cool Japan）东洋亚文化会不会发生，如果发生的话，会不会变形，真的很难说。

也因此，日本作为被杂志文化熏陶的市民文化早已烂熟，连大众的行为模式都明显带有媒体策划痕迹的根深蒂固的传媒社会，很难适应、也无法想像杂志的长期缺席。而且，客观上，其高度发达的出版业、内容产业及其庞大的受众群，理论上也为新刊的孵化提供了足够的资源和商机；更主要的是，那些老牌出版机构的老板们，决不会放任编辑、记者等内容产业工作者长期的资源闲置、浪费（日本媒体工作者社会地位高、待遇好是出了名的），他们一定会借壳生蛋，哪怕干脆重造新壳，也要夺回被别人抢走了的内容市场。事实上，包括讲谈社在内，已经在考虑新的刊物孵育计划。

但是，状况依然相当严峻。因为并不是说一家刊物倒了，其受众便会自然被吸到他刊，而是杂志市场整体的"地基下沉"——蛋糕"缩水"了：1998 年，《中央公论》发行 9 万册，现在是 4.1 万册；一枝独秀的《文艺春秋》，也从 10 年前的一百余万册，半减到目前的 50 万册。

"硬派"新刊纷纷登场，重新洗牌？

在老牌杂志纷纷"撒悠娜拉"，挥手作别书店和读者之际，另一股潮流逆向而生，正悄悄坐大。"本来有些自嘲地想，搁在店家一星期，不退货才怪呢。不成想，1万册居然就卖掉了。"今年6月创刊的超左翼刊物《失去的一代》（*Lost Generation*）主编，青年评论家、劳动问题谈判专家浅尾大辅如是说。

所谓"失去的一代"，是指称20世纪70年代后出生，刚刚走入社会就遭遇"就业冰河期"，成了泡沫经济崩溃后，雇佣环境恶化的牺牲者的年轻世代的代名词。这些挣扎于"下流社会"边缘的年轻人，痛感劳动方式的非人和生存的艰难，内心敏感。他们严重不满于那些对自身的问题反应迟钝的传统既有媒体，他们需要发言——这是诞生新的言论空间的土壤。与此同时，PC编辑、网络出版、无店铺发行等信息时代低成本运作手段的成熟，使他们的诉求成为可能。于是，一批不依赖作为母体的既有媒体，以劳动、贫困、青年问题为主题，以同代人和长辈中有关怀和问题意识者为主要读者群的独立系"硬派"杂志粉墨登场。除《失去的一代》（Kamokawa出版）外，还有《"飞特族"的自由》（*Freeter's Free*，人文书院）、《思想地图》（NHK出版）、《POSSE》（NPO法人POSSE）、《K8》（Kodama屋）、《贫困研究》（明石书店）等，几乎都是2008年下半年创刊的新刊，且不无继续增加的态势。这些新锐出版物大多放弃了传统的杂志形式，采用以书代刊的形式，一来可免于像杂志那样受制于完全基于景气好坏的广告收益的起伏；二来可以在书店摆放较长时间，而不会像期刊那样被过期下架。

表面看，这似乎是一场出版业界的重新洗牌。但被洗掉的，从综合杂志，到新闻类周刊，直到时尚、女性刊物，"光谱"颇宽泛；而洗出来的呢，暂时以独立系"硬派"刊物为主，"新桃换旧符"，全无时尚感。如果把视线稍稍移开，多少关注下畅销书排行榜的话，吃惊会更加"离谱"：在2008年畅销书榜上，名列第一的是日本现代著名普罗作家小林多喜二79年前的著作《蟹工船》，仅上半年就加印了40万册；其次是19世纪俄国批判现实主义作家陀思妥耶夫斯基的名著《卡拉马佐夫兄弟》，光文社新译本行销80万册；甚至卡尔·马克思的《资本论》（祥传社版）也榜上有名。这种现象是耐人寻味的，问题的答案显然已溢出了传媒、出版的范畴。

都是新自由主义惹的祸？

借用卡尔·马克思在《共产党宣言》中的经典表述：一个幽灵，一个被称为贫困的幽灵，在列岛徘徊———一句话，都是贫困惹的祸。但这种贫困的深刻性，主要在于两点：第一，它是新自由主义经济政策，尤其是小泉政权实行的"构造改革"造成的负面遗产。而既然是起因于"构造改革"的问题，那么问题本身便也是构造（结构）性的，至今仍在蔓延；第二，这种贫困并非像非洲难民那种衣不蔽体、营养不良的绝对贫困，而是一种相对贫困，使陷于其中的人抱有很强的被剥夺感。用 NHK 专题纪录片的表达，是"Working Poor"，即劳动贫困，意思是即使再努力工作，也无法脱贫。

新自由主义登场于 20 世纪 70 年代。当时，英、美等国家陷入长期萧条，民生凋敝。为突破这种危局，美国里根政府和英国撒切尔政府实行了限制工会权利的新自由主义改革。而新自由主义（Neo-liberalism），原本被看成是产生于 19 世纪末产业革命后的英国自由主义（Liberalism）的现代版，其实质是本着竞争和放松管制的市场原理，进行财富的再分配。但是，两种只一字之差、貌似孪生的理论，却有一个本质的分野：自由主义有政治和经济两个侧面，像两个支撑其身体的轮子；而新自由主义却只继承其经济的一面，而拒斥政治自由主义，其结果，便形成了所谓竞争至上的暴走，使自由主义本来包含的宽容的经济合理性一面受到践踏，导致威胁到资本主义制度文明基础的严重危机。

因为支撑资本主义社会的前提是"信赖"（Trust）。在物物交换时代，交易的对象都是熟人（亲友、邻人等），但随着货币的介入，交易对象变成陌生人。正因此，要与互为路人的对象进行交易的话，交易双方须达成一项底线共识，那就是对包括通货在内的社会体系的信任。

日本以新自由主义为理论支撑的改革，并非自小泉始，早在中曾根（康弘）政权时期，便开始了相关的理论检讨，而有些前期铺垫（如行政改革等），则始于桥本（龙太郎）内阁时期。但 1998 年，桥本遭遇参院选举的惨败，黯然下台。后来的小渊（惠三）、森（喜朗）内阁，不得不以保住自民党的支持率为第一考量，不得已又复活了一度被桥本削减的大规模公共事业投资。小泉上台后，凭借其以不菲的民众支持为合法性后盾的政权凝聚力，再次打出了被称为"构造改革"的新自由主义指向的看板。加上其与布什甚笃的私交，在对外关系上完全倚赖美国一极，支持美在全球展开反恐战。这种政治、外交上的新保守主义（Neo-conservatism），又反过来强化了国内政策的新自由主义成色。于是，小泉执政期，新自由主义的妖怪附体于"构造改革"的躯体，长驱直入，深刻改写了传统日式资本主义的面貌：竞争至上摧毁了社会的信赖关系，贫富差距急剧扩大，并且开始定型化；曾几何时，曾被日人视为骄傲与制度正统性最大来源的"一亿总中流"，日益为"一亿总下流"的严峻现实所置换。

其中最深刻的问题，莫过于传统日式雇佣体系被打碎，代之以大量非正规雇佣的劳动大军，支付给劳动者的薪酬却被大幅削减的现象。而与此同时，社会保障的"安全网"却以前所未有的速度被成片拆除。从 1998 年到 2005 年的 7 年间，非正规雇佣劳动者增加了 490 万人，而正规雇佣的会社员则减少了 450 万人。这种非经革命或战争，在和平年代，劳动力构成发生如此剧烈的"豹变"，可谓触目惊心。即使当年撒切尔主导的英国改革，以失业和破产者为对象的生活保护费、失业补助金等社会保障预算也是激增的，而日本却为减轻企业负担、维护效率计，连这一块都成为被削砍的对象。文化上崇尚平均主义的日本，虽然在贫富差距上尚不及美国大，但福利国家体系却先于西欧崩溃。原经济企划厅发表的数据表明，直到 20 世纪 80 年代中期，日本的贫困率较西欧低；但据 2006 年 OECD 发表的《对日经济审查报告》，日本的相对贫困率已成为仅次于美国的第二位——这个全球老二的经济大国，终于成了与美国比肩的"格差大国"。

贫困人口，尤其是 35 岁以下年轻人中贫困人口的激增，已然出现因无家可归而整日背着背囊踟蹰于不同网吧之间的"网吧难民"和派遣劳动者的时薪由用工单位以招标形式竞标，价格最"合理"的派遣单位才有可能赢得派遣合同的、被批判为"现代奴隶市场"的非人现象的出现，直接、间接起因于此的犯罪直线上升。历史上，日本曾实行过把贫困人口成批移民海外的反动弃民国策，而目前的批量制造贫困、放置、坐视社会贫困的定型化、扩大化的某些"改革"政策，被舆论斥为历史上弃民政策的翻版。

重新洗牌背后的博弈及其危险

毋庸置疑，正是社会贫困化的空前严峻的现实构成了杂志市场重新洗牌的大背景和主要动因。但表面的"重新洗牌"潮流的背后，一个不容忽视的事实是独立系"硬派"杂志的群体性崛起。这些刊物的定位、风格、题材及读者群是如此接近，乃至其共同发言时的分贝之高、火药味之浓格而外引人注目。

从其直视"格差"社会贫困化的问题意识、捍卫底层非正规雇佣劳动者的权利、讨伐贫困化的始作俑者新自由主义及全球化、为"被侮辱与被损害"的人群向主流社会讨说法的政治诉求和战斗姿态上来看，好像一场新的左翼社运。但是，细加观察、分析便会明白，这个新兴社会阶层其实成色颇复杂，政治诉求也不尽相同。如在上述"硬派"杂志上频频登场、被目为这个阶层主要理论代言者之一的 1975 年出生的"70 后"美女作家雨宫处凛（Karin Amamiya），22 岁时曾加入右翼团体（"突击队"），后与友人结成名为"维新赤诚塾"（名字也很"右"）的重金属摇滚乐队，并担任主唱。少女时代，便奔波、献身于站在画满日章旗和拥护战争口号的街宣车上，手持扩音器，鼓动市民"决起"，也曾为奥姆真理教的魔咒一般的"拯救世界"的话语激动过。但是，后来的一些经历，尤其是个人作为"社会人"在就业等方面遭遇的歧视，使这位曾几何时的右翼文艺少女"转型"为左翼立场的作家和社运活动家（确切地说，是被人看作经历了"左倾化"的"转型"），关注与自己经历相似的同龄人的生存权问题。

不过，就雨宫自身而言，她并不承认自己有过任何从"右"到"左"的"转型"，她认为自己所关注的，是超越"左"、"右"边界的普遍性问题。2008 年 5 月，她在《朝日新闻》撰文指出："直到最近，既存的政党及团体，不问青红皂白，把'飞特族'和'尼特族'一概斥为不求上进，却不愿正视格差和贫困问题。这种情况下，我们被逼到了生存边缘，为活着只能起来。我们的运动，并非以被称为左、右的思想为出发点，也有别于只把劳动者作为对象的劳动运动——我们是扎根于贫困的生活实感之中的生存运动。此前，因自身在关于社会结构和斗争方法上的无知，屡受国家和企业的强暴。但自从我们发现只要自己动起来，社会就会所有改变之后，斗争变得其乐无穷——一场以生存为赌注的反击已然开始。"这种宣言式的表达不啻为向主流社会宣战的战表。

但是，这种看上去的"左翼"其实完全不同于以往既有的左翼，用东京大学准教授、社会学者、《不平等社会日本》一书作者佐藤俊树（Toshiki Sato）的学术界定，前者叫"虚拟左翼"。因为，"与既有的左翼不同的是，现在的'左翼'，是一种假想的左翼，一种假想的共同体主义。他们并没有实际参与国家和经济的运作，也没有把人类历史以唯物史观来加以阐述的想法。所谓'左翼'云云，与其说真心想颠覆自由主义，不如说是在切入现状中的问题时，挪用的一种便利的表达而已……"同时，佐藤不无忧虑地指出："唯其'虚拟'，才有从'左'向'右'转向的危险。"而当钟摆真朝"右"摆时，未必不会与"大国化"的极端保守潮流合流，呈现与"虚拟"、"假想"的方向相反的暴走。连雨宫自己也承认，"就算我辞别了右翼团体，周围还是不乏抱右翼思想的年轻人。彼时，我深感与他们明显不同的一点是，我的敌人是美国，而他们的敌人是中国、韩国和朝鲜。有人说，是中国人夺走了我们的工作，说什么自己从曾经工作过的工厂迁移到中国，从而失去工作岗位的事实中，爱国心觉醒了云云"。

三年前，发生反保守派自民党政治家加藤纮一的老家遭极端右翼分子纵火事件时，新右翼团体"一水会"（右翼中坚团体）顾问铃木邦男在对新闻界解释事件背景时，曾说过一番颇耐寻味的话："现在的杂志，越来越火爆，写的东西比右翼还像右翼；网络上的言论，让右翼都跟不上趟。这样的话，老派的右翼也许只有用那样的行动才能表达自己吧。"真保守加"虚拟左翼"等种种疑似、潜在保守，使保守派舆论升温，连老右翼们都感到了某种"危机感"。其结果，导致极端右翼升级，并开始诉诸行动化。事实上，近年来，随着社会贫困问题的定型化、长期化和从社会舆论到国家战略的日趋保守化，日本社会确实有某种令人不安的潜流在悄然涌动，且不无涨潮的危险，不禁令人联想起20世纪30年代战前的氛围。就在2008年11月18日凌晨，前厚生省退休事务次官（副大臣）山口刚彦夫妇双双被刺杀于家中；无独有偶，同日下午，另一名前厚生省退休次官吉原健二的家遭谎称宅急便的男子闯入，吉原之妻美知子被刺伤，凶犯逃脱。尽管有关事件背景警方正在调查，结果有待公布，但显然是针对厚生省的连环凶恶犯罪。厚生省作为管理国民退休年金和社会保险的政府职能机构，因发生过诸如5000万份社保记录遗失等渎职过失，备受舆论的谴责，并被要求为濒于崩溃的医疗保障体系承担责任。但即便如此，光天化日之下针对公民个人的恐怖袭击，无论如何是绝对无法见容于民主主义社会的野蛮行径。

有鉴于此，有必要指出的一点是："失去的一代"以降的年轻世代，未经历过20世纪70年代"联合赤军"事件等极端左翼的暴走，其所标榜的"左翼"，一方面是对社会强加于他们的残酷现实的一种本能反抗，另一方面也不无某种新鲜感。作为一代青年摸索、思考的解决社会贫困问题的一种方案，在提供某种可能性的同时，也蕴含了一定的危险。因为有时，极左与极右只有一纸之隔。这方面，在日本和其他国家，都不乏殷鉴。

日本旧书店内景。

新闻界与政治[①]

一个社会中大众传媒的发达程度与其影响力成正比，这是一个无需诠释的常识。新闻记者在西方被称为"无冕之王"，在三权分立的权力构造中代表所谓"第四种权力"，这其实说的是一种理想状态。在网络技术高度普及、全球报业急剧萎缩的今天，其实真正担得起如此评价的国家并不多。而就一个负责任的新闻界对国家政治举足轻重的影响力而言，非美国和日本莫属。前者，"水门事件"中，当时规模并不很大的《华盛顿邮报》两名青年记者（卡尔·伯恩斯坦和鲍勃·伍德沃德）在报纸女掌门人格雷厄姆的支持下，叫板白宫，硬是凭手中的笔把总统尼克松拉下马；后者的例子则是，1974 年，另一名青年政治记者立花隆（Takashi Tachibana）在《文艺春秋》上发表长篇调查《田中角荣研究——其金脉与人脉》，撕开了日本黑金政治之网的一角，成为田中下台的直接动因。

在日本现当代史上，就新闻记者、报人的资历和影响而言，堪与著名政治记者、《读卖新闻》老板兼总主笔渡边恒雄（Tsuneo Watanabe）相匹敌者鲜，恐怕只有战前《朝日新闻》社长兼主笔绪方竹虎和曾担任过《东洋经济新报》社长的石桥湛三，但后两位均在战后跻身政界，成为政治家。而只有渡边恒雄以普通"番记者"[②]入行，从驻美特派员

---

① 本文为《渡边恒雄回顾录》［渡边恒雄口述，伊藤隆、御厨贵、饭尾润采访整理，（日）中央公论新社，2000 年］撰写的书评，发表于《21 世纪经济报道》（2009 年 3 月 28 日），发表时，题目改为《渡边恒雄："只想做一名新闻记者"》。

② 日本新闻界独有的现象，指长期专门跟随政界某个特定人物，随时采访以获取即时的一手消息的新闻记者。

而政治部长，从编辑局长到执掌社论的编辑委员、总主笔，成为报纸发行量冠全球之首（1400万份），旗下拥有电视台、出版社、职业棒球队及众多广告媒体的传媒王国读卖集团的社长，可谓媒体人的"最高境界"。但光环笼罩之下，渡边本人最看重的却是总主笔的名头，被称为"一代政治记者"、"终身主笔"。

渡边恒雄是日本尚健在的前辈新闻工作者中，为数极少的经历过战争的人。1945年6月底，考入东京大学文学部，一周后即被征召入伍，属于"学徒出阵"的一代。出发时，渡边偷偷往行囊中塞了三本书，分别是康德的《实践理性批判》《威廉·布莱克诗集》和研究社版《袖珍英语词典》。渡边幼年丧父，人生态度比较虚无，是哲学青年，他觉得"反正要到战场上送命，真能扛得住的只有哲学"，于是囫囵吞枣读了很多康德、尼采，还有日本的西田哲学①，但后者"没什么用"。跟他差不多同时接到征召令的一名东大法文科的友人，正吃着饭团，听渡边说了句"战场上也是有诗的"，愣了一下，饭团就掉到地上。原来，他把"诗"理解成了"死"（日语中，"诗"与"死"同音）。这对渡边来说似乎是一个隐喻，"原来应征入伍是与死相连的"。不过，幸运的是，日本旋即投降，渡边也免于在海外战场上当炮灰的命运。

随后，复学东大；出于对战争和天皇制的痛恨，加入日共，后又被除名。渡边作为政治记者最初的修炼，是作为跟随自民党政治家大野伴睦②的番记者，深蒙后者信任。对渡边而言，大野是父兄般的存在。正因为大野，这位自民党早期资深政治家，田中派之前最富实力的派系大野派领袖的青睐，渡边才得以近距离深度观察日本的政治生态，尤其对执政党内派系斗争的游戏规则和潮流颇有心得。

日本新闻界实行记者俱乐部制度，各大媒体派到总理府、政府各大机构（省厅）和相关政治家身边工作的记者有配额限制，但由于媒体发达，规模庞大，在一些大牌政治家身边工作的番记者经常有一群人。

---

① 西田几多郎（Kitaro Nishida，1870—1945），日本现代哲学家，京都大学教授，京都学派创始人。

② 大野伴睦（Banboku Ohno，1890—1964），岐阜县山县市出生，明治大学政治经济学部肄业。自民党实力派政治家，历任北海道开发厅长官、众议院议长、自民党副总裁等。

政治家出于自己的政治倾向和好恶，不可能对所有的媒体和记者"一碗水端平"，有限的信息资源往往优先、定向流入部分媒体。这在日本是人之常情，记者同行之间也彼此见怪不怪。晚间，大野家的客厅里动辄有十数名番记者，盘坐在榻榻米上，一边有一搭无一搭地聊天，一边等消息。大野其人性喜风流猥谈，段子一个接一个，包袱连甩不断，兴致好时，动辄侃上一个时辰。记者们很怕这个，再生动的段子，听过十遍，也腻了，于是拍屁股走人。渡边也起身佯装告辞，跟最后一拨记者一起作鸟兽散之后，再独自悄然折返。绕过正门，翻墙而入，径直走到女仆跟前说："请把老头子叫来。"于是，两人切入正题。

喜欢段子的政治家不止大野，有名的是前首相岸信介。如果说，大野的段子是某种旨在抖包袱的诙谐猥谈的话，岸的段子才是真正的浑段子，即兴、直接而生猛。对这种应酬，渡边乐此不疲，接招还招，起承转合，每每扮演捧眼的角色。为此，屡遭记者团抗议："渡边，够了。每次都因为你和岸先生的二人转，害得大家采访交不了差。"

作为跟随大野的番记者，渡边婚后选择在离大野宅邸咫尺之遥的地方赁屋而居，白天到大野府上报到，晚上陪酒成了日课。作为政治记者，渡边影响力日增，不仅深度介入派阀政治，有些派内重大决策，干脆由渡边代为向记者团其他媒体同行们发表，事实上扮演了派阀大佬军师的角色。前首相池田勇人的秘书伊藤昌哉在其著作《渡边恒雄：媒体与权力》中说："大野是如何决策政治行动的呢？只需对其意志决定路径加以梳理便会发现，在最后的环节都会触到渡边。渡边不仅作为大野的耳目收集信息，而且发挥了作为脑，即指挥塔的作用。"这在后来成为首相的中曾根康弘的入阁问题上，表现尤为充分。

在日本政界，青年政治家成功的龙门是入阁，尽可能多地出任各种重要阁僚或党内要职，积累经验和人脉、金脉，为自己做大并最终通向王者之路作铺垫。作为政坛青年才俊，中曾根虽然29岁就当选国会议员，但由于系党内少数派河野派成员，入阁之路迢迢。于是，渡边在一家高级料亭设局，安排身为党的副总裁、同时兼河野派组阁窗口的大野与中曾根见面。谁知两人一见，大野劈头就指中曾根骂道："就是你小子在造船疑狱事件①时的预算委员会上说'大野伴睦接受了贿赂，我敢拿政治生命打赌'的话吧？那时的一箭之仇，老子可还没忘呢！"渡边见势不妙，出来打圆场说："副总裁好一个直性子。但对过去的事情，不磨磨唧唧纠缠不休是谁说的来着？造船疑狱事件那会儿，中曾根还在在野党改进党那边。记恨人家在野党时代的发言，这会儿旧话重提，不太像副总裁吧？"一番话，使僵硬的空气顿时缓和。大野说："嗯，也是，知道了。不过，中曾根君，你是有总裁相。"渡边顺水推舟道："中曾根因系河野派，远离入阁窗口，无法施展。身为副总裁，您有河野派的推荐权，无论如何请协助推进中曾根的入阁事宜。"一句话，1959 年 6 月，中曾根成了河野派中唯一入阁的成员，出任岸信介第二任改造内阁时期的科学技术厅长官，时年 41 岁。而大野那句"总裁相"云云的话，让渡边大吃一惊。中曾根后来在政坛的发迹，也反证了大野识人的眼力。

中曾根入阁后，有一天叫渡边去他办公室，拿出一沓厚厚的文件——关于造船疑狱事件的检方调查报告："我的高中同学是此案的担当检察官，偷偷把材料给了时为在野党的我。"渡边随手翻了翻，里面有张手绘的草图：在某间料亭的单间，大野伴睦坐在什么位置，与事件有关的其他人坐在什么位置，艺伎坐在什么位置，一清二楚。中曾根根据检方的调查结果，在把金钱授受关系摸了个底之后，才在国会上对大野出手。对少年气盛的中曾根来说，当着代表新闻界的渡边的面，痛遭一通狗血淋头，可为入阁却不得不低三下四地给人家赔不是，无异于胯下之辱。所以，特向渡边陈请："彼时的攻击完全是本着实事，这点务必请渡边你了解。"

此事堪称渡边与政坛后起之秀中曾根互为盟友、"蜜月"绵绵的契机。同时，也使渡边更清楚地认识到，"意识形态及外交战略等政策性考量，其实并不是绝对的。人在厕身权力斗争之时，诸如憎恶、嫉妒及自卑感等情感性因素，往往会起更大的作用"。

---

① 围绕旨在降低造船事业中的贷款利率的《外航船建造利息补给法》的制定请愿问题而发生的收受贿赂案件。1954 年 1 月，东京地方检察院以强制调查司法介入，政财两届多名要人被卷入，也成为吉田茂内阁被倒阁的动因之一，是战后政治的污点。后著名推理小说家松本清张（Seichou Matsumoto）以事件为背景出版了一部小说《日本的黑雾》。

另一位与渡边过从甚密的政治家是田中角荣。作为政治记者，出于职业性的敏锐嗅觉，渡边对田中曾抱有莫大的期待。战后，从吉田茂开始，岸（信介）、池田（勇人）、佐藤（荣作）等历任首相无一不是官僚起家，其政权也有很强的官僚政权色彩，令人窒息。只有田中，这个没有大学文凭、靠建筑业致富、38 岁即成功入阁的"黑马"，可能成就一番"党人政治"的大业，以涤荡官僚政治的保守和暮气。彼时，渡边刚结束在华盛顿四年的特派员生涯，回到国内，便马上投入到"角福战争"（媒体对田中角荣和福田赳夫之间党总裁和首相宝座争夺战的称呼）的相关报道活动中。

　　从性格取向和对政治实力的判断上，渡边无疑是田中的拥趸："角先生（媒体人对田中角荣的昵称）什么都跟你说，非常坦诚，是情报之泉。而且他讲话非常有趣。他要是东大法学部毕业的话，绝对当不了总理大臣，充其量也就是哪个省厅的次官，或者开发银行的总裁之类的。"

　　1965 年，田中任自民党干事长，离总裁的宝座只有一步之遥。包括渡边在内，一些大报的政治记者每天晚上都往田中家跑。田中重乡情，重义气，每天接见的几十号人中一半以上来自家乡新潟。这在东京出生、毕业于东大的媒体精英渡边看来，纯属瞎耽误工夫。终于有一天他忍无可忍，对田中说："大体上，角先生已经是干事长，下一步是要成为总理总裁的人，每天宁愿见几十口子乡巴佬，却不见我们新闻记者，这算什么事？"东北汉子田中一下子就火了："乡巴佬是什么话？渡边，你给我收回！"渡边自知理亏，但也在气头上，表示无法收回。田中更搓火了："你干涉内政！老子想见谁，想干吗，全凭我愿意。你小子每次过来，我不也半个钟头、一个钟头地跟你聊吗？何时怠慢过你？"田中说的确是事实，经常边吃早餐边跟渡边谈话。但在这种尴尬的氛围中，渡边自忖也不能掉大牌，便嘴硬说不是在拿自己说事，而是"在说所有新闻记者的事"，说完悻悻离去。后来，渡边听田中秘书早坂茂三说："角先生说，真想揍渡边那小子一顿。"但田中不记仇，事过去就算完了。

　　田中角荣如果不是战后日本金权政治始作俑者的话，至少也是集大成者。靠政治献金的推动，广罗党羽，使田中派成为党内最大的派系，历久不衰。不仅如此，政治与建设业者的利益粘连孕育了"建设族"、

"道路族"等利权结构，历来是日本黑金政治的渊薮。不久前，因卷入西松建设非法政治献金案而备受舆论指责的日民主党党魁小泽一郎，就曾经是昔日田中门下的弟子。对此，长年在政治漩涡中呼吸、深谙派阀政治游戏规则的渡边自然再清楚不过："当了政治家，从大佬那儿拿钱。拿了钱，等自己也具备敛财能力之后，再分给下面的小的们。在当时的政界，这是铁则。虽然是导致政治腐败的原因，但不这么干的人绝对成不了老大。随着《政治资金规正法》的强化，报纸也拼命抨击金权政治，最近情况似乎没那么严重了，这固然是好事，但我不认为这种陈规已完全绝迹。"

但纵然如此，对同行立花隆以那种极端的形式在《文艺春秋》上曝光之事，渡边本人持保留态度。这里既有立法方面的问题（原有的《政治资金规正法》在1975年修正前，对于政治活动捐助的法律规制极其宽泛），也有合法性资金被舆论曝光后的社会效果方面的问题："如果不是具有违法性的、会成为刑事案件的聚财方法的话，报纸和电视本不应曝光。"

对田中大佬其人超乎常人认知与想像的敛财、散财方式，渡边在回忆录中多有披露，有些是从未公开过的材料：据《朝日新闻》记者三浦甲子二透露，原NHK节目主持人、参院议员宫田辉怀里抱着个大纸袋从田中家出来，与正要进门的三浦在玄关撞了个正着。宫田吓一跳，纸袋掉地上，一捆捆的纸币散落出来，"大约有3000万日元左右"。宫田慌了神，也不顾打招呼，低头拾起钞票，装进纸袋，夺门而逃。与渡边一样同为见多识广的大报政治记者的三浦，也不禁在心里感叹道："到底是角先生，玩的活就是大，跟我们通常听到的完全不是一个量级啊。"

《日本经济新闻》记者在田中的连载专栏（《我的履历书》）结束，结集成书后，去府上拜会，因为田中表示个人要购买出版的相当册数。"角先生打开大保险柜，啪啪几下就拿出200万日元。当然全都是正当的购书款。"当记者要开收据时，角先生说："那玩意不必。"记者偷偷瞄了一眼保险柜，"里面密密实实码放着成捆的钞票，堆得跟报社的稿纸似的"。这是因法律规制等方面的原因，日本政治资金有一个特点：现钞主义。不是现钞，全无效果。"拿的是现钞，递的也是现钞，所以踪迹全无。"

1976年，随着洛克希德事件①被媒体曝光，已于两年前"退阵"的田中因受贿和违反外汇管理法嫌疑被捕。这是战后由吉田（茂）、池田（勇人）、佐藤（荣作）、田中（角荣）一路开创的、被称为"保守本流"的保守政治的最大危机。本来此前围绕"保守本流"的是非存废，政坛有两种截然相反的势力，始终在较劲。但此时，两种力量突然联手，矛头一致对准拿洛克希德事件开刀的首相三木武夫，旨在"倒三木"的"举党体制"迅速形成，连此前最大的反田中派福田赳夫也加入其中。

至此，现代日本的政治机器开始在与道德不同的坐标下运转，田中被捕后，其评价反而上升，舆论和政界的同情明显向田中倾斜。从当时的主流民意来看，逮捕前首相的做法，无论如何有些"过了"。这里，日本社会心理中保守性的一面再次浮水：国民的潜意识（或集体无意识）有时可超越道德律法，更看重现实的游戏规则。

田中果然"有种"，在拘留所里无论检方百般质询，誓死不吐一字。一个月后，被保释。最后，在有罪终审判决之前病殁。田中其人到底是不是一块"善玉"另当别论，但其继承和主导的"保守本流"的政治成色，至今仍是日本政坛的背景主色调是不争的事实：直到其因脑梗塞病倒、丧失语言和行动能力的1985年，田中一直是政坛的幕后操盘手，是不折不扣的政治枭雄、"造王者"（King Maker）；直到今天，源自前身田中派的町村派，仍然是自民党内最大的实力派系。

作为日本尚健在的头号大牌政治记者，渡边与战后历届首相及实力派政治家均有过从，可谓阅人无数。同时，因他在政界人脉多多，从政机会数不胜数。经他介绍，做政治家、甚至首相秘书官的记者同僚、部下有之；前首相三木武夫也曾说服其弃纸（报纸）从政。况且，渡边其人对政治本身并无"洁癖"，至少不讨厌。但他在长达60年的政治记者生涯中，却始终未曾有过"下水"的冲动，真正做到了"常在河边走，从来不湿鞋"。一般人会以为，这需要极大的定力。但对"新闻

---

① 1976年2月，因美国上院多国籍企业小委员会上的证言而被新闻界曝光的航空业界黑金事件，系日本战后四大丑闻之一。美国洛克希德公司通过对日本政府高官行贿，变更了全日空公司从美国采购的飞机机型。事件导致田中角荣政权下台，田中角荣及其秘书、前运输大臣及次官、全日空、丸红公司高官多人被起诉。一审、二审判决有罪。

原教旨主义者"渡边来说，则未尝不是顺理成章的选择。在渡边心中，甚至连世界第一大报《读卖新闻》社长的位子都无所谓，"只要能将主笔进行到底。在我的生涯，只想做一名新闻记者"。

报纸在任何国家都是社会公器。但对被称为传媒社会的日本而言，新闻界不仅仅是社会政治单纯的旁观者、报道者和评论者，在某种意义上，其本身就是现实政治游戏的参与者，是政治决策程序的有效一环。渡边恒雄作为政治记者的言动，充分体现了这一点。远的不提，从几年前，他针对前首相小泉纯一郎罔顾对中韩外交的失政、恶化，一再偏执于靖国参拜的问题，与《朝日新闻》主笔若宫启文（Yoshibumi Waka-miya）长篇对话，指小泉作为政治家"没有教养"，到两年前做局，撮合前首相、自民党总裁福田康夫和民主党党魁小泽一郎实现峰会，动议朝野两党保守联合，都使日本媒体大力介入现实政治操作，以舆论本身来诱导、酿造舆论的主动投球的激进姿态令人印象深刻。是耶非耶，姑且不论。走到这一步，真正兑现了"第四种权力"则是一个事实。

也许，正因了这种显赫一世的权力，洞若观火如渡边恒雄者才宁愿放弃现实政治中"王者"宝座的逐鹿游戏，而甘愿做"无冕之王"，也未可知。

历史中的日本：何以超越？

激荡的百年史，现实的掌舵者①

　　20 世纪 60 年代中后期，在肯尼迪政权积极增长政策的推动下，世界经济再次走出衰退，呈现出景气增长的利好态势。这种国际性的经济繁荣，特别是来自美国的"越南特需"，为日本经济提供了绝好的外部条件，使池田勇人内阁提出的"国民收入倍增计划"的预期目标得以顺利实现。至此，日本已经在经济实力上超越了法国、意大利等大多数西方国家，再上层楼——超越西德、英国，成为与美国比肩的经济大国指日可待。东京奥运会、大阪世博会的成功举办，让日本的国际声誉如日中天，这个在战后被纳入西方阵营的古老东方国家，以其神秘的文化和魔幻般的经济增长令整个西方世界为之侧目。这不仅极大地改变了西方社会对日本的传统看法，某种程度上也刷新了日本人的自我评价、定位：随着美国学者傅高义的《日本世界第一》等著作的问世，日本国内舆论开始抬头，终于向世界，尤其是向美国喊出了《日本可以说"不"》（石原慎太郎、盛田昭夫的同名著作）的声音。

　　在这种情况下，1967 年，由日本首相吉田茂撰写的、根据《大英百科全书》关于日本的卷首论文润色而成的《激荡的百年史》出版，旋即成为世界性的畅销书。

　　如果就世界历史的大起大落、跌宕起伏的戏剧性美感而言，笔者真不知还有哪个国家的历史，像日本明治维新以降的日本那样，在一个世

---

　　① 本文为《激荡的百年史——我们果断措施和奇迹般的转变》（吉田茂著，李杜译，陕西师范大学出版社，2005 年 10 月第 1 版）撰写的书评，发表于《新京报》（2006 年 4 月 7 日）。

纪的时间里集中了悲喜剧的全部要素，演出了性格跨越两个极端的所有角色：从偏安一隅、向学大陆的小心翼翼的学生，到蔑视群小、唯我独尊的亚洲"优等生"；从签署城下之盟、被迫开国的封闭岛国，到黩武的屠夫、霸道的列强；从一片瓦砾、民生凋敝，到经济腾飞、国富民强。没人否认，日本民族的勤勉和智慧。但世界上勤勉、智慧的民族也不独日本一个，但能从废墟中崛起，在短短一代人的时间，便坐成世界经济强国的例子却实在不多。

对此，吉田茂本人的看法颇为客观："的确，日本人做了非常顽强的努力。与此同时，也令人感到日本人生逢其时，凭借了其幸运的一面。""太平洋战争中，日本遭到惨败，可是整体看来，日本还是在国际政治的变幻莫测中巧妙地把握了自己的方向，这是日本人聪明的地方，尤其是明治时期的政治领导者都具有卓越的'机智'。它应该一直受到提倡，日本民族永远不可以放弃这种'机智'。"

幸运、机智，再加上举世无双的勤奋，这确乎是现代日本实现成功转型的秘诀。但除此之外，笔者以为，基于现实主义的政治理念、具有良好的"国际感觉"、敏锐而务实的政治掌舵者，绝对是至关重要的存在。用吉田本人的话说："对于那些被胜利冲昏头脑和过分相信自己实力的人们，上天绝不会赐予这样的幸运和'机智'，从日本的历史也证实了这点。"远的不论，吉田其人的从政生涯，特别是战后初期，作为日本政治操盘手、领跑者的经历，再形象不过地诠释了这种现实主义的政治直觉。

吉田茂（Shigeru Yoshida），于1878年9月22日出生于东京府的一个武士家庭，其生父是自由民权派政党"自由党"的著名志士竹内纲，后过继给横滨的大富商、英国怡和洋行的买办吉田健三做养子。一战前的日本，外交界素有宫廷外交的风习。凭借养父丰厚的财力，吉田茂跻身外交界，并顺理成章地成为那个时代寥寥无几的"开眼看世界"的东洋人中的一个。作为职业外交官，吉田曾常驻英国、意大利、瑞典、美国，并曾出任日本驻天津、奉天（今沈阳）的总领事，有丰富的外交经验，被公认为近现日本少有的具有"国际感觉"的政治家。

然而，从外交切入政治，吉田的仕途并非一帆风顺。第二次世界大战末期，因反对军部"暴走"，奔走和平，曾遭逮捕，因此战后被视为

"反军英雄"。但客观地看，吉田所反对的，并非是战争本身，而是在"举国一致"的狂热氛围的煽动下，不惜与英美交恶的丧失理智的战时外交路线。因为，他继承的是从大久保利通到牧野神显（其岳父）、原敬、币原喜重郎等人的稳健派外交传统，即把对美亲善作为日本外交柱石的基本理念。

战后的1946年5月，吉田以68岁高龄首次组阁。到1954年12月，其间除了曾短暂存在过的片山哲、芦田均内阁外，吉田五度组阁，其政权存在的时间，在日本宪政史上是仅次于桂太郎、佐藤荣作、伊藤博文的第四位长期政权（2616天）。吉田政权，诞生于战后初期百废待兴的动荡年代，其本人躬逢其盛，亲自参与并见证了一系列带有根本性、方向性，对日本战后复兴道路具有重大意义的历史事件，诸如和平宪法的制定，对日媾和及日美安保条约的签署等等。

作为外交官出身的政治家，吉田对战后国际环境有清醒的认识，始终以高度的现实主义（而不是理想主义）的视角、技巧来应对和处理国内、国际矛盾。由于众所周知的原因，占领时期的每一位日本领导人，都必须谨小慎微地协调与盟国占领军当局（GHQ）的关系，但唯以吉田与麦克阿瑟元帅的合作最为密切，广为后人称道。麦帅为人孤傲、狷狂，在日本贵为"太上皇"，在盟军最高司令部六年多的时间，总共才会见过包括天皇裕仁在内的十数名日本人。据说，只有吉田茂可以不用预约，随时登门。美国前总统尼克松对吉田与麦帅的合作关系极其推崇，曾高度评价两人对重建日本的巨大贡献："日本是在这两人的特殊的合作下重建的。麦克阿瑟是法典的制定者，吉田则是执行者。前者抛出提纲挈领式的法令，后者再把它们塑造成为适合日本需要的东西。"

起初，美国的对日占领政策是日本的非军事化和民主化。但随着东西方冷战的升级，美国的占领方针发生了重大转向：从彻底的非军事化，到有限武装，从初期的有限容共，到彻底反共。这种"首鼠两端"的转向，一方面使日本逃过一劫，另一方面也埋下了日本从战争历史反省，到战后处理不彻底的种子，构成了日后与中、韩等国家在历史问题上结梁子的远因。

处于夹缝中的吉田，作为日本政治的掌舵者，以高度的现实主义判断和实用主义精明，运筹斡旋，穿梭考量，让美国人见识了什么是

"好的战败者"。当时，包括美国在内，盟国对日占领持续多长时间还很暧昧，很多日本人担心会持续10年、20年，甚至永久性占领也未可知。最终只用了6年零8个月的时间，日本便恢复了"独立"，不能不说相当大的程度上得益于吉田卓越的政治智慧。

外交官出身、经验丰富的吉田深谙如何在关键时刻运用幽默的力量化险为夷。1946年日本遭遇粮食危机，农林省宣布急需进口450吨大米，实际上却只用了70吨就化解了危机。麦帅诘问吉田何以出现如此离谱的统计数字时，吉田答道："如果日本的数目字管理体系完备的话，就不会发生那样轻率的战争。即使爆发了战争，也不见得会失败。"此话既出，两人相视而笑。还有一次，印尼总统苏加诺访日时，吉田料到对方一定会同许多东南亚国家一样，主动向日本提出战争索赔的要求，便先发制人地对苏加诺说："我正期待着阁下的到来。从贵国经常刮来的台风，对我国经济造成了严重的破坏。我一直等待您来，以便就你们的台风对我国造成的破坏协商赔偿事宜。"趁苏加诺一怔的当儿，吉田赶快绕开这个话题，把苏加诺要说的话硬是给堵了回去。

就性格而言，吉田身上有明显的自由主义标识：即使在整个列岛都被战败击垮的时期，吉田的生活也依然未脱和式礼服、雪茄、手杖、高级坐骑的模式，这既是与生俱来的贵族趣味，也是其生命某种庄严的"形式感"。有个细节颇为形象地诠释了这个骨子里的自由主义者对自由主义的信仰彻底到了何种程度：1952年，在东京的一次讲演会上，有个摄影记者没完没了地揿快门，讲台上的吉田被频闪的镁光灯弄得不胜其烦，终于忍不住端起水杯泼向记者，发怒道："能不能懂点做人的尊严?!"观众席上响起一片掌声。

同时，他又具有超常的审时度势、见风使舵的能力，其精明、机敏的现实主义，甚至到了堪以"实用主义"来形容的地步。但恰恰因了以吉田为代表的、战败初期日本政治掌舵者的这种准确判断风向、权衡利弊得失，在动荡的国际政治格局中折冲尊俎、精确游走的能力，才使处于东西冷战夹缝中的日本，绝处逢生，占尽先机，不仅用最短的时间实现了战后复兴，而且一路坐成了世界经济大国和东亚第一个民主国家。

兴许有贵族血统的缘故，吉田是天皇制度的积极拥护者，对天皇自称"臣茂"。但对共产主义，却像对军国主义一样痛恨，不惜借助占领军之手无情镇压，绝不手软。1949年6月，日本国铁举行罢工，抗议解雇。美军下令禁止罢工。吉田内阁向工人发布充满威胁意味的《警告书》，国铁当局趁机公布了首批被解雇的3万多名工人名单。此时，国铁总裁下山定则突然失踪，随后在常盘线五反野附近发现了其尸体。这等于给了吉田一个镇压日共党的口实。他亲自召见六大日报的社长，要求各报协助政府打击日共势力。于是各报纷纷报道了日共和工会谋害下山的消息。不久，东京三鹰车站一辆无人驾驶的电车冲出车库，造成4人死亡、12人重伤的事故。各大报纸立即报道，一致断定为日共破坏。次日，9名日共干部被捕。国铁当局以政府为后盾，强行解雇约10万名工人，工潮以失败告终。从此，工运、社运走入低谷。

1946年，吉田上台伊始的第一要务，就是负责牵头"制定"新宪法。但众所周知，被称为"和平宪法"的日本现行宪法实际上是占领军当局强加的结果：吉田被告知"如不接受新宪法，将无法保障天皇的安全"，内阁几乎没有任何回旋余地，便屈辱地接受了这部"连文法都是英文"的宪法，并向全体国民颁布。

吉田最得意的手笔是《旧金山媾和条约》和《日美安保条约》的签署，两个条约无不凝聚着资深外交官出身的吉田的心血。日本在恢复独立的同时，关于单独媾和，还是全面媾和，及是否应该置身西方自由主义阵营的问题，国内舆论一分为二，展开了一场旷日持久的大辩论。吉田站在国家利益最大化的立场，力主与美国和西方国家单独媾和，指责主张与包括苏、中在内的所有国家全面媾和的左翼思想领袖、东京大学校长南原繁（Shigeru Nanbara）为"曲学阿世"，据理力争，寸步不让。

这场大辩论几乎使主流社会所有的知识分子和有识之士卷入，成为战后日本社会思潮的分水岭。在辩论正如火如荼地时候，1950年6月，朝鲜战争爆发，本来在论战中就处于弱势的全面媾和派完全丧失了战略可能性，就此偃旗息鼓。

不容否认，日本的确占尽了先机、便宜。为尽快实现媾和，唯恐夜长梦多的吉田于1950年12月致信美国务卿杜勒斯，明确表示日本"无意与中共政权缔结双边关系"——这就是所谓的"吉田书简"。但同时，他又将"日台条约"仅限定在中国台湾地区，为日后与大陆发展关系留下了余地。对中国台湾地区：我承认你的"正统地位"，但大陆不归你管；对大陆：想复交可以，但战争索赔免谈——因为代表交战国法统的"中华民国"已然通过媾和放弃了索赔要求。一纸单独媾和，使日本以低得可以忽略不计的成本，实现了与美国为首的自由主义阵营的媾和，在迅速复归国际社会的同时，又牵制中国大陆和中国台湾20余年，吉田的外交手腕不可谓不老辣。

作为和平主义者，吉田始终不渝、最大限度地抵制了来自美国的"重新武装"的压力。早在1950年，杜勒斯就代表美国政府向日本提出了重新武装的要求。吉田反应冷淡，希望美澄清驻日美军的规模与权限。朝鲜战争爆发后，美压力开始升级。但吉田认为，"重建日本经济，需要投入相当多的国家财政，没有更过余力发展军备。"如果勉强发展军备，势必像"让瘦马拉重载"一样。经济不发展，即使重建军备也于事无补。在吉田的抵制下，1950年8月，日本以建立有限的警察预备队和海上保安厅的形式消极地回应了美方动议——这就是日本自卫队的前身。

接受美国强加的"和平宪法"；在旧金山会议上放弃与包括苏联在内的共产圈国家的全面和谈，谋求美国主导的所谓"单独和解"；顶着"卖国"的骂名签署日美安保协定，以牺牲部分主权换取长久的安全保障；不懈地抵制重新武装日本的蛊惑、煽动，硬是将专守防卫的和平主义做成了战后日本最大的政治正确……可以说，正是这种轻军备、重经济、在国际事务中保持低姿态的"吉田路线"及对其的长久贯彻，才是战后日本得以和平崛起的最大秘诀所在。

无军备负担对日本经济发展究竟起到了多大的作用？关于这个问题学界至今还存在争论。但即使最低估其作用的学者，也不会完全否认。尼克松说："作为一个美国人，我并不完全赞成吉田茂的外交政策。但是，从研究领袖人物和领导艺术的角度出发，我可以理解，如果设身处地地站在他的立场来看，这种对外政策是明智稳妥的，而且对日本经济的恢复起了极大的推动作用。"

由于与美占领当局的密切合作，吉田本人的存在几乎成了美国军事占领的象征，也因为被反美的民族主义势力当成了靶子。一些被美军整肃过的政客（如鸠山一郎、重光葵、岸信介等），一面利用美国占领政策的转向，积极寻求与美合作，一面在国内民族主义势力的支持下，尝试东山再起，他们视吉田为眼中钉。吉田最后被打倒，与开罪这些势力有直接的关系。1954 年 12 月 7 日，吉田内阁宣布总辞职——日本战后政治史上的吉田时代落下了帷幕。

退阵后，吉田隐居于神奈川县的大矶。随着苦心孤诣、栽培多年的弟子纷纷在政坛崛起，吉田仍以某种形式发挥着对政治的影响。1967 年 10 月 20 日，吉田茂死于心肌梗塞，享年 89 岁。噩耗传来，被称为"吉田学校"特优生的佐藤荣作首相中断在印尼的国事访问，即刻飞回日本，当着众人的面抚尸恸哭。几天后，日本政府为吉田举行了战后第一次国葬。

这位政治强人、爱国者在溘然长逝之际，欣慰地看到了日本的再次崛起。

宰相中曾根：日本政治大国梦的教父

有迹象表明，在小泉因靖国神社问题把外交之路堵死之后，民主党走上了前台，充当了对中、韩的外交管道。而在前原的外交攻势背后，则是对小泉"诱降"的积极回应：很难说在"后小泉"时代，日本的保守两党会不会在某种程度上合流。因为，两者的共同利益实在太多，其中之荦荦大者，便是改宪。

其实，无论是小泉，还是前原，奉行的都是新保守主义政策。而他们继承和发扬的，乃是中曾根康弘的保守主义理念。深谙"宰相学"、被称为"首相缔造者"的中曾根，才学渊博，著作等身，影响了不止一代政治家。作为当仁不让的"战略型"首相，他既不乏始终如一的政治理念，又具备将这些政治理念付诸实施的政治韬略和手腕，几乎在每一个重要的历史时期，都提出过凝聚着高度浓缩的国家战略、微言大义的战略口号，诸如"战后政治总决算"、"国际国家"、"第三次开国"等等，可谓"语不惊人死不休"。

中曾根康弘（Yasuhiro Nakasone），1918 年出生于群马县一个富裕的木材商家庭，1941 年毕业于东京大学法学部，第二次世界大战期间系服务于海军的"青年将校"，不但是精英中的精英，其作为职业政治家的时间跨度也出奇的长，如果从 1947 年以 29 岁的年龄首次当选国会议员算起的话，其政治生涯已逾 60 载。

在担任过内阁和党内所有重要的职位后，中曾根于 1982 年起就任并蝉联日本第 71、72、73 届首相，共计执政 1806 天，是日本战后历史上屈指可数的长命政权之一。应该说，在当代日本政坛，无论是外在形象与内在气质，还是任内政绩与任后影响，鲜有出其右者。其高大俊朗、侃侃而谈的个人魅力不仅在日本政界显得卓尔不群，而且声名溢出了国界，被公认为日本最国际化的政治领导人。

早在 1973 年 1 月，时任田中内阁通产大臣的中曾根访问中国，受到周恩来总理连续三次接见，会谈时间长达八小时。最后一次会谈结束时，周总理执意送客至人民大会堂东门外的台阶下面，并亲自为中曾根披上了外套。后来，周总理对夫人邓颖超说，此人"今后会当上日本首相"。中曾根在其回忆录中，对周恩来作为东方国家领导人的个人魅力大加赞赏之余，还颇感激后者的知遇之恩。

不仅如此，中曾根与罗纳德·里根、撒切尔夫人和胡耀邦均建立了良好的个人关系。人们还记得，1983 年的威廉姆斯堡八国首脑峰会上，在拍纪念照的时候，中曾根堂而皇之地站在了美国总统里根的身边，甚至比"铁娘子"撒切尔夫人离里根还近。这个精通英文、与里根互以昵称相唤的日本人，其实是以这种强势的姿态向国际社会表明：日本要成为西方成熟的一员。

1985 年，中曾根以首相的公职身份参拜靖国神社，引发了中韩的强烈反应。在这种情况下，中曾根与中国领导人之间的协调机制及时启动，并及时发挥了"减压阀"的作用——他在首相任内没有再次参拜。

作为日本鹰派保守重镇，中曾根在 20 世纪 80 年代，与美国总统里根、英国首相撒切尔、德国总理科尔一起，共同构筑了保守主义战线，并承担了其在东亚的一翼。以"星球大战计划"（Star Wars Plan）奉行对苏强硬政策的美国里根政府要求日本成为其在远东遏制苏联、在亚洲安全保障上起更大作用的同盟国。对此，中曾根深孚所望，在访美之际，与《华盛顿邮报》女老板凯瑟琳共进早餐时，竟有"日本是所谓不沉的航空母舰"的惊人发言，令世界舆论哗然的同时，也轻易拂拭了美国心中因贸易摩擦等因素对日本的不信、不快，使日美关系再度升温。这等亲美的姿态，直到 10 多年后才有小泉政府可与之媲美，但后者的疏远对象却不幸由苏联换成了中国。

进入 21 世纪以来，中曾根的外交思路逐渐跟不上"接班人"小泉的激进步伐。2003 年 10 月，小泉借解散众院、提前举行大选之机重组自民党，并要求中曾根和另一位元老级政治家宫泽喜一"退阵"，以腾出众院席让位给小泉拔擢的年轻实力派"国防族"政治家。尽管在一番抵抗后，中曾根不得不让出了议会的位子，但作为天生的、真正富于政治自觉的政治家，他并没有放弃自己的政治理念，而是继续以自己的形式，对日本政治，特别是面向21世纪的日本国家战略保持着不懈的关注。

在中曾根漫长的从政生涯中，留下了近50部著作。其中，出版于2000年6月的《日本21世纪的国家战略》，是诠释"中曾根流"政治理念和国家战略的集大成者。在书中，作者检讨了"屹立于20世纪与21世纪分水岭上"的日本包括"大东亚战争"在内的历史，在此基础上，对政治、经济、外交、安保、教育和科技等关乎日本在21世纪命运的重大课题进行了深入的思考，并提出了一整套战略构想。

首先，中曾根认为，日美安保体制和东亚集体安全保障应当成为日本外交战略的基轴。对于前者，随着日本"普通国家"化进程的深化和美国在东亚地区的战略调整，这种体制还有可能进一步强化。而对于后者，中曾根提出，美国在亚洲的驻军及以美国为中心的、在东亚地区呈放射状的同盟条约网（日美、美韩、美泰、美澳）是维持东亚地区和平与繁荣的基础之一，正是这种安保网络，构成了亚太经合组织及东亚各国间经济合作的强有力的基础。在中曾根看来，这种状况就好像在欧洲，欧盟和通用货币欧元存在于北约的背景中一样。他甚至设想，有朝一日，中国和朝鲜也会加入到这一机制中来。联想到1989年后，日本不主张孤立北京，并在西方国家中率先宣布解除对华经济制裁，再次给中国经济注射了强心剂，直接促成了中国向国际社会复归的事实，都多少能感受到以中曾根为代表的日本鹰派战略家在"后冷战"时代的统战野心。而对朝鲜，他主张加强美日中对话，给朝鲜以安全感，使其通过改革，尽早加入到"普通国家"的行列。从小泉上台后不久即启动日朝邦交正常化谈判、并通过六方会谈客观上酿成有利于朝鲜门户开放和社会转型的情势来看，中曾根设定的对朝统战的"中期目标"遥远归遥远，但并没有偏离轨道。

其次，对于关系到战后日本将走什么样道路的改宪和行使集体自卫权问题，中曾根也不乏一以贯之的思路，用他在其回忆录《自省录——作为历史法庭的被告》中的话来说："我从日本刚刚独立后的1952年起，就一向提倡宪法改正和自卫军创设。"他反复强调，根据政府对宪法的解释，集体自卫权虽然是一种权利，但却不能行使，这完全是自相矛盾的，无论是日美安保条约，还是联合国宪章，都要承认集体自卫权。而作为现在日本政府自卫权论的思想基础，就是要确保日本防卫时"必要的最小限度的战斗力"，但何为"必要的最小限度"？其边界并不清晰，"这种暧昧是非常危险的"。因此，宪法应当明确这种界限，规范地行文，正确地作出解释，包括对行使集体自卫权条款的具体化。看一下日本最近的民调结果就会明白，对于这一敏感而复杂的问题，无论国际上反对、批判的声浪有多高，事实上，改宪已然被提上了日本的政治日程，剩下的几乎只是程序和时间的问题。

最后，在已成为日本与邻国关系中难以逾越的"恶障"的历史问题上，中曾根的检讨与"反省"颇具代表性。他一方面承认过去的战争"是一场错误的战争"，另一方面却从结果出发，为战争寻找合理化解释，"从世界史来看，作为战争的结果，可以说以大东亚战争为导火线，在亚洲和非洲的独立国家都急剧增加了……从结果论的观点来看，或许也是在借日本之手使民族运动高涨，导致了独立国家的剧增"。在谈到"大东亚战争"前夕的状况时，他认为："人们曾对希特勒有过幻想。但希特勒的思想哲学是肤浅褊狭的东西，而且希特勒从内心轻视日本。我想如果能冷静地预测到德国和希特勒的失败，就不会参加那次悲惨的战争了。"这里，我们看到一种类似成王败寇式的阴冷算计的背后的历史正义、道义立场的缺失，而这种貌似"冷静的学术研究"的态度，恰恰是典型的日本右翼保守的所谓"自由史观"的写照。

金大中事件：让历史问题的解决去政治化

据日本媒体报道，2007 年 10 月，韩国政府"过去事件真相究明委员会"发表了关于 34 年前民主化运动领袖金大中在日本东京遭绑架事件的调查报告书，首次承认事件为当时的韩情治机关"中央情报部"（KCIA）策划的有组织的暴行，表示"深深的遗憾"。

其实，调查工作本身在 2007 年夏天便大功告成，因担心结果公布后日方会要求道歉，结果的公开曾遭到韩外交部门的顽强抵抗。出于对日方"接受心理"的顾虑，韩方在对外公布前夕，特意私下向日本政府通报了有关结果，以求得日方的"理解"。对此，日方反应强烈：25日，外务省副大臣召见韩驻日大使，对韩方表示"遗憾"；各大媒体纷纷发表社论，在要求韩方彻底公开事实并道歉的同时，呼吁日政府引渡犯罪嫌疑者。

"KCIA 参与说"浮水

1973 年 8 月 8 日，光天化日之下，韩国民主运动的象征、著名反体制活动家金大中从其下榻的位于东京市中心的 Grand Palace 饭店被KCIA 特工绑架，5 天后，被解救时已是伤痕累累，满脸疲惫。

短短 5 天的时间，到底发生了什么？

遭绑架后，金大中先被移送到位于神户市内的韩国总领事馆宿舍。9 日清晨，从大阪码头被迫登上了伪装成货船、实为间谍工作船的"龙金号"出航。按绑架者的原计划，中途要将金投海杀害。但动手之前，显然得到了中止（暗杀）行动的命令，于是金被绑回了韩国。

在"斩立决"的关头，阻止暗杀计划实施的，是美国政府。关于华盛顿当局究竟从何种途径获知的情报，有诸种说法。比较靠谱的一种是，金大中派韩国议员向美实力派政治家发出"SOS"信号，然后美国通过国务院渠道向朴正熙总统施加了压力。

10 年后，金大中自己对媒体回忆说："就在将要从船上被丢进日本海的关头，美国中情局（CIA）的飞机救了我。CIA 截获了犯人与韩国国内通讯的无线信号，确定了船只所在的方位。尤其是绑架后第一时间，美国务院韩国部长罗纳尔德·雷纳德对韩国政府和日本政府发出的'务必解救金大中'的强硬呼吁，对救我之命起到了最关键的作用。"

从留在绑架现场的犯罪遗留物品（两只特大号包装袋和背囊、长达 12 米的绳子、实弹 7 发及带血的纸巾等）来看，金在被付诸"海运"之前，最初的行动计划很可能是枪杀后肢解、碎尸——行动的方向发生了如此戏剧性的转变，金的生还不能不说是一个奇迹。更重要的是，日本警方在现场发现了被认为是 KCIA 要员、时任韩国驻日本大使馆一等秘书金东云的指纹；随后，又证明载金大中一行离开 Grand Palace 饭店的日产"Skyline2000GT"牌豪华轿车乃韩国驻横滨总领事馆副领事刘永福的坐骑。而金、刘二人均为如假包换的 KCIA 工作员。于是，"KCIA 参与说"浮出水面。

"阴谋论"不证自明

对日本来说，如此赤裸裸的主权侵害，已构成外交事件，士可忍，孰不可忍？按说警方应立即展开调查。可事实上，警方的态度并不积极：公布调查情况已然是事发一个月以后 9 月 5 日的事情，而犯罪嫌疑人金东云已于 8 月 19 日被"安排"回国。乃至有舆论指责警方从一开始便没想侦破。

不仅警方，日本政府的应对也大同小异：首相田中角荣与韩方私下交涉的结果，决定采取"不问"的方针，并于 9 月发表了"不认为本事件对日本构成了主权侵害"的所谓"统一见解"。而与此同时，韩方则一再重复、强调事件并无朝政府公权任何介入的立场。这种情况下，对真相的调查几乎是不可能的。对此，日本在野各党怎甘沉默，纷纷起来杯葛日韩政财界的"粘连"。

斯时冷战正酣，朝鲜半岛战云密布。尽管朴正熙政权是军事独裁，但鉴于其与朝鲜的艰难对峙，客观上成了与日本列岛"反共的防波堤"。基于对自身地缘利益的权衡，日并不乐见其动摇，竭力避免日韩关系陷于对立。在这种大背景下，谋求事件的政治解决，力避其上升为外交问题，成了日本的最优先考量。为此，两国政府于 1973 年 11 月和 1975 年 7 月曾两度交涉，不惜将国家犯罪、主权侵害的性质和责任暧昧化，硬是把盖子死死捂上，乃至对事件的调查、事实关系的澄清都不过是做样子给国民看的姿态而已：在事件早已"风化"，受害者金大中本人也已经从总统任上引退有年的今天，虽然东京的警视厅至今仍保留着旨在调查事件真相的"调查本部"的组织建构，但韩国政府于 2006 年 2 月解禁的外交密档却显示，当时赴东京谢罪的金钟泌首相，与田中角荣首相间，其实已达成了"终结调查"的妥协。纵然是关涉国家主权的事体，也未尝不可以在政治家的碰杯中交易——这不是历史的玩笑，而是东亚社会的政治现实。

但是，树欲静而风不止。尽管事件的真相长期以来被人为遮蔽，但随着受害者金大中本人于 1998 年 2 月当选总统，韩国方面的情况开始发生变化：首先，韩国大报《东亚日报》披露了"国家安全企划部"（即此前的 KCIA）的极密级文档（其实是后者有意对前者透露信息），全面承认了 KCIA 最高领导策划行动的实事；其次是金本人的报复，不仅直接涉案人员，朴军政时代参与迫害反对党的高官，连同其组织机构被悉数整肃，据说情治机关三分之一的成员被更迭——惨遭毒手、险些被灭口的金大中的怨恨不可谓不深。

日本本为受害者，但作为"受害者"之一的日本，何以在真相远未明了之前，便急于谋求政治解决，并匆匆捂上盖子呢？围绕这个问题有三个说法：一曰韩国政府（朴政权）向田中阵营提供了巨额政治献金；二曰日本也有某种软肋握在韩方手中，两者做了交易；三曰为解救金大中而奔走的美国，向日本施加压力，力避日韩的冲突。但无论哪个说法，均缺乏决定性的证据，谜底的揭开尚有待时日。

"政治解决" 未必算数

但事件到底种下了日韩两国战略互信缺失的祸根。1965 年两国关系正常化以来，日本虽然向韩国注入了巨额的经援，但两国却始终缺乏紧密的战略性联系；从冷战到后冷战，两国虽同属西方阵营，但对缓和地区矛盾、化解紧张贡献甚微。这既反映了东亚的牌局依然是大国坐庄的现实，同时也诠释着政治家私下的"政治解决"之不靠谱的道理。

不过，当人们陶醉于"历史真相水落石出"的时候，却不能不问一句：为什么尘封 34 年之久的历史悬案偏偏在这时重新浮出水面？毋庸讳言，这里自然有韩国从"军政"到"民政"成功转型而生发的公开性、透明性的一面，但其背后，亦不乏总统卢武玄在即将到来的 12月大选之前，通过暴露昔日军政权的旧恶而借机打击伺机夺权的保守在野党大国家党的用意。

而就此番公开的调查结果本身而言，虽然韩方承认了政府公权介入的事实，并承担了主权侵害的责任，但在作为事件的焦点、最为关键的所谓总统（朴正熙）命令之存在与否及有无暗杀计划的问题上，仍无明确结论，很难说是对过去的"清算"。

不仅是韩方，日方的屁股也未必干净，其咎难辞：有证据表明，日本政府有可能一开始就知道绑架计划，却未加阻止（据受金东云委托、负责监视金大中活动的日调查公司老板坪山晃三供述，他事先就知道自己参与的监视活动以绑架为目的；而坪山其人，乃自卫队调查部情报官员出身，其开设的调查公司很可能是自卫队调查机关的影子公司）；而且，事后与韩方达成的终结调查的妥协带有明显的交易色彩，板子只打韩方未必公平。

金大中事件发生于 20 世纪 70 年代，同一时期，还发生了朝鲜频繁绑架日本人质的事件，无一不是发生于冷战时期的骇人听闻的国家犯罪。这些历史悬案之所以被长期搁置，得不到彻底解决，与有关国家把历史问题政治化，总试图从战略层面谋求政治、外交性解决的做法有直接的关系。尘归尘，土归土，还历史以本来的客观，让历史问题的解决去政治化，是东亚社会能否放下历史的包袱，走向开放的关键所在。

要同盟，还是要参拜？

中日关系正在逸出双边关系的框架。

如果说，前脚访问过日本的前联合国秘书长安南，围绕日本与中韩在历史问题上的纠葛的发言——问题的解决，"有赖于大胆、宽容的言行"——尚难以引起日本朝野足够共鸣的话，对来自美国的言动，却似乎很难"超然"。

对包括靖国神社问题在内的历史问题，此前绝少置喙的美国最近变得话"密"起来。首先是学界，以一些著名智库的资深日本问题专家、战略学者为代表的批评日本的声浪明显升级，透露出的信息单纯而直接：美国精英层对靖国神社历史观持否定立场。曾担任美驻日大使特别顾问的约翰·霍普金斯大学赖肖尔东亚研究所所长的 Kent Calder 坦言："在对于历史的不同阐释之上，难以构筑一个稳定的同盟。""如果越来越多的美国人了解靖国神社的话，美日关系将会受损。"他还在美国《外交》杂志上撰文指出，小泉首相参拜靖国神社，且不问其本意如何，"确实在制造世人误解日本外交路线的火种"。

其次是外交。对于正需同盟联手把中国纳入国际社会"利益相关者"（Stakeholder）框架中的时候，生意越做越大，但中日双方首脑却"老死不相往来"的异常状况引起了美国的焦虑。用美国务院一位官员的话说，"一个与邻国无法沟通的日本，对美国没有用。美日同盟机能与否，有赖于日本在亚洲所发挥的作用"。对此，Kent Calder 在接受日本《朝日新闻》记者采访时也表示，"由于历史问题，日本如果只能与美国对话，那么对美国来说，意味着日本的存在意义会变小"。在论及因历史问题而受损的中日关系会逸出两国关系的框架，对日本外交产生全局性影响时，Kent Calder 认为："因为日本失去了对中国的影响力，便会导致对俄罗斯、东南亚及其他区域影响力的低下。外交就是如此。一个只能依靠美国的日本，其对美国的发言权就会减少。一个只有一种选择的国家，其意见有不被尊重的可能，现实主义者都明白这一点。"

事实上，美国主流媒体对日本的舆论弹劾始自 2005 年底。这一年的 10 月 17 日，小泉第五次参拜靖国神社。翌日出版的《纽约时报》发表了题为《东京毫无意义的挑衅》的社论，称小泉的举动是有意侮辱战争受害者的后代；21 日，《基督教科学箴言报》评论指出，靖国神社给人的印象是日本民族主义的复活；24 日，《国际先驱论坛报》则以《小泉危险的承诺》为题批评日本。

2005 年 11 月 15 日，布什访日，与小泉大谈强化美日同盟问题。《纽约时报》再次发表社论，不赞成美国与中国周边国家强化军事关系，称"日本就是一个最麻烦的实例"；11 月 23 日，日自民党公布《宪法修改草案》的翌日，《华盛顿邮报》发表文章指出，宪法修改草案淡化了政教分离的概念，它将使在任首相参拜靖国神社变得更加容易；同一天的《洛杉矶时报》则以《日本着眼于解除对军队的束缚》为题提醒美国和国际社会，警惕日本在"普通国家化"名义下的修宪动向；对于在日本极具人气，基于某种扭曲、褊狭的历史观的诸如《中国入门》《嫌韩流》等漫画书籍的流行，《纽约时报》著名日裔专栏作家大西哲光（Norimitsu Onishi）撰文（题为《亚洲竞争者的丑陋形象在日本畅销》）指出，"污蔑中韩的漫画书畅销日本，说明日本对亚洲国家的狭隘优越感和对欧美国家的复杂自卑感交织在了一起"，可谓一针见血；而针对日本外相麻生太郎在历史问题上的挑衅性发言，《纽约时报》的抨击社论（2006 年 2 月 13 日）甚至给人以出离愤怒的感觉：《令人厌恶的日本外相》。

美国主流媒体如此密集地"敲打日本"，实属罕见，可以说为 20 世纪 80 年代日美经济摩擦以来所仅见。一方面，美国媒体精英在对日问题上没有类似美国政府那样现实利益的束缚，大可放言无忌；另一方面，日趋僵硬、已然进入"高风险区"的中日关系，因偶然性因素而擦枪走火、爆发冲突的可能性陡增，这并不符合美国的长期战略利益

（正如中日关系"过热"也不符合其战略利益一样）。对此，美外交精英早已有所察觉，前总统国家安全事务助理布热津斯基就曾撰文，建议布什政府对日施压，要求其在对华问题上采取更积极的态度，勿使中日关系陷入长期化的恶性循环。因此，美国媒体此时对日本的敲打并非完全是权宜之计，某种意义上，也不失为一种战略性选择。

在这种情况下，围绕即将于 2006 年 9 月引退的小泉究竟是否会在"8·15"（日本战败日）再次参拜靖国神社的问题，美国的态度越发严峻，对日本的牵制也日趋表面化。就日方大力谋求的 2006 年 6 月末小泉作为现任首相最后一次访美时，对美参众两院发表联合演说的重大议程安排，5 月 12 日，日本媒体披露，美下院国际关系委员会主席、共和党议员亨利·海德曾致函下院议长丹尼斯·哈斯特尔特，提议作为实现日首脑美国国会公开演讲的条件，要求小泉明确表明"不参拜"的立场：如其在美国会演讲的数周后，果然复去供奉着包括东条英机在内的甲级战犯亡灵的靖国神社参拜的话，那不啻是对在珍珠港被袭后于同一个地点举行了罗斯福总统著名抗战演说的美国国会的羞辱。亨利·海德其人在第二次世界大战中曾亲历菲律宾海战，也因小泉连续参拜靖国神社而致函日本驻美大使加藤良三，对日本与亚洲的"对话因参拜而受阻表示遗憾"。

对此，在日本政府内部，忧心忡忡者也大有人在。自民党原干事长加藤纮一称此事为"外交失态"，"原以为跟美国玩好就是一切的小泉外交，好像品尝到了被美国出卖的滋味"，对首相参拜，"若不认真地加以重新考量的话，将导致极其糟糕的后果"。

而真正的不以为然者，似乎只有小泉自己。其托词是，"（布什）总统从来没有批评过，美国政府理解我参拜的真意"。应该说，小泉的话，不无一定道理。毕竟，作为"史上最亲美首相"，他跟布什的交情确不一般。但问题是，其继任者还能有这般"幸运"吗？

事实上，对亚外交问题，已然成了 2006 年 9 月自民党总裁选举（实际等同于首相选举）的软肋。5 年前，很难说对靖国神社有什么偏执信仰的小泉，靠年年参拜的承诺登上首相宝座，并的确兑现了承诺。但随着中韩反弹的日益升级，对亚外交陷于瘫痪，日本主流社会尤其是财界，在饱尝了"政冷经凉"的代价之后，纷纷进言，呼唤小泉在靖国参拜问题上的自律——曾几何时，"政治正确"的内核已被悄然置换。因此，有可能成为"后小泉"时代政治掌舵者的竞争者们，对这张烫手的靖国牌，不是回避，便是反打，唯恐攥在手里糗掉。从这里，也能看出日本政治、外交的所谓"原则性"基础之脆弱和可疑。

其实，对于近年来在日本国内愈演愈烈的以靖国神社为由头，以否定东京审判为最终指向的社会思潮，美国一直在观望。尽管它不太会直接介入历史问题的争论，把历史问题政治化，但却肯定不会坐视日本外交被历史问题过分弱化，从而给同盟全球战略的实施带来负面影响的现实。所以，美国对日本的敲打，多少透着一种怒其不争的无奈。

但虽说如此，美国当然不会忘记，当初构筑军事同盟的初衷，就是要把日本束缚在日美安保的框架内，坚决杜绝其再度逸出国际秩序的"江湖独走"，以防纵虎归山。而背书这种法律约束的，除了美当仁不让的超强实力之外，更主要的，是建立在东京审判、《旧金山和约》基础之上的战后国际体制。虽然基于冷战的需要，美国在上述两宗实际上都扮演了首鼠两端的机会主义角色，但就其核心的民主主义性质和价值基础而言，依然不容撼动。

据说，2005年，曾有一位白宫左近的东亚问题专家，访日期间，顺便考察了靖国神社。一看，被"吓"住了，对陪同的日本学者苦笑道，"我们才是战败国"。对美国而言，靖国神社史观，是把过去的战争正当化，意味着对在日本承认其战争罪责的基础上才有可能成立的战后国际体制的否定，这关涉到民主主义价值及现代民主政体合法性的问题，兹事体大。

靖国问题"软着陆"与美国因素

据日本媒体 2006 年 8 月 25 日报道：作为特殊宗教法人的靖国神社当局，近日将对其属下的备受争议的战争博物馆"游就馆"里的部分"可能引起误解"的陈列内容及解说词做相应的修改、调整。但此次"手术"的对象仅限于谴责"美国蓄意迫使日本卷入第二次世界大战"——日本被"逼上梁山"的部分，而不会涉及日本入侵中国及与东南亚相关的部分。这是二战后靖国神社首次被动调整展示内容，一方面，说明围绕靖国参拜问题，外界的压力已今非昔比；另一方面，说明神社当局对外界的反应已变得越来越敏感。事实上，此次内容调整，也是基于美《华盛顿邮报》专栏作家乔治·威尔（George F. Will）的质疑和批评，在日本前驻泰国大使、以反中亲美著称的保守派评论家冈崎久彦（Hisahiko Okazaki）的动议下，采取的权宜性的匆匆应对，旨在规避来自美国的更大批评声浪及可能出现的干预。

就是说，连这一小步艰难的改革（如果说此次内容调整能称得上是"改革"的话），也是做给美国看的，而来自中、韩的持续 5 年之久的巨大政治、外交压力，甚至难以挪动"游就馆"的一块展板。话虽如此，很难说中、韩因素对靖国问题的解决没有发生作用，只是碍于日本对亚外交的功能退化及靖国问题本身的日益"死结化"（Dead Lock），这一层机能的发挥没那么表面化和直接化，而是隔了一个中间层，间接地挥发着自身的能量，影响着问题解决的方向。这个中间层的名字，叫"美国"。

2006 年 8 月 29 日，日本外务省公布了一项由该机构在美国一年一度实施的、名为"在美对日舆论调查"的民调结果：认为美在亚洲地区最重要的伙伴为日本者，专业人士（指服务于政府、议会、宗教界和传媒界的相关人士）占57%（2005年为48%），一般国民（年龄在18岁以上，不分职业、性别）占45%（2005年为48%）；认为是中国者，专业人士占43%（2005年为38%），一般国民占33%（2005年为26%）。其结果表明，美主流社会对中日两国重要性的评估大致趋同；动态地看，日本有所下降，而中国则快速上升。

这种情势的变化在多大程度上对靖国问题的解决发生着影响尚不得而知，但对美国而言，东北亚的稳定，离不开良好的中日、韩日关系，而因靖国问题，两者受损，不仅无益于日本的国家利益，对日美同盟也构成了损害。所谓美、日、中战略三角，尽管不可能是理想的等边三角关系，但当其中的一边急剧退化，难以维系最起码的双边关系，就会导致战略三角本身的失衡。美国当然不乐见这种状况的出现。于是，打破沉默，开始发言。在话语变"密"的同时，发言者呈现不同的身份，明显溢出了初期学界、传媒的边界，开始向政界、外交界渗透。美国从纯粹的旁观姿态转为相当程度的介入，经历了一个过程，而主导不同阶段进程的，则是对其在全球及东北亚、东南亚的地缘利益的判断、考量。

美缘何保持沉默

"在今天的世界，拿靖国参拜说事的只有中、韩两国，布什总统从来没有批评过我的参拜。"这是日相小泉在首相任内6次参拜靖国神社的最"强有力"的借口；对于那种因其靖国参拜，不仅对中、韩关系受损，对美关系也将陷于困难境地的批评，将接替小泉出任日自民党总裁和首相的安倍晋三如此反诘道："美国并不担心日中关系。"仿佛两个孩子打架，出手的一方说我爸爸是支持我的，于是似乎就有了"合法性"。这种争执多少有些孩子气，但不幸却是我们面对的事实：冷战终结，世界只剩下最后一个家长——美国，可"单亲家庭"的内讧却让人一点不省心。

毋庸讳言，作为战后保留靖国神社的始作俑者，美国在靖国参拜问题上曾经保持了长期的沉默。但沉默并不意味着赞同、支持。相反，作为同盟的主导国家，美国其实一直担心日本在国际社会的形象会因靖国问题而受损，而这种代价最终将由华盛顿来买单。2006年6月底，在白宫举行的日美首脑会谈上，布什似乎有一搭无一搭地问了句"与中国的关系如何了"，坐在旁边的一位美高官插话说，"难道真的找不到靖国问题的着陆点吗？"这种貌似轻描淡写的话语应酬，无论如何难以解读为对靖国参拜的欢迎和鼓励。

用曾担任过负责亚太事务的美防长助理、现任美著名战略智库"战略国际问题研究所"（CSIS）副所长的库尔特·坎贝尔（Kurt Campbell）博士的话说，"今天，在美国人中，关于小泉首相靖国参拜的是非判断问题上，并没有分歧。而分歧在于，美国是否应该就此问题向日本挑明我们的看法"。这多少道出了美主流社会在靖国问题上的立场。具体地说，出于唯恐对日美同盟造成影响的担心，共和党政策的主调是"不介人"原则；而与之相对，出于促进东北亚地区的稳定与协调的目的，民主党内颇不乏主张"适度介人"者。因此，安倍等人出于自身的某种政治理念或目的，把此前共和党政权"不介人"的原则立场解读为"美国并不担心"，即使不是刻意为之，也是一种不折不扣的误读。

要知道，布什政府的要人之所以将"无可奉告"进行到底，绝非什么"理解"小泉的心境，或肯定首相靖国参拜的"合法性"。而是从对"美国家利益来说，什么才是最佳选择"的明确的问题意识出发，做出的一种冷静、理智的判断。作为其结果，暂时达成并维持了"说也无益"现状。但是，在靖国问题在美国也被大做特做的今天，共和党的"不介入原则"似乎也走到了政策边界。纵然包括布什本人在内，白宫的对日政策参与者们表面上依然不便表态，但面对美国内分贝越来越高的质疑靖国神社性质及靖国参拜的声浪，怕也难以做到听而不闻吧。好在，小泉谢幕在即，一段相当程度上靠私人交情维系的布什——小泉蜜月同盟即将成为过去，与之相关的连带意识也许会趋于淡化。一般说来，蜜月后的同盟关系将会更加务实、坦诚，有一说一，有二说二。

另外，美国一方面在介入与否及以何种形式介入的问题上尚未达成共识，同时，也在期待作为民主国家的日本自行解决，而且最好是在充分论争的基础上谋求"软着陆"式的解决。因为，首先，美不愿因自己的介入，而给国际社会造成偏袒一方的印象，毕竟，日本是同盟国家；其次，美深知东亚各国民族主义勃兴的状况。不在靖国问题上过多置喙，也是怕重蹈 20 世纪 90 年代因贸易摩擦问题对日施压，反而刺激了日国内民族主义，导致反美情绪日甚的覆辙。

但所有这些美方的思虑，无疑应有一个合理的边界。就是说，华盛顿的沉默不应当被诠释为对小泉靖国参拜的"默许"，给国际社会和日本传递错误的信息，乃至被日国内参拜派利用。而当美国发现，这种被利用的可能性正在呈现并有坐大危险的时候，除了对日本明确说"不"，便没有其他的选择。

打破沉默为哪般

最初的声音照例来自传媒界，美主流媒体对日本的舆论弹劾始自 2005 年底。很快，这种声音便溢出了传媒和学界，开始向外交、政界蔓延。2006 年 5 月，小泉访美前夕，美下院国际关系委员会主席、共和党议员亨利·海德（Henry Hyde）致下院议长丹尼斯·哈斯特尔特（Dnnis Hastert），要求小泉明确承诺"不参拜"立场的书简被披露，美对靖国参拜问题的牵制表面化，小泉曾竭力谋求的访美期间对参众两院发表联席演说的重大议程安排旋告流产。

小泉参拜，触动了美国的战略利益，美舆论反应激烈。《纽约时报》破例以超大篇幅发表题为《为日本谋求无罪判决的战争神社》的社论，指出靖国神社把日本对中、韩的侵略，对美国的攻击正当化，宣扬"几乎所有亚洲人、美国人都无法接受的靖国史观"，文章后被日共机关报《赤旗报》大段引用；连一向保守的《华盛顿邮报》也发表普林斯顿大学国际政治学教授约翰·艾肯伯里（John Eikenberry）的专栏文章，指出"日本应探索一条终结首相参拜的名誉之路，或许有必要敦促靖国神社当局分祀甲级战犯"，并期待日本走德国的道路，在促进东北亚区域稳定和发展上起主导作用。

一些美国战略学者意识到，靖国问题的泥淖化、长期化，已经引发了日本在亚洲的"地基下沉"效应，不仅限于与中、韩的关系，对于整个亚洲地区来说亦复如是，东南亚国家受其影响尤甚。因为就众多的东盟国家而言，无论从区域战略还是从国家的发展现状上来说，维持良好的对华关系之重要性不言而喻，它们极不情愿遭遇、甚至被卷入中日这两个地区大国之间围绕靖国神社和历史问题的对立中去。而这种事态又会反作用于美国：当东盟国家看到美在日本历史问题上持续沉默的时候，就会自然而然地产生一种"华盛顿对亚洲的关心程度和影响力是否在下降"的忧虑，这无疑会削弱美在亚太地区的战略存在，也不利于亚洲的局势稳定。

同时，就美国内因素而言，一些政府人士在警惕靖国问题僭越、蚕食由美国主导的，从东京审判、《旧金山和约》，一直到美日同盟的战后民主体制合法性资源的同时，也担心在国会正迅速蔓延的"少数族裔政治"（Ethnic Politics）问题与靖国问题的合流化倾向：随着美国内华裔、韩裔、越南裔等亚洲族系人口激增，其政治发言权也会相应强化。日本在靖国问题上的态度长此强硬下去的话，未尝不会发展成最终连美国也不能无视的政治危机。事实上，不久前叫停小泉对美国会演说的共和党议员亨利·海德的背后，就不乏韩裔势力院外活动的影响。

所以说，小泉的靖国参拜，不仅遭到中、韩的反弹，连最值得信赖的盟国美国，也颇感棘手、困惑，蹙眉不已——这已然是不争的事实。

美不乐见日中交恶

最近，华盛顿围绕日中、日韩关系和历史问题的各种论坛、学术会议明显多了起来。通过这些学术务虚活动，对于日本与邻国应维持何种关系才符合美国国家利益的问题，基本达成了一般共识。那种认为只要美日同盟关系足够牢靠，即使中日关系多少有一些紧张和摩擦，对美国没有坏处，只有好处的人，在美政府中是少数。大多数政府人士，认识到中日关系对立对美国家利益弊大于利。

在于这个问题上，迄今为止所做的最为深入彻底、体系化的检讨工作是美四大智库［海军研究所（CNA）、国防分析研究所（IDA）、国防大学（NDU）及战略国际问题研究所（CSIS）］联手合作的共同研究项目"中日对立问题研究"。由原政府高官、政策专家、战略学者组成的小组，从2006年3月到8月，共召开4次非公开研讨会。在最初的会议报告中，曾如此写道："无视、容忍中日间的战略对立并不符合美国的国家利益，促进三国间的协调，才是国家利益所在。美方若不采取某种适当方略，中日两国不会以美国乐见的方式自主致力于问题的解决。因此，对华府来说，中日对立问题不可长期放置。"

美国为何如此担心日本与近邻国家的关系呢？它到底有哪些近忧、远虑呢？首先，只要日本依然是与美共有价值观和战略利益的同盟国家，美国便乐见一个在亚洲地区有影响力的日本，而不是相反。遗憾的是，由于与邻国在历史、靖国问题上的对立，日本正在丧失其"软实力"（Soft Power）。其次，在美韩关系已然趋冷的情况下，若进一步遭遇日韩关系的恶化，客观上将助长韩国的对华接近。从长期的观点来看，如考虑到朝鲜半岛的和解及重新统一的可能性的话，则有可能对美国的战略利益构成妨碍。再次，日本与中、韩之间围绕海洋资源和领土纷争的摩擦日益频仍，积累的势能越来越高，在擦枪走火的"万一"之下，美被卷入冲突的可能性很难说没有，而这恰恰是华盛顿最忌讳，也最担心的。最后，美中之间正在谋求所谓"多国主义"的积极外交，美国不遗余力地试图把中国塑造成其所主导的国际体系中"负责任的利益相关者"（Responsible Stakeholder）的角色，以分担其压力。而中日的渐行渐远和敌对，无疑会成为华盛顿这种努力的障碍。

基于上述分析，我们可以得出一个结论：即使为自身的国家利益最大化计，美国也不乐见盟国日本与邻国持续交恶，尤其不愿看到中日关系的恶化。

正如日本的右翼鹰派势力至今不认为第二次世界大战日本输给了中国一样，作为其灵魂旗帜的靖国神社当局，在来自日本国内及中、韩等国的巨大而持久的压力下，只是象征性地同意"调整"部分与美国有关的陈列内容的事实再次说明，其服膺强者的思维逻辑始终未变。但虽说如此，作为对美妥协的结果，这一小步的迈出毕竟来之不易，应该予以评价。正是美国的介入，使靖国神社坚固的雪线后退了一步。能否从单独面对日本变为中美协调，通过多国协调机制最大限度地借力美国因素，是靖国问题解决的关键。对中国来说，尽管这种方式的解决依然不脱权宜色彩，但却未尝不是谋求靖国问题"软着陆"的一条捷径。

漫长的战败①

　　回过头来看，1945年8月15日的"玉音放送"，那个头一次出现在收音机里，被噼里啪啦的杂音包围着的声调高亢、口气拘谨、用词古雅的被称为"陛下"的44岁男子所宣读的《终战诏书》，并未能向日本人传递关于"战败"的明确信息，在这篇以非日常的日语文言草就的御诏中，从未出现诸如"投降"或"战败"的措辞。天皇只是简单地评述说"日本战局并未好转，而且世界大势也于我们不利"，吩咐国民要"忍所不能忍，受所不能受"。在重申"发动战争是为了确保日本的生存和亚洲的稳定，不是出于任何侵略目的而干预他国的主权完整"后，他语气沉重地提及敌国的暴行："敌人第一次残酷地使用了原子弹来杀戮和残害大量的无辜者，惨重的人员伤亡难以计数……"进而，他断言，"再继续战争不仅可能导致我们种族的灭绝，而且可能导致整个人类文明的毁灭"。因此，接受盟军结束战争的要求，"为万世开太平"，乃"朕之圣意"。以某种极富仪式感的形式，使耻辱的战败宣言被置换为对日本的战争行为及其个人崇高道义的庄严背书。

　　难怪当时很多国民听不大懂，他们懵懂中只知道"终战"——战争结束了。不仅如此，就连两周后的9月2日，在东京湾美国军舰"密苏里"号甲板上正式举行的受降仪式带给日本社会的，更多的也是某种恍惚、麻木感，类似经过长期极度疲惫后的虚脱状态，其典型的临床

---

① 本书为《拥抱战败：第二次世界大战后的日本》（约翰·道尔著，胡博译，生活·读书·新知三联书店，2008年9月）撰写的书评，发表于《南方都市报》（2008年10月19日）。

表现为集体性的"心不在焉"和"精疲力竭"。

所以，在天皇玉音放送结束后，选择"玉碎"的人实际上比预想的要少：大约有几百人，而绝大部分是军官。这一数量仅相当于德国投降时自杀的纳粹军官的数目，而后者从来就没有一种能与日本的自杀殉国相"媲美"的疯狂信仰。

当善于作秀的联合国军司令官麦克阿瑟口衔玉米芯制烟斗，从东京郊外的厚木机场首次踏上这个国家的土地的之时，并未遭遇预先设想的丛林战、巷战等恶劣情况，相反，直到1947年之前，无论是左派还是自由派人士，都把美国占领军看做是解放军；美国为战败国量身订制的改革方案，也被看成是一种"自上而下的民主革命"的大胆实验。从战前就被囚禁，一直坐了18年监牢的日共领导人德田球一，尚未迈出监狱大门，便写下了热情似火的《告人民书》："我们向在日本的盟军占领军表达最深切的感激之情，他们致力于从法西斯主义和军国主义手中解放全世界，为日本的民主主义革命开辟了道路。"后来，冷战升级，此番言论无疑成了尴尬的口实，日共只好勉强把德田发言做一番合理化解释，强调德田所指的"盟国"包括苏联在内云云，此乃后话。但日本国民经过最初的虚脱，开始以莫大的热情"拥抱"征服者是不争的历史事实。

这里，日本民族性格中不可思议的服膺强者、信守契约的一面再次凸显。军旅出身的著名美籍华裔历史学者、曾亲眼见证了国军对日军受降、后作为中国驻日代表团成员短暂参与过盟军对日占领的黄仁宇在其回忆录《黄河青山》中写道："前来迎接我们飞机的日本陆军及海军军官，一点也没有我们预期的不快或反抗态度。他们举止体贴有礼，甚至显得快活。一声令下，他们的司机就拿下轿车上的日本国旗，神色从容，换上国民政府的青天白日旗。""我们当时并不了解，大和战士是全世界最直线思考的民族。依他们的想法，一旦挑起战争，必须将自己的命运交给暴力来决定。既然力量至上，武装冲突后的决议成为最高指导原则，因此战胜者一旦诞生，就再也没有必要去让其他因素干扰最终决定，也就是终极事实……无论在任何地方，都看不到翘起的嘴角、鬼脸、不满的抱怨或是一丝一毫的扬言复仇。"对此，黄赞叹道："日本人不愧是一流的输家，他们的自制力超群绝伦。以前的敌人在我们面前表现如此杰出，让我们开始怀疑，他们是否就是传闻中残暴野蛮的日军。"新加坡前总统李光耀也在其自传中谈到，1945年日本战败后，昨天还很残暴的日本军人今天就整齐列队，将新加坡的街道打扫得干干净净。如此敏捷的转身，使他"心里泛起一阵寒意"。可以说，如果不是在那样的历史关头，如果没有历史见证者的一手证言，这种构成一个民族性格有机立方体的微妙侧面也许永远被遮蔽在历史主流叙事的阴影中。

更有一些细节数据，让人们看到处于大历史拐点上的日本人，并不像传说的那样顽固、偏执，不仅不偏执，简直可以说是非常灵活，与时俱进。战后初期的第一畅销书是《日美会话手册》，创意者是一位叫小川菊松的出版人，而创意竟产生于听玉音放送的时候。据说，彼时，他正在一次商务旅行的途中，来不及擦干眼中的泪水，就登上了返回东京的列车，同时开始盘算如何在剧变的新形势下发财致富。当汽笛一声长鸣，火车驶进东京站时，突然间便抓住了这个灵感，有如神助，正可谓"化悲痛为智慧"。一个月后，这本只有32页的会话手册问世，首印30万册很快告罄。至1945年底，已行销350万册，作为全国最畅销出版物的纪录一直保持到1981年。

最能体现战败者对征服者"拥抱"姿态的，是日本政府主导构筑的针对美军的"慰安"制度。战后初期的日本，经济凋敝，物价飞涨，黑市猖獗。著名广告作曲家三木鸡郎曾以一首打油歌形象地描绘了恶性通胀的失控情形，歌词大意是，火车行驶的速度赶不上物价上涨的速度。乘火车每到一站，都会发现橘子更贵了。而长期的禁锢一旦解除，最先觉醒的，往往是性。其资源流向，则是有消费能力者。而最有特权、消费最旺者，无疑是美军。于是，"潘潘"（Panpan，专做美国大兵生意的风尘女性）、"夜之女"应运而生。当时的新闻界注意到，在被取缔的游娼中，居然有年仅14岁的女孩子。而学校里的小男生和社会上的不良少年很快就学会了当皮条客挣零花钱的本领：他们把老美"丘八"带到女人那里；"你想见见我姐姐吗?"成了继"给我巧克力!"之后被熟练掌握的英语会话。

对那些既知晓日军在他国的暴行，也了解被日军强征的"慰安部队"庞大数目的政界人士而言，不得不"接待"数十万盟国军队的性暗示是巨大的压力。玉音放送之后，"敌人一旦登陆，就会逐个凌辱妇女"的谣言像野火一般蔓延。内务省情报课立即意识到这些谣言与其自己军队的海外行为间的关联。于是，城市家庭被敦促将女眷送到乡下避难；妇女们被建议继续穿战争年代邋遢得像口袋似的雪裤，而不要身着诱人的女性服饰；年轻的女孩子被警告不要像"外人"随便表现友善。但尽管如此，仍难挡住泛滥的"春潮"。

在这种情况下，1945年8月18日，政府内务省秘发无线电报给全国的警署，指示他们在管区内为占领军特设专用的慰安设施，但要"以最大限度的慎重"来筹备。同一天，东京警视厅高官会见京滨（东京、横滨）地区的"从业者"，向他们承诺5000万日元的财政补助金，并达成从业者自行筹措等额配套资金的默契。该项工作由当时的副首相近卫文麿亲自坐镇指挥，大藏省的一位后起之秀、日后成为首相的池田勇人在安排政府财政支持方面劳苦功高。后者有句名言："用一亿日元来守住贞操不算昂贵。"而相关业者则聚集在皇居前高喊"天皇万岁"，公开表达对为国效劳的绝好商机的感激之情。

这种被称为"R. A. A."（"特殊慰安设施协会"的英文缩写）的慰安设施在东京迅速扩张，很快就增至33处，并蔓延到其他20座城市。但数月后，却被占领军当局叫停。公开的说法是为了全面禁止"非民主的、侵害妇女人权"的"公营"卖淫业，但私下里，军人们承认废除R. A. A.的最主要原因，是占领军内部性病患者激增。数月后禁令实行时，近90%的R. A. A.女郎性病检查结果呈阳性；同时，美第八军则有70%的兵员感染梅毒，50%感染了淋病。出于治疗的现实需要，是年4月，美国才初次将青霉素的专利许可卖给了日本制药公司。

毋庸置疑，美国最初的对日占领政策是一个野心勃勃的十足理想主义的文本，所谓"非军事化和民主化"，旨在建立一个确保不再对美国乃至世界的和平与安全构成威胁的、国民意志自由表达的新型民主国家。为此，制定宪法、土地改革、解散财阀、审判战犯……主导实施了一系列改革，是一场前所未有的"自上而下的革命"。但与此同时，这又是一张从开始就充满了自相矛盾的改革"路线图"。随着占领进程的推进，不仅曾几何时的理想主义激情被征服者自身的种族优越感、功利心及日益浓重的冷战阴云吞噬殆尽，而且，作为一场"革命"，它根本缺乏来自日本本土社会内部的持久的、富于生命力的源动力，结果只能沦为新殖民主义的军事专政，完全唯"太上皇"麦克阿瑟的马首是瞻。

如此自理想主义始、以机会主义终的"革命"，没有不首鼠两端、中途改道的道理。所以，从最初打算追究天皇的战争责任，到后来为其免责，达成利用天皇的"天皇制民主"（所谓"楔入"政策）的妥协；从强制通过包含放弃战争条款（第九条）的"和平宪法"，到要求日本重新装备，对日大肆发放"韩战特需"订单，使一度遭整肃而式微的财阀再度崛起；从不惜冒所谓"事后法"的指责，在常规性战争犯罪的基础上导入"反人道"、"反和平"罪的全新法理概念以审判战争犯罪，但却虎头蛇尾，在处刑 7 名甲级战犯的翌日，匆匆释放其余全部 19 名甲级战犯嫌疑犯，理由是莫名其妙的"证据不足"……至此，由于世界局势的"质变"，战胜的同盟国体系因冷战而分崩离析，美国的占领政策终于大大偏离了起初的"非军事化与民主化"的轨道，造成了基于机会主义的决定性转型，不仅在交易中使正义、道义原则及当初的理性主义光环大打折扣，而且客观上坐下了日本民主化改造不彻底的病根。所以，当国际社会在战争责任与战后责任问题上屡屡把德、日两个国家加以比较，并把靶子照准后者时，日本确乎有"委屈"的成分。而对此，实事求是地说，美国应负一份沉重的责任。

自 1853 年美海军佩利准将率"黑船"舰队驶入江户湾，以坚船利炮的实力逼日本开放门户以来，日统治者始终执迷于成为"一等国家"的迷梦。而 1945 年 9 月，"密苏里"号上的受降仪式结束后，至高无上的盟军统治者麦克阿瑟对新闻界一番所谓日本已降格为"四等国家"的露骨表态令这个国家的精英层痛彻心扉。对日本人来说，直到 1952 年 4 月 28 日晚 10 点 30 分，日本恢复行使主权，获得"独立"，第二次世界大战才真正结束。战争年代、战败以及被占领时期，给亲历者留下了太多难以磨灭的印迹，许多人至今无法走出"战败"情结。无论这个国家后来变得多么发达、富裕，这些惨痛而复杂的历史记忆，已经成为他们思考国家历史与个人价值观时的重要参照。这便是《拥抱战败：第二次世界大战后的日本》一书所告诉我们的。

日本"右翼"的思想传统与组织流变

　　从 20 世纪 90 年代中后期开始，随着日本泡沫经济的崩溃，经济持续低迷，其在国际社会中经济存在感的削弱却以在其他国际事务上的高调姿态的形式变相出现，令人眩惑于其"普通国家"化的华丽转身。于是，日本"民族主义情绪高涨"、"社会右倾化"，乃至"警惕军国主义复活苗头"等舆论开始明显增强。与此同时，经济萧条的长期化，使此前有效支撑日本社会的政治、经济系统运转失灵。随着基于新自由主义的制度改革的深入，社会流动性呈上升趋势。而那些陷于被过剩的流动性带来的不安中的人们，出于某种自我保护的弱者本能心态，又在政治上倾向于新保守主义，更加剧了社会的右倾化。

　　在这个过程中，"右翼"成了一个被媒体反复提及的关键词，对其作为"增量"的趋势性描述，常常被作为判断日本社会右倾、保守化程度的一个重要指标。到底何为"右翼"，它从何而来，呈何种生态，政治诉求是什么，发展走向如何，等等，对这些问题从来少有提及，更鲜见理性、认真的学理性检讨；充斥耳边的，净是"保守"、"民族主义"、"民粹"、"右倾"等便易而空洞的道德批判和价值判断，其本来面目反而有在话语泡沫中湮没无形的危险。

右翼思想的起源

　　在谈论"日本"时，"右翼"是一个无法忽视的存在，尤其是在从幕末到所谓"大东亚战争"终结的近百年中，右翼思想对日本的国家道路确实产生了决定性的影响。

那么，究竟什么是"右翼"呢？日本三省堂出版的权威的《战后史大事典》关于右翼的定义是："一般指极端的国家主义，但很难下明确的定义。源于法国革命时期，当时从议长的角度看，右手一侧是保守的吉伦特党，故对于革命来说，右翼被视为反革命或反动。右翼可以被称为近代革命的反命题。后来，左翼被看做是代表国际共产主义运动，右翼与之相对，代表为帝国主义权力服务的势力，如法西斯即被看成广义的右翼。"这是对一般意义上的右翼的定义。这里，右翼的概念扩大到思潮或思想，即"主义"。

就日本而言，多数情况下，国家的权力操纵在部分为政者和官僚手中，他们既非左翼，也非右翼，而是在左右两极间寻求平衡的自由主义政客集团。正如战前日本的统治者不是右翼一样，战后统治日本的，也不是左翼。虽然具体到某一个特定时期，有可能呈现出偏左或偏右的倾向，但整体而言，日本的左右翼与欧美政治光谱中的"左"、"右"是有区别的。如果硬要做一个类比的话，以法国为例，日本"右翼"并非与左翼轮流执政的传统右翼政党，而大致相当于极右翼的国民阵线（以勒庞为代表）。

那么，何为日本"右翼"呢？著名右翼作家三岛由纪夫在《林房雄论》中指出："所谓右翼，不是思想问题，它纯粹是一个感情问题。"思想史学者松本健一（Kenichi Matsumoto）则说："给右翼下定义实际上不是一件容易的事，因为它与左翼的定义在某种程度上相互关联，即两者相抗衡，并随时代发展而变迁。"如幕末维新时期，左翼表现为开化、欧化主义；右翼表现为攘夷；明治中期，左翼主张民权，右翼主张国权……而到战后，右翼的表达空间日益狭小，很大程度上只是作为"反左翼"而存在。

战后日本最富代表性的政治学者之一桥川文三[①]在其著作《民族主义——神话和逻辑》中，对民族主义原理和构造的分析，对我们理解右翼思想的来源颇有帮助。首先，桥川对爱国主义（Patriotism）和民

---

① 桥川文三（Bunzou Hashikawa, 1922—1983），长崎县对马市出生，毕业于东京帝国大学法学部，明治大学教授。思想史学者、政治学者，评论家。

族主义（Nationalism）的边界做了明确的界定：相对于"作为人永远的情感的一种非历史性实际存在的爱国主义"，民族主义是在"特定历史阶段中形成的一定的政治教义"。而什么叫"特定历史阶段"呢？

桥川把探究的视野投向"国学"开始形成的江户中期，发现近代民族主义的广泛发育是在幕末时期。人们一般以为，美国佩利率领的"黑船"舰队来袭所唤起的对欧美列强的危机意识，对日本民族主义的形成有决定性影响。但桥川在这种外因之上，更加看重幕末时期形成的平等思想。认为后者才是酿成日本民族主义的主要原动力。

为什么江户时代的封建统治者对民族主义抱有敌意和警惕呢？因为他们的生活全靠起源于中世纪的土地支配及与之相伴的特权来支撑，所以不仅以对中央集权的淡漠、消极的来抵制民族主义，而且为了维护区别于一般民众的等级身份制，断不会轻易应对旨在否定出身歧视的民族主义的"平准化"要求。桥川指出，对体制一方来说，对"狡猾的夷狄"的警惕与对底层民众的疑惑其实是一枚铜币的两面。以水户学（在水户藩①形成的追求日本固有传统的学问，对幕末时期的尊王攘夷运动发生了深远影响，成为后来明治维新的源动力之一）为中心的攘夷思想，在提倡旨在维持既成的身份秩序、封建制度的所谓"神州拥护"这点上，逐渐与以"国民平等"为前提的民族主义主张拉开了距离。

继而，幕末思想家、教育家、明治维新的先驱者吉田松阴②力倡"新的人间观"和"忠诚论"，主张在虔敬天皇的同时，不仅对女性和底层人，对"部落民"也要"无差别地抱有热烈的人间共感"，以所谓"一君万民"的超越性天皇观，批判封建幕藩体制，其影响逐渐溢出水户学的范围，为近代民族主义的生成开创了道路。桥川认为，正是松阴的思想，使日本诞生了新的国家（Nation），同时也构成了近代日本右翼思想的基础和来源。

因此，原本右翼思想是包含了对明治政府的批判要素的，决不是单

---

① 今以东北地区茨城县水户市为中心的地区。

② 吉田松阴（Shoin Matsuda，1830—1859），长州藩（今山口县萩市一带）武士，近代思想家、教育家、兵法家，被视为明治维新的精神导师。1859年，因幕府长老暗杀计划败露，被处刑，年仅30岁，终身独身。

纯的国家主义文本。因为从古代日本发现了天皇统治的"平等社会"，所以从根本放弃设计主义的政治构想，从而祈愿"一君万民"的美丽乌托邦得以呈现眼前，这就是"右翼"。而恰恰是其中某些非合理、非政治性的姿态，构成对明治当局的激进批判，坐下了引发后来一连串士族叛乱和自由民权运动及农本主义运动的动因。

回到三省堂版《战后史大事典》，在厘清"右翼"概念的基础上，对"日本右翼"是如此定义的："日本的右翼与民权运动是孪生兄弟，是作为对明治藩阀政府的统治的抵抗者而产生的。"通常，人们比较注意右翼的保守、国粹的一面，及其反民权、重国权的一面，但实际上，"孪生兄弟"的描述，则表明它们之间即使对立，也拥有共同思想渊源的共生关系。

需要强调的是，在日本的政治光谱中，"右翼"与"保守"是两个不同的概念。作为极端国家主义、民族主义的表达，"理想的过去"（特别是古代社会）成为前者政治叙述中预设的前提，以为回溯到过去，便能实现一个理想社会，根本否定基于人类理性的政治设计的可能性，主张一切交给形而上学的超越性之力，以实现"理想秩序"，有很强的乌托邦色彩；而后者则把当下看成是永远的过渡期，力求通过渐进式改革来谋求秩序和稳定。后者对实现所谓"理想社会"是完全断念的，只是在若干相互纠缠的价值中，维持平衡，推进共识的形成。而民族主义，未必被他们看成是原初的永恒价值，只是作为特定政治共同体的一员，接受并重视其意志表达而已。

形形色色的右翼

日本右翼，不同的团体，政治诉求不同，形成时期各异，组织结构、行为方式也不尽相同，是一个极其复杂的系统，很难做"一勺烩"式的概括。如果打破纵向时间关系，从组织特征出发，大体说来，大致可分为观念右翼、组织右翼、行动右翼及"新右翼"。前三者为战前就已然存在的传统右翼，"新右翼"为战后20世纪70年代出现的新生代。不同的右翼之间，不排除组织上的承袭、交叉，也不乏内讧与相互的攻讦、批判。但作为影响日本政治的一股极端保守势力，由于其组织、动员方式的准军事化色彩及行动的暴力化倾向，虽然受到包括执政者在内的主流社会的警惕，但影响力始终存在。这与"右翼"作为一种民间组织及社会思潮，其思想特征及部分政治诉求与社会底层人们的精神状态有相当程度的契合是分不开的。其对政治及社会政策的影响主要表现在两个方面，一是改宪，二是排外。

"右翼"的谱系

择其要而言之，右翼的谱系大致分为：战前，玄洋社—黑龙会—革新右翼—原理日本社；战后，盾之会、一水会等"新右翼"。

作为日本右翼的鼻祖，"玄洋社"由1878年成立的"向阳社"改称、发展而来，其灵魂人物为右翼的宗师头山满①。其成立的规约有三条：

第一条　拥戴皇室
第二条　热爱日本
第三条　坚决维护人民的权利

第一条不仅是玄洋社的最基本原则，也是所有日本右翼最重要原则立场。第三条中的"人民的权利"原为"人民的主权"，后被警察指出该措辞与"天皇的大权"相抵触，于是改为"权利"。第二条的"热爱日本"是有明确政治诉求的：因为玄洋社成立时，日本国内正围绕列强强加的不平等条约进行艰苦的斗争，这条的宗旨是在"热爱日本"的口号下强调"国权"，维护日本的国际地位。明治维新后，受西方自由平等思想的影响，日本在亚洲各国中率先意识到这一问题，出于其维护自身"国权"的需要，玄洋社也以亚洲各国民族解放运动和民族独立的支持者的面目出现，客观上对后者有积极作用。这也是孙中山、黄

---

① 头山满（Mitsuru Toyama，1855—1944），福冈人。主张"大亚洲主义"的国家主义者，政治活动家、学者，"黑龙会"顾问，日本右翼巨头。早年为自由民权运动的志士，后从日本国家利益的立场上支持中国革命，与孙中山过从甚密。

兴、宋教仁等人与头山满等东洋右翼活动家一度过从甚密，并接受后者政治资助的主要原因。

但是，玄洋社对不平等条约的反对首先是站在"尊皇"的立场上，其背后是日本主义的"神的国家"。因此，从本质上说，其对不平等条约的反对，无非是国粹主义框架下的排外主义使然。在这种情况下，对第二条中"民权"的维护，其实不过是装饰而已，因为在皇权与国权并重的前提下，所谓"民权"只能是空话，遑论日本以外的、其他亚洲国家的民权。

"黑龙会"其实是玄洋社的衍生组织，1901年由玄洋社成员内田良平①创立，头山满为总顾问，以赤裸裸的国家主义为理论基础，发行机关刊物《黑龙》，是战前"大亚细亚主义"的始作俑者，也是在实践上走得最远的组织。"黑龙会"的名称本身，即包含跨越中俄国界黑龙江之意，表明"大洋的日本"将取代"大陆的俄罗斯"的剑指中国东北的战略野心。

20世纪20年代，一方面是经过"大正民主"，言论空间相对开放，日本有如一个思想实验室，各种时兴的社会思潮轮番登场，尤其是俄国的"十月革命"和中国的民族解放运动，与日本国内形势发生深层互动，这些社会动荡导致右翼思潮的变化和右翼组织的分化、重组；另一方面，一战后的经济恐慌加上关东大地震，使日本经济状况进一步恶化，左翼舆论对政府及其导致贫困化的政策的批判升级，矛头开始指向政治家、财阀等特权阶级，甚至出现了针对这些人的恐怖性攻击活动。这种情况下，右翼的政治议题也发生变化，开始从国际问题转型为国内问题，出现被称为"革新右翼"新动向。其中，最有代表性者为朝日平吾②的个人恐怖主义与北一辉③的国家改造主义。

前者把社会贫困的原因归结为存在一个把大众本应平等享受的幸福

---

① 内田良平（Ryohei Uchida，1874—1937），近代国家主义者，政治活动家，"黑龙会"的灵魂人物。

② 朝日平吾（Heigo Asahi，1890—1921），国粹主义者，主张个人恐怖主义。1921年9月28日，刺杀安田善次郎（安田财阀掌门人）后当场自戕。

③ 北一辉（Ikki Kita，1883—1937），新潟县佐渡岛出生，国家社会主义者。原名辉次郎，因早年参加中国革命，与中国革命家交往，遂改为中国风格的名字。以《国家改造法案大纲》等著作倡导国家改造。1936年，因发动"2·26事件"被捕，后作为主谋被处刑。

剥夺了的特权阶级，于是通过恐怖暗杀的"锄奸"活动谋求恢复平等，实现社会正义，并亲自践行了对安田财阀创始人安田善次郎的暗杀；后者则以长达八卷的《国家改造案原理大纲》系统表达了其国家社会主义的主张，被当时的右翼分子奉若神明，成为20世纪二三十年代指导右翼的行动纲领，其影响力不下于希特勒的《我的奋斗》。在这个过程中，日本议会政治日益捉襟见肘，军部专政色彩与日俱浓，整个国家迅速滑向军国主义。

正当"革新右翼"风头正健之时，1933年，另一位右翼思想家蓑田胸喜①在其著作《学术维新原理日本》中，对北一辉的"社会改造"论进行了系统的批判，认为"社会改造"纯属无稽之谈，因为社会的元素是人和人心，无法改造，从而打出了以"日本国民生活"为出发点的"原理日本"论，主张对"作为宿愿之力的日本意志的复归"。旋即成立"原理日本社"，并发行机关刊物《原理日本》，被看成是对"革新右翼"的反动。随着"2·26"事件的失败，北一辉等"革新右翼"被肃清，原理日本社的存在感得以强化。1938年，《原理日本》的忠实读者荒木贞夫②就任近卫内阁的文部大臣，"原理日本"的理论随之被体制化。进而，被认为"反国体"的帝国大学教授遭到整肃。

至此，幕末时期以来一直充当体制批判急先锋的"右翼的逻辑"变成"体制的逻辑"，完全失去了对现实政治批判的锋芒与契机。"大东亚战争"爆发之后，连存在意义本身也丧失殆尽了。

战后，由于美国对日民主化改造的不彻底，特别是基于"冷战"战略需要的占领政策的首鼠两端的转型，导致右翼势力在日本社会迅速复活。战后右翼的一个重要政治诉求，是"反YP体制"（即雅尔塔—波茨坦体制），认为YP体制破坏了日本的历史传统，使日本陷入到"万劫不复"的深渊，必须予以彻底粉碎。从关系上说，战后右翼中的绝大多数是战前右翼的因袭。虽然随着时代的变迁，其纲领和宗旨有所

---

① 蓑田胸喜（Muneki Minoda，1894—1946），熊本县八代郡出生，东京帝国大学毕业。日本右翼思想家，成立国粹组织"原理日本社"，发行机关刊物《原理日本》。日本战败后，在家乡自缢身亡。

② 荒木贞夫（Sadao Araki，1877—1966），东京都出生，陆军士官学校毕业。职业军人、男爵。战前曾担任文部大臣、陆军大将，为皇道派军人的灵魂人物。

调整，但从思想根源到政治理念，从组织结构到动员方式几乎没有太多本质的变化。战后右翼与那些同战前右翼一脉相承、同处于一条延长线上的右翼相比，最值得注意的现象是"新右翼"的登场。而其中最引人注目的，是"盾之会"和"一水会"。

前者是名作家三岛由纪夫（Yukio Mishima）于1969年创立的文化右翼组织，成员多为三岛文学作品的青年学生"粉丝"。之所以称"盾之会"，意为要成为保卫天皇的盾牌。这支被称为"世界最小军队"（起初40余名，后发展至90余名）的组织，实际上是三岛的私家武装，完全听命于三岛。他利用自己名作家的社会声望，与自卫队组织建立联系，让自己的私兵接受自卫队的正规军事训练，并对会员约法三章：涵养军人精神、磨炼军事知识及领会军事技术。

三岛是一名狂热的文化保皇派，其令人致幻的迷宫一般的小说美学，具有极强的行动性。终于，1970年11月25日，三岛率领5名"盾之会"成员闯入东京自卫队营地，绑架驻地总监，发动了一场小型政变。三岛在千余名自卫队官兵的面前发表了8分钟演讲，并散发檄文，呼吁改正宪法，号召官兵们"决起"。"听众"无动于衷，还以哄笑和怒吼。三岛感到失望之极，当场以古时武士的方式切腹自戕。

这个事件是一个隐喻，给一味陶醉于经济高增长神话中的日本社会以强烈的刺激。翌日的《朝日新闻》发表社评指出："……三岛由纪夫以魔术师般的语言制造了一个虚幻的世界，仅此还不满足，还要让他设想的世界在当今实现，其核心依然是战前'天皇归一的日本民族'这一空幻的大虚构……他的政治哲学里只有天皇和贵族，绝没有民众。他对暴力的认可，说明他不接受民主主义理念的傲慢精神，民众在他的自我表现欲里不过是个小道具而已。"可以说，这种声音代表了战后民主国家主流社会的批判态度。

但是，同年12月11日，右翼团体在东京丰岛公会堂公然为三岛举行公祭——"忧国忌"，参加者逾5000人。此后每年11月25日（即三岛忌日），右翼们都要集会纪念。另一个"新右翼"中坚组织"一水会"就是在三岛事件的"激励"下诞生的，会长铃木邦男是追随三岛一同慷慨赴死的森田必胜在早稻田大学的同学。所以，某种意义上，也许正是三岛之死，"唤醒"了右翼们此前委靡的"武士精神"，也未曾可知。

宫泽喜一："55 年体制"的终结者，还是牺牲者？

2007 年 6 月 28 日，日本前首相宫泽喜一（Miyazawa Kiichi）在东京涩谷区的家中去世，享年 87 岁。

宫泽喜一于 1919 年 10 月，出生于东京都。在现代日本政治的血缘路线图中，虽不算口含金匙一族，但从政治 DNA 上说，仍然有相当的因袭。其父宫泽裕曾做过政友会重要的政治家望月圭介的秘书，母亲则是曾出任国势院总裁和司法与铁道大臣的小川平吉的次女。宫泽从东京高等师范学校附属小学校、旧制武藏高校毕业后直接进入东京帝大法学部，受的是完整的精英教育。在他还是东大学生的时候（1939 年），就作为学生代表赴美出席日美学生会议。

1942 年，东大毕业的宫泽，顺理成章地进入大藏省，在战时曾当过地方税务署长。日本战败时，负责战争保险方面的工作。战后，因其家族与池田勇人的关系，加上宫泽自身完美的精英背景，尤其是其卓越的英语能力，在大藏省很快崭露头角，1949 年，成为池田勇人藏相的秘书官。直到后者过世，宫泽一直侍奉左右，亲自见证了战后初期日本政治重建的全过程。从大藏省官僚时代就作为英语翻译和涉外官员，与 GHQ（联合国军最高司令官总司令部）等美军机构频繁接触，成为参院议员后又多次随池田访美，在从旧金山对日媾和（1951 年）到日本再军备会谈（1953 年），一直到池田—肯尼迪会谈（1961 年）等一系列决定战后日本发展方向的重大关头，与前辈政治家一起，折冲尊俎，被称为"战后政治的活字典"。

1953 年，受恩师池田的劝诱，退出大藏省，参加参院选举，一举成功当选。从那以后，在其漫长的政治生涯中，共两次当选参院议员，12次当选众院议员。在成为首相之前，历任外相、官房长官、藏相及自民党总务会长等职，始终活跃在日本政治的中枢地带。

宫泽的政治理念，简单概括，便是轻军备、护宪，主张通过积极的财政来谋求经济增长，在公然打出自主制宪纲领的自民党内，属于所谓"保守本流"的鸽派。

1991年11月，在党内竹下派的支持下，72岁的宫泽喜一就任首相。但似乎时运欠佳，由于接连发生了"共和事件"（自民党议员阿部文男接受共和公司贿赂被媒体曝光的事件）等丑闻，尤其是经济泡沫崩溃后的景气低迷，加上对国民承诺的政治改革没能如期推进，1993年6月，在野党提出的内阁不信任决议案在自民党内造反势力的策动下被通过。宫泽虽然在最后关头采取了解散众院的极端措施，但没能取得过半席位而引咎辞职。细川护熙率领的非自民党联合政权诞生，"1955年体制"落下了帷幕——宫泽喜一成了该体制下最后一任首相。

尽管在后来的小渊和森政权中，宫泽又作为藏相、财务相再度登场，且一度被媒体誉称为"平成的高桥是清①"，但面对经济泡沫崩溃后，恶性膨胀至天文数字的不良债券，包括宫泽在内的政治家，都没能做出有效的政策应对，导致日本经济陷入"失落的十年"的噩梦，也造成了小泉纯一郎政权之前，日本政坛走马灯似的更替政权的政治奇观。

吊诡的是，宫泽尽管是自民党内护宪鸽派的代表性存在，却在其首相任内做出了一个创举，相当程度上影响甚至改变了日本和东亚的政治路线图：受海湾战争的刺激，他主导了《海外派兵法》（《联合国维和法》，即PKO法案），战后首次把自卫队派到了柬埔寨，从而确立了后冷战时代日本国家战略的调整方向。此后，直到安倍晋三政权所大力谋求的有关制宪、扩军等课题，无不以此为出发点。

宫泽喜一是日本政治家中公认英语能力最杰出者。这个在当学生时"吃过整部辞典"的前大藏省官僚，凭借一口流畅、有教养的英语，与基辛格、施密特、李光耀等世界一流政治家多有交游，在一般被认为不

---

① 高桥是清（Korekiyo Takahashi, 1854—1936），江户（今东京都）人，政治家，贵族院议院，曾分别担任日本银行总裁、大藏大臣、立宪政友会第4代总裁、第20代首相。

擅长与外部世界沟通的日本政坛，绝对是一个异类。有两则轶话可为诠释这点提供旁证：

其一是宫泽还是东大学生时，作为全国学生代表赴美参加日美学生会议。大约彼时的宫泽"小荷才露尖尖角"，尚未出道，火候也欠成熟：在与美国大学生交流时，无意中说了个词，美国学生听不懂，反说宫泽发音有问题，英文中没这个词。宫泽红着脸，搬出《韦氏大辞典》，翻了翻，指给美国学生看——这回轮到美国学生红了脸。

其二是宫泽任首相时，美国总统老布什访日。晚宴上，老布什龙体欠安，突然呕吐，弄脏了宫泽的膝盖——这事大了。翌日早晨，国内外各路媒体杀到首相官邸，记者招待会上提问之多可想而知。30来分钟的记者会见，宫泽用英文直接回答所有问题，从老布什的健康状态，到访日前得流感的背景，直到晚餐会上的情况及食物的内容、品种等，不紧不慢地解释，具体、专业，彬彬有礼而不卑不亢。那份从容，简直像白宫的新闻发言人一样。那些本来把这件闻所未闻的"丑态"，当作噱头做了种种揣测的美国媒体，看到日本首相如此坦然地应对，反倒没话说了，炒作就此打住。

东亚历史与东亚史观[①]

　　如果在世界范围内，举出一个全球化、信息化程度最高，经济发展最活跃，但却因种种地缘政治矛盾和历史问题而频频释放出"地壳活动"信号的地区的话，非东亚莫属（指包括东南亚在内的广义东亚地区）。这种"地壳活动"的原动力并非由于地质年龄上的"年轻"而产生的活跃（恰恰相反，该地区地质学意义上的地层年龄相当古老，同时也是公认的被人类文明覆盖最早的地区之一），而是某种源自历史的张力。

　　东亚地区无论中、日、韩，都不乏各自或灿烂或沉重的历史及历史观，但缺乏可资共享的对区域历史的共识。换句话说，有东亚历史，而无东亚史观。正如一位参与东亚三国历史教科书共同编纂工作的日本学者所说的那样："我们彼此对历史问题的最大共识，就是我们对历史的认识是不同的。"戏言归戏言，但共识缺失却是一个不争的事实。共识的长期缺席，导致审视邻国的战略视野充满误读，在交往过程中误解横生；而误读、误解一旦产生，往往会在由大众传媒和民意构成的"沉默的螺旋"效应的作用下，持续发酵，动辄引发"地震"，这方面的例子不胜枚举。

　　这种不稳定构造的成因，颇复杂，远非三言两语能说清楚。那种把责任一股脑都归为日本的战争反省不彻底的做法，其实不无简单化的嫌疑，也是有害的。因为这样一来，真正的问题反而会被遮蔽。近年来，

---

　　① 本文为《历史是活的——解读东亚近现代的十个主题》［朝日新闻采访班著，『歴史は生きている—東アジアの近現代がわかる10のテーマ』，（日）朝日新闻出版社，2008 年 11 月］撰写的书评，发展于《东方早报》（2009 年 5 月 31 日）。

日本由媒体主导的重新检讨历史、反省历史的工作颇引人注目。这不仅是因为发行量动辄数以百万计，甚至以千万计的主流大报，可以在极短时间内实现信息的有效传播，对舆论的形成有举足轻重的影响力，而且可发挥传媒优势，整合包括学界在内的社会资源，使大规模、跨国界的历史田野调查及实证性研究成为可能，有助于新史料的挖掘、发现和新观点的碰撞、生成，对学术之功远在学界之上。日媒中的"百年老店"、著名左翼报纸《朝日新闻》继通过检讨自身在战前和战时所扮演的角色，力求发掘从自由主义媒体坠落为战争机器协力者实施背后的发生机制的《新闻与战争》之后，进一步把聚焦的景深投向了东亚的近现代，试图以超越国别史的视角，探索深藏于历史地表之下的东亚地区"地壳活动"的原动力——此乃《历史是活的——解读东亚近现代的十个主题》一书的"野心"之所在。如此学术性诉求究竟在多大程度上实现，成功与否，另当别论，但这种尝试本身，带有破天荒的开创性，无疑值得评价。遑论其探索无论在史料发掘，还是对诸如区域历史性和解的现实基础的思考上，均有所突破，有些甚至堪称建设性。

史料发掘，功不可没

十个主题，纵横中、日、韩、越，上下一个半世纪，从鸦片战争、明治维新，到甲午战争、台湾割让，从日俄战争、朝鲜兼并，到辛亥革命、伪满成立，从中日战争、太平洋战争，到国共内战、韩战、越战，从日韩、中日邦交正常化，到韩国的民主化和中国的改革开放，涵盖了整个近现代东亚史。视野如此深广，如果是泛泛扫描的话，势必浅尝辄止，乏善可陈。但著者以结合当下的超越学术的新闻主义视角，在对史料加以精心选择的基础上，深度聚焦，不仅"激活"了那些广为人知的材料，而且带出了一批尚不为人知的宝贵史料，有些则是首次曝光于公众视野。使历史的表情更加生动，更像是"活的"。兹举两例试说明之。

第一个例子，国父孙文发动的辛亥革命，多亏了宫崎滔天[1]等日本

---

[1]　宫崎滔天（Touten Miyazaki，1871—1922），玉名郡荒尾村（今熊本县荒尾市）出生。本名宫崎寅藏，号白浪庵滔天，毕业于东京专门学校（现早稻田大学）。自由民权志士，后皈依基督教。1897 年结识孙文，开始支援中国革命，倡导并践行"大亚洲主义"。

自由民权主义者在人、财两方面的"无私"襄助，否则的话，会走更长的道路，这早已成为历史定论。但当时参加革命军，帮助中国革命的日本人中，还有另一类存在，譬如辛亥革命爆发后，参加革命军并阵亡的日本新潟县柏崎出身的步兵大尉金子新太郎。

据柏崎地方史研究者杵渊武二的研究，金子赴中国后，曾致信妻子，表示"倘若成功，当有再会的机会，否则便是凶多吉少"；而其赴中国参加孙文革命，并非基于军方的正式命令，而是为某个大人物私相授受的、带有某种秘密使命的私人派遣。那么，到底受何方派遣，肩负何种使命呢？这些谜一般的问题，随着金子的一去不返，长久沉没于历史的河床。

直到 2007 年 4 月，该书执笔者之一的记者偶然读到辛亥革命时任陆军少将的宇都宫太郎①的日记，谜底才揭开。原来，金子新太郎是受宇都宫的派遣而奔赴中国的。宇都宫在日记中明确记载，作为自己（宇都宫）"个人的事业"，令其（金子）参加"支那"革命军。在交给金子派遣经费两千元的同时，对他亲口下达了"妨害清国政府与革命军之间的媾和，在革命军势力圈的中国南部建立独立国家"的训令。对此，当时的日本政府和陆军首脑均未参与，完全是宇都宫个人的私人派兵。

日记中还具体记载了对金子做出的训令内容（"我的私见"）。那是武昌起义爆发 5 天后的黎明时分，天未晓就醒来的宇都宫，一口气将平时反复考虑的对"支"政策写了出来，试图以自己的方针来主导参谋本部的行动。方针要点为：第一，中国之大，不可能一气得到，因此最好分割为若干独立国，加以"保存"；第二，由于此次内乱（指辛亥革命），中国有可能分裂为满、汉两个国家；第三，表面上帮助清朝，暗中支援革命军，伺机做旨在切分成两个国家的"调停"；第四，在此基础上，与之建立保护国、同盟国的特殊关系。毋庸讳言，如此对"支"

---

① 宇都宫太郎（Tarou Utsunomiya, 1861—1922），佐贺藩（今佐贺县）出生，毕业于陆军士官学校，在参谋本部负责情报工作，陆军内反长州派的代表人物。辛亥革命时，从三菱财阀主子岩崎久弥处得 10 万日元（相当于今天的数亿日元）资助，以此为经费在中国展开情治工作。1919 年朝鲜"3·1"独立运动时，任朝鲜派遣军司令官。自子宇都宫德马为日本著名政治家、积极裁军论者，力主中日友好。

政策的背后，显然有把日俄战争后到手的大连、旅顺的租借权及南满铁路变成永久利权的战略考量，此所谓"满蒙问题"。

金子新太郎赴中国后，作为第一步兵日籍顾问官，执行了对革命军的督导。武汉之役，遭卷土重来的清军激烈反扑，革命军惨败，付出了约 1 万人的牺牲，其中包括 47 岁的金子。1913 年 2 月，宇都宫专程赴汉阳凭吊阵亡的金子，在其墓前供奉了一瓶白兰地。

后来，由于当时日本政府在对外政策上主张对英美协调外交，未采纳可能导致与西方为敌的冒险政策，因而宇都宫版的对"支"政策未能兑现。但这件事像一个隐喻，微妙地诠释了日本在"中国东北问题"上念兹在兹、根深蒂固的政策基因，也埋下了后来以极端的方式"一揽子解决"的伏笔。

第二个例子，涉及韩国在越战中扮演的角色。如果说朝鲜战争（所谓"朝鲜特需"）构成了战后日本经济复兴的起爆剂的话，越南战争（所谓"越南特需"）则充当了韩国经济起飞的起爆剂。前者是见诸日本历史教科书，为人们耳熟能详的史实，后者则因某种负面因素而长期尘封，直到金大中上台后，才被媒体曝光。

为了践行对友邦美国的"大义名分"和兑现经济实利（前者出于对美在朝鲜战争时保护自己的感恩，后者则着眼于战争带来的战时景气），韩国在从 1964 年到 1973 年的 9 年间，共向越南派兵 32 万人，分别编成"猛虎"、"白马"、"青龙"等部队，与美军协同作战，兵力仅逊于美国。

1999 年，韩国著名周刊 *The Hankyoreh 21* 发表了一个关于韩军在越战中针对平民暴行的深度调查：大批越南妇孺老幼被韩军屠杀的报道，令舆论大哗，爆料者是当时正在越南留学的韩国历史学者具秀娅。经过长期的实地调查，她估计被韩军屠杀的越南平民不下 9000 人，且杀戮手段之残忍，堪称虐杀，连孕妇和孩子都不放过的无差别集体屠杀，令她感到震惊和羞耻。更重要的是，如此骇人听闻的反人道战争罪行，在朴正熙、全斗焕、卢泰愚（其中，朴为出兵越南的始作俑者，全、卢均为前越战指挥官）连续三届军人政权治下，信息完全被遮蔽，国民无从了解真相。

一个令人百思不得其解的问题是，曾为日本帝国主义殖民战争受害者的韩国，为什么竟会对手无寸铁的越南平民大开杀戒？一个主要原因是意识形态仇恨：经历过朝鲜战争的韩国军人，是在冷战意识形态中长大成人的一代；加上美国的影响，在开赴沙场前便已被执行了洗脑程序。

一石激起千层浪。具秀妍的调查，在已实现民主化的韩国社会引发了关于处理战争负面遗产的深深思考和激烈论战，以越南受害者为对象的形形色色的支援志愿活动，至今还在进行。

构筑东亚史观的可能性

对积重难返的东亚地区的历史问题，一个常常被用来比照的地区是欧盟（EU）。战后，在曾几何时同为一对宿敌的法、德两国历史性和解的基础上，欧盟27个国家组成一个大家庭，内部已消除了边界。以法、德两国共同编纂的历史教科书第一卷的刊行（2006年秋）为标志，以个别国家为单位的对历史的阐释已然消解。这无疑是战后和解的巨大成就，为国际社会妥善解决历史问题，实现广泛和解昭示了一条可行的道路，并提供了一个不可多得的摹本。

但是，法、德的和解绝非一日之事：从1951年，德国历史学者、不伦瑞克大学教授奥尔格·埃克特（Georg Eckert）在英国占领军的帮助下，与旧敌国之间展开历史教科书对话，并就法德史内容编纂问题发表的共同建言算起，到共同编纂版第一卷的刊行，历经55载光阴。历史文化传统相似，战后同属西方自由主义阵营的国家，为实现历史和解，尚且需要如此漫长的磨合，文化传统各异，意识形态、制度差别迥然，国与国之间（中日、日韩及中日韩）的共同历史研究刚刚起步的东亚社会的和解无疑还有相当长的道路。对此，相关国家应有充分的心理准备。

一言以蔽之，不同国家间共同历史研究的过程，就是盘点、整合区内国家共通的历史共识，构筑可资共享的历史观的过程。而东亚史观能否顺利构筑，从而达成基于该史观之上的区域广泛和解，尚有诸多不确定性因素，前途殊难预料。但大体说来，有几个难题是注定无法绕开，必须要面对、解决的：

第一是殖民地化问题。与欧美旧宗主国无不在战后直面其殖民地的独立运动，经历过一番反殖民化的历练不同，日本由于战败后为美国占领、托管的特殊情况，虽然从法理上承担了战争责任（"彻底"与否另当别论），但殖民地化的责任则从未得到正面清算，未来在这点上与相关国家的摩擦必至。

第二是区内诸国共通的问题：缺乏共识基础。对战后建国的亚洲各国来说，由于各自的近现代史都是以自己国家的独立为内核来书写，容易流于某种以对旧宗主国的抵抗、挫折、胜利为主轴的历史叙事，而缺少对与邻国及相关国家交流史的关注，从而导致对地区固有历史的认识失之片面。

第三是美国的问题。对东亚各国的近现代史来说，美国的存在至关重要。迄今为止，几乎所有区内国家间的主权争端，其根子都在美国。何以在东亚史观中适度体现美国的存在，并在相关历史叙事中实事求是地梳理、阐释有关问题的成因，并提供解决的钥匙，美国的角色重要且微妙。

就东亚社会的政治现实而言，构筑东亚史观究竟可行与否，因存在诸多不确定性因素，前途尚难测。但从欧洲走向广泛和解的路径和结果来看，能否实现对相关国家困扰已久的历史问题的超越，取决于东亚史观之比重甚大。兹事体大，换言之，东亚史观之建构本身，也许就意味着该地区历史问题的消解。

超越"超越日本的激情岁月"①

笔者上中学的时候，不良，学会了抽烟。用父母给的零花钱买烟，自然只能受用"糙"的。记得那时候抽的比较多的是"Marlboro"、"Hilton"和"Luck Strike"。也许是品牌意识比较稀松的缘故，多年后，我才知道，当时抽的其实是"万宝路"、"希尔顿"和"豪彩"等响当当的洋烟。一个改革开放初期的不良少年就能抽到的香烟，说明卖得并不贵，要比当时的国产名烟（"中华"、"牡丹"、"上海"等）便宜得多。又过了几年，我知道了这些烟打进中国市场，是一家叫做"伊藤忠"（伊藤忠商事）的日本公司跟当时某著名官倒公司贸易的结果。为了杀入国家垄断的烟草专卖市场，采取低价政策，培养中国烟民的口味和"品位"——早年胆敢尝梨子滋味的人有"福"了，在钱袋和"教化"上双重受惠。这是我第一次听说日本的"商社"。

商社（Shosha），顾名思义，即贸易公司；综合商社，即综合性贸易公司。日语中，连在商社工作的白领一族，都有单独的称呼，叫做"Shosha-man"（商社人），有别于普通的上班族（Salaried Man）。早在20世纪50年代即加入关贸总协定［GATT，世贸组织（WTO）的前身］，在以通商、贸易立国的日本，说不清有多少家大大小小的商社。战后，综合商社则有所谓"九大商社"之说，后来经过残酷的竞争、并购，又成为"六大"、"五大"，包括三井物产、三菱商事、伊藤忠商

---

① 本文为《三井帝国启示录——探寻微观经济的王者》（白益民著，中国档案出版社，2006年8月）撰写的书评。

事、丸红商事、住友商事等公司，无一不是从战前，甚至明治维新之前起家的百年老店（有的则是战前财阀），支社、营业网点遍布全球的巨无霸跨国企业。综合商社，作为一种具有独特机能的贸易组织，在战后的高速增长期，曾发挥其综合性经营机能，为推进贸易立国的国策，实现流通效率化和经济领域的开发，振兴本国贸易，作出了巨大贡献并因此享誉世界。在20世纪80年代日本经济的全盛期，有所谓"日本第一"（源自美国日本问题学者、哈佛大学教授傅高义的同名畅销书 *Japan as No.*1）的说法。日本公司在美国成幢成幢地收购大厦，日系商社人满天飞的情景，吓坏了山姆大叔，乃至美国媒体上居然出现了美国"已成为日本殖民地"的过度反应。而这种过度反应，又反过来加剧了日美贸易的摩擦。

那么，"日本第一"到底秘密何在？答案就藏在日本综合商社体制之中——用该书作者的研究结论来说，则是综合商社——微观经济的王者。众所周知，战后真正主导、左右日本经济的有生力量是六大财团（即三井、三菱、住友、芙蓉、三和和第一财团），它们不仅集中了相当惊人的财力，同时构成了日本从产业布局调整到社会秩序重构的重要基础。这六大财团均拥有自己的主银行、制造商，营销网络密如蛛网，而居于中间最显要位置，行使类似神经中枢功能的核心企业，则是六大综合商社。这不仅是战略制高点，更是资金流、信息流和物流的出发点、汇合点。

该书作者，作为在一个叫做"三井物产"的、类似中枢的"中枢"的机构工作了12年的"卧底"，对此有相当深刻的体察。他发现，综合商社是军人属性、商人属性和儒学思想三位一体有机结合的产物，也是明治维新后日本迅速崛起和第二次世界大战后再度崛起的内在动力。"当我1996年的春天站在三井物产东京总部的窗前，俯视眼前的日本皇宫时，才初步意识到以三井物产为代表的综合商社在现代日本社会中的真实地位。"所谓综合商社，"是贸易公司、第二银行、准军事体、次级政府、幕后外交、战略智囊、情报中心、风险堤坝、投资媒介、经贸大学……由此可以确信，综合商社不仅是产业资本、商业资本和金融资本的纽带，而且是日本寓军于民体制的核心，是民间与政府对接的桥梁"。

作为一个以日本综合商社为对象的案例研究，他用一把细密的梳子，把三井物产，这个被称为综合商社鼻祖的公司的线索纷繁的历史细加爬梳，不放过细节，试图从历史中挖掘这个经营范围"从卫星到鸡蛋"无所不包的巨型企业做大的秘密。应该说，以逾50万字的篇幅做这样的尝试，无论对作者还是读者，并不全是开心的旅程。但收获却"大大的"：如果说少数经济界专业人士对于驰名世界的"丰田"、"东芝"是三井财团伞下企业这样的常识未必陌生的话，那么有多少人知道，日本四大主流大报之一、拥有近千万订阅者的《日本经济新闻》，在其于1876年创立之初，竟是三井物产公司为业界提供商业行情的"企业内刊"（时称《中外物价新闻》）！又有谁知道，什么叫做"对内军团主义，对外军国主义"！其内核如何影响了日本综合商社在战前、战中与暗黑政治结盟，成为恶名昭著的特殊企业法人——"财阀"的！

如果仅仅是一部公司史、企业史的话，包括笔者在内，说不定会兴趣大减（无非坊间多了一部《王石是怎样炼成的》而已）。但作为20世纪60年代人，作者无论如何还是露出了经12载"商社人"历练犹未泯的社会理想的马脚，令人读着读着，恍然回到了80年代"超越日本的激情岁月"。包括作者乐此不疲的对日本"近江"（今滋贺县）商人出身的三大著名商社（三井、伊藤忠、丸红）与中国浙系商人的血缘考据，笔者也只是"姑妄听之"。因为，且不说"失去的十年"的巨创深痛对当代日本的改写远未到"俱往矣"的超脱境界，即使日本在已经实现了超过战后"伊奘诺景气"①的战后最长增长的今天，我相信东洋社会和日本人也还没有完全从泡沫经济的废墟上重新站直。

从这个意义上说，回归"激情岁月"固然是诗意的，但笔者更愿看到对"激情岁月"的超越。

---

① 日本二战后最长的经济增长期出现在1965年10月至1970年7月，持续时间长达57个月，史被称"伊奘诺景气"（Izanagi Boom）。

超越误读

靖国神社大门前的猴戏表演。 （图片提供：古畑康雄）

中日有多远

2007 年的 3 月 30 日，北京时间深夜 12 点 20 分，由香港凤凰卫视和日本朝日电视台联合主持的题为《2007 中日再对话——走向真正的睦邻之路》的大型辩论节目现场直播拉开帷幕。在东京的辩论现场，双方各 4 名，共 8 名学者唇枪舌剑，针尖对麦芒；分别坐在北京和东京的演播室里的数十名中日大学生、青年以提问的方式参与辩论；两国更多的国民、网友则分别通过电话、手机短信和网络的方式参与其中。这个名为"辩论到天亮"的电视辩论节目，已有 20 年历史，在日本家喻户晓。全程 3 个小时的辩论，全部内容通过同声传译实况转播。尽管是从深夜到凌晨的睡眠时间，但据统计，中国有超过 1 亿观众观看了直播——如此"黑白颠倒"的收视奇迹，怕只有在四年一度的"世界杯"赛季才能看到。

此前，凤凰卫视已成功地举办过两次关于中日关系电视辩论（分别为《破局之辨——中日热点大交锋》（2005 年）和《中日辩论会2006——后小泉时代的选择》）。但借助朝日电视台"辩论到天亮"的平台长时间操练，并全程直播整个过程尚属首次。

在 2005 年首次电视辩论之前，因系第一次"吃梨子"（指在中国参加电视直播辩论），日方两位辩手（著名主持人田原总一朗和外交评论家冈本行夫）担心中国的"言论自由"——一是怕中方辩手敢不敢直言，二是怕电视台敢不敢直播——结果证明，日方的担心是多余的。尽管也许不能把中日两国的言论自由状况等量齐观，但此次大规模电视辩论的成功举办，说明在中日关系问题上，两国的舆论开放程度是基本相当的。

这一点，对于那种认为中日关系搞不好，是因为中国没有言论自由，两国间"信息不对称"的日方一部分人的观点，也是一种间接回应。

事实上，中日关系问题，早已从单纯的外交政策问题升级为中国的全民性的话题，其社会广泛性甚至不亚于今天的医疗体制改革等问题。2002 年末，北京学者马立诚在当时的《战略与管理》上发表《对日关系新思维》的长文，旋即掀起一场全国性的"新思维"大讨论。其余势波及日本，影响远远超出了两国主流社会的精英层面，在普通国民，特别是青年的心中打下了深深的烙印。从某种意义上说，2005 年春天，发生在中国多个大中城市的"反日"运动，未必不是对"新思维"理论的一种现实的民意回答："新思维"外交，是否为时尚早，应该缓行？

"对日新思维"，作为一种外交政策建言，主张超越历史恩怨向前看，实现对日和解，并通过对日和解的所谓"外交革命"，来谋求东亚一体化。就战略目标而言，应该说没有错，中日必须和解，东亚一体化终将实现。问题的关键，是路径问题：中日何以和解，东亚一体化何以实现的问题。这个问题貌似简单，但在中日两国都在急速"变身"，各自调整自我定位，同时也在调整彼此间的距离和相处方式（关系的性质）的情况下，其实无异于"天问"。

在回答这个"天问"之前，我们首先要检讨一个事实，那就是——中日有多远？只有了解两者间的距离，才能确定"链接"彼此的方式（即路径）。两国传媒界推出的关于如何看待邻国问题的民调连篇累牍。虽然主办的媒体不同，结果不尽相同，但不难看出一个总的态势：中日正渐行渐远。在每周有 500 多个航班往返穿梭，每天有上万名旅客奔波于北京—东京或浦东—大阪之间的盛况之下，"渐行渐远"似乎有些匪夷所思。但很遗憾，这确是一个不以主张中日友好的两国政治家和国民的主观意志为转移的客观事实。

那么，中日渐行渐远的现实究竟是缘何形成的呢？对这个问题，两国学界、传媒界有各种见仁见智的立论、分析。大体说来，有"意识形态差异"说、"战略误读"说、"经济互补不足"说以及"共同战略利益缺失"说，等等。

意识形态和制度的差异是明摆着的事实，其形成有历史成因，然而现状中充满变数，是耶非耶，很难对其下简单的价值判断。冷战时期，中国不仅全然没有制度上的自卑感，甚至曾有过从意识形态上"统战"日本，以抗衡美国的想法。而进入后冷战时期，日本则表现出某种制度优越感，置喙中国制度的言动明显增加。但尽管如此，两国复交的政治基础是超越意识形态和制度差异的，是一种历史性的和解和共同战略利益的捆绑。而且，事实证明，双边关系跟意识形态、制度本身并不构成直接的因果关系。从中日复交之初到20世纪80年代，中国还没有实现社会转型，两国意识形态差异比现在要大得多，但却并不妨碍"中日友好"蜜月的酿成。

所谓"战略误读"说，是指两国主流社会受各自传媒片面报道的影响和左右，"误读"了对方的国家战略，并且在误读的基础上，阴差阳错地制定自己的应对方略，乃至针对性全无，政策水平始终处于"想像的异邦，飘忽的照准"的状态。这种说法看似有一定道理，但问题在于夸大了传媒的主导作用。仍以20世纪80年代为例，中国真正现代意义上媒体社会的形成是在20世纪90年代末，整个20世纪80年代有限的涉日报道没有使国人误读日本，而90年代以降，难道众多商业运作的新锐主流媒体的海量信息，反倒"误导"了国人的对日认识？从逻辑上说不通。而以高度发达的现代传媒闻名的日本更是如此，其主流媒体的报道倾向是多元的，主流社会对媒体的选择也是多元的，"误读"之说殊难成立。

至于"经济互补不足"的问题，其实更像一个伪问题。中日经济合作，从复交之前就已经开始。两国国土资源的不同构、经济发展水平的差异和地理上的近便，决定了双方经济合作必然是高度互补性的，而不是相反。即使在小泉执政的所谓"政冷"的5年半，双边经贸也爆发出巨大能量，做成了世界上独立无二的一对火爆的双边经济，如果缺乏互补性的话，从理论上说，这种奇迹是可能的吗？2006年，是两国关系最糟糕的一年（安倍上台关系回暖是这年10月以后的事），但双边经贸却突破2000亿美元大关。2007年，中国已取代美国，成为日本第一大贸易伙伴国。复交35年，中日之间在经济上已然形成了你中有我、我中有你的盘根错节的互补型结构，尽管有一部分竞争的领域，但断难改变互补型合作的结构特征。

导致中日渐行渐远的真正原因，在于两国关系政治基础的松动及基于之上的共同战略利益的缺失，这种状况同时诱发了两国的民族主义对立，并使其强化。共同战略利益不仅是经贸上的，而且涵盖了双边安全保障和国际合作等诸多领域。

那么，何以改变中日渐行渐远的严峻现实，谋求"新思维"论者所谓的"中日接近"的外交格局呢？笔者认为，必须从重建共同战略利益着手。

但是，只消对两国交恶表象背后的深层动因有所体察，便会明白，中日关系的真正改善绝非易事，更不可能一蹴而就。共同战略利益的重建也不是一朝一夕之功便可成就的。过去两国"反霸"的共同战略利益的树立，至少经历了 10 年（从 20 世纪 60 年代初中苏交恶到中日复交）。在全球化的今天，则可能经历更长的时间。而在一个足以把双方捆绑到一起、可资作为共同战略目标的巨大利益形成、凸现之前，我们能做的不仅仅是等待，还应扩大现有合作，尽量减少、弱化战略竞争，把竞争一点一点转化为合作。只有如此，两国战略合作的交集才会越做越大，新的共同战略利益的形成绝不可能在交集之外。

除此之外，笔者认为有两个问题值得检讨、反省：一是双方应摒弃动辄挟与美关系自重的做法，真正赋予中日关系以独立的外交"人格"，这方面作为美盟国的日本尤其应当自律。二是两国要加强沟通，扩大交流，但这种沟通和交流应当是超越政治的，或者说非政府主导的。两国复交以来的历史中，不乏诸如 3000 日本青年访华、4 万名日本嘉宾在人民大会堂济济一堂等宏大叙事。应该看到，这类由政府主导的大规模议程，有积极效果，也有负面效应。一个真正理性、成熟的双边关系，必须要建立在普通国民对普通国民、草根对草根的自发、自治、自足的相互理解之上。舍此别无他途。

对华强硬的背后

国人在谈论、思考中日关系时，有一个明显的误区：因为大抵上，所谓"反华派"在外交政策上，对中国持强硬的鹰派立场，所以，自然而然地，国人觉得对中国强硬的人，必是反华派无疑。但反命题一定成立吗？其实未必。

首先，有必要把政治家在某些特定场合，从某个特定立场出发的言行与其作为个人的政治理念和性格区别开来。无论哪个国家，都不乏在成为政治家之前和之后，或已然是政治家，但尚未坐上某个位子之前和坐上之后，判若两人的政界人士。与欧美一些民主国家相比，派阀政治"风生水起"的日本，在这方面状况尤甚。

众所周知，小泉之被钉上"反华"的耻辱柱，是因为靖国参拜。而有证据表明，其人在成为首相之前，对靖国神社并不热衷，几乎从来没去参拜过（一说是只参拜过一次）。从不参拜到铁杆的"参拜派"，除了说明在与中、韩的暗中角力中，日本的对亚外交政策一步一步走向"人质化"的可悲事实之外，也不能不从日本社会的舆情和民意基础上寻找原因。

2001 年，小泉上台之前，曾承诺参拜靖国神社。起初，这很可能是一种单纯的、旨在提高支持率，以求在选举中胜出的权宜之举。但中韩两国对日的猛烈批判，客观上也引发了日本国内舆论的反弹。因为与前首相中曾根康弘一朝"公式参拜"（1985 年），翌年（1986 年）便被"叫停"的 20 世纪 80 年代中期不同，在日本相对中国的比较优势已大大弱化的今天，"总保守化"已成为社会思潮的主流，殊难逆转。在这种情况下，让小泉放下身段，"从谏如流"确乎有现实的困难，除非他有把握平衡因放弃参拜承诺而丢失的"面子分"。

其次，在靖国神社问题上，小泉虽不是"慎重派"，但在持论上，与那些主张把靖国参拜作为自民党总裁选举及日本政治生活的议题来大做特做的鹰派毕竟有些温差：迄今为止，面对国内外舆论的指责，他自始至终强调参拜的"私人问题"、"心灵问题"的性质，反对将其"扩大解释"为一种政治行为。在政治和法理上能否自圆其说另当别论，但他在参拜的同时，力求避免陷入理论争端，刻意保持"非公式"色彩的做法，却多少令人联想到其在此问题上原本"超然"的"逍遥派"背景。

再有，对其到底是不是"反华"，笔者以为，不但要观其行，也要听其言。当然，"行"比"言"重要。但是，对于一国首脑来说，其对有关内政、外交问题的言说本身，不但会在某种程度上左右舆情，更会对国家政策产生相应的影响，因此，此"言"应当作"行"来观。

面对来自国内外越来越强的要求其为对亚外交失败承担责任的指责，小泉显得很低调，似乎并不急于辩解什么，只强调历来重视中日关系，甚至说自己本来就是"亲中派"，对中韩两国"只因一件事就关闭首脑对话的大门"，表示不解和遗憾。

但是，小泉试图以强硬对强硬的姿态使靖国参拜合法化、长期化的"前科"，中国人当然不会忘记。与此同时，我们也知道，2001 年 10 月，小泉参观了位于京西卢沟桥的中国人民抗日战争纪念馆，"对于因那场侵略战争而牺牲的中国人民表示衷心的道歉和哀悼"，开创了自民党出身的首相来此参观并献花的先例；小泉以内阁决议的形式发表了关于战后 60 周年的书面谈话，就历史问题作出了自 1995 年"村山谈话"以来，在战后历届自民党出身的首相中，被公认为健康、善意、高姿态的整体表述；在国内舆论急剧右转，朝野高官不再慎言"中国威胁"的今天，小泉不止一次向国际社会表达了"中国的崛起对日本是机会，而不是威胁"的立场。

对此，我们不仅要听其言，还需观其行。除了看他在靖国参拜问题上的表现外，还需考察其所谓重视中日关系的表态是否真诚。因为，无论历史上，还是当下现实中，在国际关系问题上历来奉行实利主义外交政策的日本，一向不乏带有两面性的政治家。这也是中日建交多年，但在历史问题上始终没能走出瓶颈的原因之一：一方面，日政府高官动辄"失言"，作为岛国独有的政治生态，可谓举世闻名。而在哪种场合"失言"，"失言"到何种程度，对其时机、火候、分寸往往有精明的计算，貌似没心没肺，一切却尽在掌控之中。另一方面，即使是那些曾经在历史问题上作出过表态和举措的政治家，尽管其积极的表态绝非"个人行为"，但如果放在国家总体的外交政策环境下来考察的话，这种表态则明显缺乏政策"整合性"和约束力。因此，日本与中韩等亚洲国家之间的历史问题的清算，总给人以只在外交层面做文章，谋求策略性解决的权宜之感，显得真诚不足不说，与其国内主流政治环境脱节过大，即使单从政策层面上看，似乎也难以保证长久的贯彻。

所以，从某种意义上说，假使未来的"后小泉"政权能够在靖国参拜问题上自律，或按中方意愿实现普通战殁者与甲级战犯的分开祭祀，笔者也不认为这种基于双方对各自国内"民意"的权宜考量的、互设底线的小心翼翼的做法真能一劳永逸地填平两国之间历史问题的鸿沟。对此，日本著名历史学家子安宣邦也指出：靖国神社问题"是一个陷阱"。即使小泉暂时收敛了参拜，"历史问题就解决了吗？没有解决。什么问题都没有解决"……"日本政府一直在外交层面上解决历史问题，所以这个问题没有得到处理"。

我们同时还注意到，最近在日本国内，从学界和传媒界发出了一种呼吁与中韩等亚洲国家"和解"的声音，究其声源，颇不乏资深的外交人士（如前日本驻美大使栗山尚一）和鹰派学者（如《读卖新闻》集团总裁、主笔渡边恒雄）。纵观这些保守实力派人物的言论，可以看出，日本主流舆论已经从默认、赞同、鼓励小泉靖国参拜走到了对此持反对、批评，甚至是抨击的立场上。笔者认为，这种舆论方向调整的背后，固然表明了主流知识社会在对过去战争历史的反省上又深了一步（如《读卖新闻》推出的《明确战争责任》的长篇系列报道，即通过对具体史实的挖掘，提供一种判断标准，以廓清当时参与那场战争的军政首脑们各自应承担的责任界限，包括道义责任和结果责任，弄清谁是理应承担战争罪责的罪人，谁属于尚可原谅的范畴）。但是，一个基本的感觉，则是小泉的靖国参拜，导致日本的对亚外交大幅后退，不仅在经贸上，使日本蒙受了现实的损失，在更加长远的时间轴上，加剧了周边国家对它的拒斥，使战略安全的"国益"付出代价，反而不利于日本所谓"普通国家"的战略目标的实现。因其"暴走"已然逸出了价值保守的主流社会所能容忍的范围，于是，学界、传媒的大佬们纷纷站出来，在呼吁小泉自制的同时，谋求基于"东亚和解"基础上的日本的国家利益最大化。因此，笔者并不认为目前日本国内的"和解"思潮是以彻底的历史清算为内在理论指向的、具有深刻反思背景的社会思想运动，就其最根本的性质而言，似乎仍然未脱"在外交层面上解决历史问题"的传统思维框架。

不过，虽说如此，"和解"思潮不可能对现实的外交博弈没有任何推动：2007年3月，日本政府任命资深中国问题专家宫本雄二为新任驻华大使，而此前，在对华外交上一筹莫展的日本政府曾一度打算起用与中国完全无关的人士出任此职；同年3月底，由前首相桥本龙太郎率领的庞大超党派联合访华团即将访问北京，并受到中方高层的接见；趁最大在野党民主党因"伪造邮件"问题而备受打击，内部正乱作一团之时，事实上被自民党控制了的国会一举通过了小泉政府提交的2006预算案。而随着该预算案的成立，包括下任首相人选在内的一系列重要议题被提上日程——面向"后小泉"时代的政治布局已经提速。

总之，作为日本战后屈指可数的长期政权之一，小泉政府注定是中国的对日外交无法绕过的存在。尽管从时间上来说，小泉政权似乎已成强弩之末，但是，如果我们对日本面向21世纪的全球战略及"后小泉"时代很可能"比小泉还小泉"的政治路线图多少有所把握和觉悟的话，就应当从现在起，学会与一个强硬的日本打交道，而不是把所有强硬派都一律看成"反华派"而拒之门外。

假如中国失去日本

首先，这并不是一个基于物理现实的问题。中国不可能"失去"日本，正如日本也不会"失去"中国一样，因为一个拥有地理意义上版图的国家，是不会轻易消失的。日本有部电影叫《日本沉没》，说的是强烈地震引发海啸，日本列岛滑进了马里亚纳海沟——日本国从地图上消灭了，但那不过是科学幻想（也是社会幻想）。因侵略战争使一个国家亡国灭种的悲剧是有的，但那是另外一码事，无关本文主旨。

但是，这无疑又是一个带有现实性的问题。打个比方，一对邻人，共同生活在一个共同体中。关系交恶，时而恶语相向，动辄大打出手。直到有一天，弱势的一方实在烦了，腻了，干脆"用脚投票"——搬家走人了事。等人走了，剩下的一家才觉出对方的好来：毕竟，互为邻人时，两家也曾互通有无，深感"与人方便，自己方便"的道理懂得太迟。如果国与家一样，可以搬迁，估计纷争会少许多。但正因为国之不可迁移性，才凸显了上述问题之现实性：芳邻也好，恶邻也罢，都必须永远相处下去。既然如此，谁都不愿与恶邻相处。怎么办？解决的办法只有一个：握手言和，化"恶障"为善缘。但如此解决有个前提，先要想对方有哪些好，对自己有多重要，失去他会怎样，这样才能从心理上说服自己接受对方而不觉得委屈、勉强。当然，问题都有两面，想对方的好的时候，其不好也随之联想起来。这就需要对两方面加以综合评估，然后再作出"修好，或不"的判断。

必须承认，当以如此考量来思考"假如中国失去日本"问题的时候，答案的构成异常多层、复杂，正与负、是与非深度交织，很难作出一个直截了当的判断。时间标准也成问题：究竟在多长的时间轴上来考察，才算合适、公平？因为在不同的时间段考察，答案很可能不同。譬如，举个95%以上的中国人都会在第一时间几乎本能地想到的例子，如果在20世纪30年代初到40年代中，"假如没有日本"对中国来说无疑是天大的幸事，因为李泽厚先生话语中的近代以来所谓"启蒙与救亡的双重变奏"的严峻现实，很大程度上要算在日本的头上。换句话说，中国近代以来，启蒙进程之屡屡被救亡课题打乱，始终无法从容就绪，净是日本惹的祸。

但这样算账，算来算去会发现，一切以时间坐标为转移，不同的时间段，会产生不同的结论，但却不能以不同的结论为依据，给出一个总的判断。话说回来，即使能给定一个总的判断，譬如，"失去日本对中国是好事"，我们也还是无法"失去"它。因为，它的存在，是不以时间为转移的，正如中国的存在之于日本一样。

明白了这个道理，只好放弃以时间轴为坐标的纵向比较，而尝试一种新的比较——横向比较：把对象（日本）放在当下，看"有"它会怎样，"失去"它又会怎样。某种意义上，这是一种"面"的比较。

日本是当仁不让的经济大国，国人首先会从经济上加以比较，这无可厚非。近年来，随着中国经济的迅速崛起，日中在经济上的差距越来越小。目前，日本的GDP为4.4万亿（美元），中国为3.4万亿，差距还有1万亿。因两国发展速度不同，这个差距在以每年0.3万亿的速度缩小。照此速度，如果不出意外的话，到2011年前后，日本经济将被中国超越。2007年，中国已取代美国，成为日本第一大贸易伙伴。这些变化，使中国在日本经济中的存在变得越来越大；与之相比，表面上看，似乎日本在中国经济中的存在开始趋于弱化。

但是，姑且不论夯实后的增长与一路狂长的"虚胀"的区别，即使中国经济从总量上超过日本，后者在中国经济，乃至世界经济中的存在也不会有本质上的削弱——这是其经济构成及其在产业链中所处的位置决定的。

进而言之，如果计算一下我们为获得单位GDP所付出的能耗和环境代价的话，不但令人兴奋大减，甚至会有些难为情——反正，我们在日本面前真的优越不起来：即使到现在，我们的GDP中，高技术、高附加值产品的产值比例，也远低于日本经济高增长期的20世纪60年代的水平；日企重管理、高工资、产业机器人数量世界第一，而我们的国企，靠的还是低薪酬、低保障的"人海战术"；人家重视教育和员工的培训，立法保证研发投入，甚至大公司的上班族都出诺贝尔奖获得者，而我们连9年制义务教育都难以贯彻实行，保护知识产权不力，知识分子的平均寿命逐年降低。

中国成为经济大国也许只是时间问题。但即使成为名副其实的经济大国，也会在相当长的一段时间内面临产业调整、环境治理以及节能等问题，而这些绝不是一朝一夕可一蹴而就的，日本的经验也是我们无法轻易绕过的存在。今天，越来越多的日本公司把制造部门转移到包括中国在内的发展中国家，国内几乎只保留核心技术的设计部门和最小限度的管理部门，许多百年老店的大公司，甚至连总部大厦都卖掉，按不同的事业部租写字楼办公，实现了"小而精"的转型。所谓"以小制大"，决非戏言。预言日本经济在总量上被中国赶超之后其存在会淡化为时尚早。

再看文化。说是文化，其实跟经济密不可分，甚至就是经济的一部分，而且是核心部分。众所周知，日人爱讲"立国"，"电子立国"、"贸易立国"、"环境立国"、"观光立国"等等，不一而足。每次"立国"口号的调整，都意味着国家战略的转型。早在20世纪90年代，日本政府便基于日本社会和国际环境的变化，提出了旨在使日本成为面向21世纪的"民生大国"（Civilian Power）的国家战略，为此而打出了"教育、文化立国"的方针。

这里的"文化"，并非是茶道、花道、大相扑等东洋传统国技的孤立存在或泛泛而谈，而是以这些文化符号为核心，加上现代元素，以高度商业化的手段重新包装，旨在打造所谓"酷日本"（Cool Japan）的国家软实力。这方面，最典型者是动漫，如今已成日本创意文化产业的支柱。其在GDP蛋糕中的构成，丝毫不逊甚至大大超过了制造业、金融的份额。

也许是由于日人性格中有"匠人"情结，也许是其文化本身的构造使然，日本的"纯艺术"（Fine Art）似乎较容易与工艺、技术结合，超越传统的"日本美"，成为浑然天成的现代文化和青年亚文化，同时也是孕育产业的酵母，其建筑、摄影、时装等无不充分体现这一特点，并产生了许多享誉世界的大师级人物。通过这些背后有强有力产业化支撑的文化软实力的辐射，日本在赚取大把外汇的同时，借用一句时兴的表述，也在"输出价值观"，改写着昔日的国际形象。

如果中国失去这样的日本的话，难道不也是一种遗憾吗？至少会少一些趣味、精致和异国情调的梦幻，也许还会失去可资参考，并有可能孕育本土创意产业商机的弥足珍贵的参照物。

诚然，对中国来说，现状下的日本是一个难尽人意的存在，正如反过来一样，现状的中国，也离日本的期许（或想像）相去甚远。但有必要搞清楚的一个问题是，我们到底是要一个异邦，还是一个对异邦的想像？如果是后者的话，那么到目前为止，来源于各种媒体、电影甚至民间段子的二手"内存"已堪称"丰富"，但异邦的形象为什么却在我们对对方照准的视野中变得越来越模糊了呢？原因不在"异邦"，而在于我们的"想像"，即所谓"想像的异邦，飘忽的照准"；而如果是前者，那么只有接受现状的存在之一途。尝试改变，要在原则接受的前提之上，才有可能实现。而且，改变也绝不可能是单方面的，要形成某种互动机制才有效。

试想，假如没有日本，我们的郁闷会少很多么？也许，对着日本发泄的那部分情绪会有所轻减、缓解。从这种意义上说，唯其东邻有日本的存在，中国对外部世界的想像才不致完全落空。随着双方沟通的日益频密，理解的加强，一个对异邦的想像会渐渐逼真起来，会离事实越来越近，这将有助于中国学习接受并心平气和地与一个现状的日本相处。

历史认识超越国境的困境

2006 年 10 月，日本前首相安倍晋三访华期间，同胡锦涛主席就启动中日共同历史研究问题达成共识。是年底，该学术项目正式启动。双方成立了由分别来自中日两国各 10 名学者组成的学术委员会，下设"古代史"与"近现代史"两个课题小组，由两国专家轮流主持。

经过中日双方近两年的努力，共同研究终于到了开花结果的时候。但是，作为初次历史认识"越境"的尝试，指望在全部问题上达成和解是不现实的。而对于那些双方的认识差距有待弥合的议题，报告将采取两论并记的方式，所谓"一书（报告书）各表"。

如果以通常学术研究的标准来评判的话，如此共同研究，也许根本谈不上是"研究"。但这种不理解其实恰好为现状中的问题提供了一个旁证，用一位日本学者的话说，是"我们在历史问题上唯一的共同点，是我们对历史的看法是不同的"。

共同研究的经纬与难点

率先动议在中日两国间展开共同历史研究的，是日方。

近年来，尤其是进入 21 世纪以来，因前首相小泉的靖国参拜等问题，不仅引发中韩两国的强烈反弹，而且使日本对外关系的基础日美关系也变得复杂化，极大损害了日本始终引以为傲的战后和平国家的国际形象。不仅如此，历史问题一再发酵、升级为外交问题，使日本外交政策的基础被动摇，直接影响日本在 21 世纪国家战略目标的推进和实现。

这种情况下，对中韩和解，尤其在历史问题上不再与中国磕磕绊绊，成为日本的当务之急。因此，在历史问题上与中方对话，乃至展开共同研究，首先是日本的政治需要。

中方的"接球"有一个过程：早在 2005 年中国多个城市爆发反日请愿后，紧急访华的时任小泉内阁外相的町村信孝便对唐家璇国务委员提起过类似动议，鉴于小泉反复参拜靖国神社的严重事态，中方显然无法作出回应。直到日本政权更替后，2006 年 10 月，安倍首相对北京的"破冰"之访，一丝转机才悄然出现。1 个月后，两国外长聚首河内，历史共同研究的实施框架终于敲定。

再有，中方之所以不得不对日方的提案作出回应，还有更深一层的背景：更早些时候，现任世行总裁、时任美助理国务卿的罗伯特·佐利克曾向中方端出过开展美中日三国学者参与的历史共同研究的构想，被中方以"如果是中日韩东亚三国间的话，尚有特殊的历史空间"为由，委婉地拒斥了。而此言既出，当再次面对日本的提案时，实不便说不，只有接招。

"接球"容易，但何以推进？不同制度、不同文化背景下的两国历史学者坐在一起，各自展开基于自身的历史观的历史叙述，然后整合出一份报告，且报告要在《中日和平友好条约》签署 30 周年的北京奥运年发表，不仅历史上缺乏先例，且需要对包括两国各自社会中的民族主义势力的消长趋势及可能影响报告整合方向的诸多不确定性因素作出预测，实在是一份前所未有的艰难作业。

乃至当时，日本著名专栏作家、《朝日新闻》主笔船桥洋一便预测过共同研究必将遭遇，但却不得不作出评价，而评价的学术性妥当与否，又会反过来影响共同研究的成败的几个关键环节。

共同研究的意义与文本形式

关于共同研究的意义，双方基本没有分歧。用日方学术召集人、东京大学教授北冈伸一（Shinichi Kitaoka）的话说，"两国间没有围绕历史问题的激烈对立，符合日本的国家利益。如通过共同研究能缩小鸿沟的话，当然是好事，但这件事本身也是有意义的"。如果把北冈话语中的"日本的国家利益"置换为"中国的国家利益"的话，那完全是中方学者对共同研究意义的理解。应该说，双方在这一点上，是取得了高度共识的。共识的基础很简单：正因为良好的中日关系是两国的共通利益，所以才符合双方各自的国家利益。

报告书的形式，关系到研究成果的体现，是双方专家智慧的结晶：近现代史按不同的时期分为三部分，共九章。在确定每一章的内容时，双方各自提交论文，听取对方的意见。有异议的地方，经双方讨论后，记载其主旨。不聚焦特定的时代与事件，而是对整个时段的历史进行记述。为防止出现双方议论"文不对题"的情况，事先确定双方共同关心的项目，在具体推进的阶段逐一论及。

但纵然如此，出现双方学术关怀各有侧重，想通过报告文本来强调各自的立场、立论的事态仍在所难免。譬如，相比较而言，日方重视两国关系在战后的和平发展，想强调日本对华经济援助；而中方则无论如何会把关注的重心放在日本侵华的历史上。这样的话，作为一部涵盖所有历史时段的报告书，必须对相关各部分的篇幅有一个整体上的平衡考量。"虽然战争记述部分仍然被认为过于冗长，但采用这样一种文本形式，毕竟避免了出现在篇幅上极端不平衡的情况，"北冈伸一教授说。

学术分歧与内容难点

两国历史学者，首先是各自史观的代表者，反过来说，同时也是各自局限性史观的"受害者"。如此本体性因素，无论如何会在共同研究时多少有所体现。

譬如，在涉及中日两国近代开国的章节中，需要对中华文明圈的"华夷秩序"问题做出评价。大体说来，清朝是和平主义的，但日本学者会上溯到康熙帝发动的几次对外战争。这样的话，整体上的和平主义便会呈现出矛盾。

再如，无论中方专家如何煞费苦心向日方反复说明爱国主义教育并不是反日教育，但日方却难以脱离某种"结果论"，即无论爱国主义教育的初始目标如何，反正日本总是最后的靶子，从结果上看没什么不同。

在就某段具体史实进行历史叙述时，中方会详细描述发生了什么，而日方则倾向于对彼时的国际关系背景及政府的意志决定过程着墨；中方在进入具体记述前，先下"侵略"的定性，而日方则从细节展开叙述，然后再下判断。从这些不同的修史风格的细节呈现中，除文化、民族性等外部差异外，被害国与加害国的心理差异似亦也可见一斑。

从本质上来说，共同历史研究本来就是一项旨在弥合双方历史认识差距的技术性工作，但对那些过于醒目的认识鸿沟，在目前阶段，乃至可预见的将来仍难以应对，也许只有寄望于后世的政治性解决。这方面最明显的例子是"南京大屠杀"的死难者人数问题。

中方历来主张的 30 万人，被日方认为是类似"白发三千丈"式的中国文言的夸张修辞；而日方所主张的其国内学界基于"实证"基础上的若干种统计数字，一来缺乏足够的数据支撑（或有反证其错误的数据），二来各派之间乖离过大（从 1 万到 20 万不等），也绝难为中方所接受。

但即便如此，历史共同研究不失为一种"保险装置"。"闹别扭时，因为两国学者正在讨论，交给他们就行了，便可化险为夷。我们的目的，就是想给对历史问题的肆意的政治利用套上一个框框，"北冈伸一教授如是说。

在救亡中启蒙，以启蒙图存

——王芸生和他的《六十年来中国与日本》①

近百年来，在国人撰写的关于东邻日本及中日关系的浩如烟海的学术库存中，有两部"荦荦大者"被反复提及，其在学术江湖中遗世独立的崇高地位至今难以撼动：戴天仇的《日本论》和王芸生的《六十年来中国与日本》（以下简称《中国与日本》）。

两部著作均成书于中日全面战争前夕。前者以不足 10 万字的篇幅，却力求像东洋人对中国那样，把岛国放在解剖台上、实验管里加以解剖、化验，以"提纯"这个"遥远的近邻"的民族性格；后者则是历时数年、分卷出版、煌煌逾 170 万言的浩瀚工程。如果说前者重在"识"，其对东洋社会及其民族性格的精深理解在很大程度上代表了战前一代"知日派"对日认识最高水准的话，那么后者则重"史"，以史家的视角，从尘封的史料中悉心爬梳，旨在从近代中日两国交通往来的遗迹中，寻找足以"链接"从甲午之战到九一八事变前后中日交恶的线索和根由，以期"不至太对不起我的国家"。然而，在那个积贫积弱、家国多舛的时代，筚路蓝缕之功竟成就了一项空前的学术伟业：如此大规模、高品质的学术基本建设，在那之前不曾有过，之后竟再也没有出现。

《中国与日本》是一部集史料与学术研究于一体的史论专著，成书于抗日烽火乍起之时，再版于中日邦交正常化之日，与 20 世纪中日关

---

① 本文为《六十年来中国与日本》（王芸生著，三联书店，2005 年 7 月）撰写的书评，发表于《新京报》（2005 年 9 月 23 日）。发表时，题目改为《烽火硝烟中的文库》。

系的变化息息相关。如果联想到从再版到三版（2005 年 7 月），刚好与中国改革开放事业在时间上重合，一代人长大成人，并亲眼目睹中日关系从"友好"的蜜月开始，一路经过中国经济起飞、世纪之交"政冷经热"调整的颠簸，直到在抗战胜利 60 周年的关头，急转直下，冷到彻骨的蜕变过程，令人唏嘘不已。

可以说，这部书本身就是历史的产物。1931 年 9 月 18 日深夜，当时设在天津的《大公报》从北宁铁路局得到"沈阳有事"的消息，引起总编辑张季鸾的警觉，遂命正在值夜班的编辑王芸生守候在电话机旁，随时等待最新消息。19 日凌晨，王芸生得到记者汪松年打来的电话之后，立即口述排版了"最后消息"，刊登在该报的要闻版上，这是关于震惊中外的九一八事变的最早报道。事变后，举国上下都在"沉痛思念国难的由来，反省如何应变自处之道"。在这种情况下，《大公报》确立了"明耻教战"的编辑方针，点名由王芸生编写中日关系史料。从 1931 年 9 月到 1934 年 4 月，他奔走于平津之间，往来于故宫博物院和北平各大图书馆，广泛搜集材料，遍访史学界和外交界前辈，晚上伏案写作，常常通宵达旦。每天写好一段，交《大公报》连载，前后三年，在读者中引起了空前的反响。作品原计划写出从 1871 年同治签订《中日修好条约》开始，直到 1931 年九一八事变的 60 年中日关系，故名《六十年中国与日本》。由于种种原因，实际上当初只写到1919 年，后结集七卷出版。20 世纪 70 年代末，作者在辗转病榻之际，对原来的七卷重新修订，并接受友人的建议，增加一卷（第八卷），将1920 年至 1931 年的中日关系史以大事记的形式"续貂"，以保持全书的完整。1980 年 3 月，王芸生在病榻上见到了新版《中国与日本》八卷本的第一卷样书仅两个月后，即离开了人世。

《中国与日本》一书，不仅奠定了王芸生作为"知日派"当仁不让的学术地位，作者的人生也被戏剧性地"改写"。抗战时期，这套书是蒋介石的枕边读物。1934 年 8 月上庐山采访的王芸生，两次受到蒋的接见，还给后者上了"三国干涉还辽"的一课。1972 年 9 月中日邦交正常化谈判期间，毛泽东特意找来此书恶补中日关系史，在接见田中角荣时，数次提到此书。作者个人也因获"殊荣"，从牛棚直接坐进了人民大会堂中日建交的国宴席上。临终前，王芸生流着泪对儿女说，"正是这部书，使我多活了好几年。"

在日本，《中国与日本》先后出过两个译本，有广泛的影响。早在1933 年，由末广重雄监修、波多野乾一和长野熏合译的译本，即由龙溪书店以《日中外交六十年史》为题陆续出版。1987 年 7 月，龙溪书店又再版发行，深为日本史学、外交界所推重。

作为那个时代最富战略头脑、最了解日本的学者之一，王芸生虽不赞成"历史糊涂主义"（所谓"不是'往者不可谏，来者犹可追'，而是'往者不可忘，来者大可追'"），但同时却主张"国无常仇"。其在日本投降翌日的《大公报》社评中写道："老实说，我们除了深恶痛绝日本军阀的严重错误及万恶罪行外，却从不鄙视日本人民。看昨天昭和宣布投降诏书时的东京景象，以及内外军民一致奉诏的忠诚，实在令人悲悯，甚至值得尊敬。日本这民族是不平常的，只要放弃了穷兵黩武的思想，打开了狭隘骄矜的情抱，在民主世界的广野上，日本民族是可以改造，可以复兴的。"

《中国与日本》"是因为受九一八事变严重国难的刺激而写的，它本身就是历史的产物"。正如此书的创意者张季鸾在序文中所说，"吾侪厕身报界，刺激尤甚，瞻念前途，焦忧如焚。以为救国之道，必须国民全体先真耻真奋，是则历史之回顾，当较任何教训为深切。"因此，以学术视点看，此书并未脱近代以来中国知识分子屡受国难刺激，"以学术报国"的路数和情结。用李泽厚先生的话说，是在"救亡与启蒙的双重变奏"中，向学术索求救国的良方。如果从价值理性等纯学术观点出发，我们也许可以认为《中国与日本》并不是一部"纯学术"著作，一方面是历史使然，另一方面，无论对王芸生一代，还是其后的一代，乃至几代中国知识分子而言，只要中国尚未真正"崛起"，所谓"纯学术"恐怕只是一个遥远的梦而已。

但是，即使从学术观点来考察，《中国与日本》依然不失为一部深厚、广博、不可多得的学术著作，其洞穿历史视野背后的卓尔不群的史识与作为史料汇编的沉甸甸的重量感，甚至在今天也难以超越。一部成书于研究条件奇缺的战乱年代的学术著作，何以具有如此超越时间的魅力？如此的学术精品，为什么在和平繁荣的今天，反倒成了一种几不可求的"奢侈"？这里，除了作者的才识努力等内因外，恐怕还需要把目光聚焦到我们问题成堆的学术体制上才能找到答案。

"高陶事件"① 旧话重提，盖棺之论尚待时日

中国大百科全书出版社以"百科史学·回忆录丛书"的形式，推出了《高宗武回忆录》和陶希圣的回忆录《潮流与点滴》。② 后者为大陆初次正式出版的简体版，而前者则是传说中的神秘文档尘封 65 年之后的首度付梓面世。因两位作者的特殊身份和传奇经历而引发的读书界的话题效应，不仅导致大众传媒对历史上"高陶事件"的旧话重提，而且与大陆史学、日本研究学界的反应发生某种互动，从而出现对事件及其当事人重新检讨、重新评价，乃至做"盖棺"之论的学术性诉求。

"高陶事件"作为中国现代史上一桩震惊中外的悬念迭出、惊心动魄，然而却始终云遮雾罩的历史悬案，虽然已经过去了整整一个古稀的漫长岁月，曲早已终，人散亦久（陶、高两人分别于 1988 年 6 月和 1994 年 9 月辞世），但其迷雾仍未尽消；尤其在一些关键性问题上，真相远未呈露。因此，对事件全貌的"揭秘"仍嫌为时尚早。就笔者自身而言，通读这两篇回忆录，尤其是期待已久的高著之后的感觉，毋宁说是失望大于惊喜，困惑大于收获。

但是，鉴于围绕此事件的有关当事者的第一手回忆资料（包括战

---

① 1940 年 1 月 3 日，曾参与汪伪集团对日"和平"交涉的高宗武、陶希圣两人在杜月笙的周密策划下，秘密逃离上海，两天后抵香港，就此彻底脱离汪伪集团。1 月 22 日，香港《大公报》以头条全文披露了由高秘密照相并携带出逃的汪伪集团与日本政府秘密签订的卖国条约《日支新关系调整要纲》的内容，揭露了日本帝国主义的诱降阴谋和侵略野心，举世震惊，构成了抗日战争史上有重大影响的事件。

② 《高宗武回忆录》：高宗武著，陶恒生译，中国大百科全书出版社，2009 年 1 月；《潮流与点滴》：陶希圣著，中国大百科全书出版社，2009 年 1 月。

后被治罪的前汪伪要员的交代材料），中国人的，日本人的，以高著问世为界，该出来的，基本上都已经出来；没出来的，将很难再出来，也许会永远也出不来了，应该说，尽管水面下不可见的冰山依然巨大，客观上，却似乎到了盘点历史库存的节点。

版本问题①

关于陶著《潮流与点滴》，问题不大。纵然不无繁体版与简体版的全（本）节（本）之别，但即使是大陆简体版亦根据1964年台湾传记文学社出版的繁体版编辑而成，内容上，特别是与"高陶事件"相关的章节应无大别。但关于高著，则需作具体说明。

此番出版的《高宗武回忆录》，系由美籍华人学者陶恒生（陶希圣之子），根据存放于美国斯坦福大学胡佛研究所馆藏于美已故外交官劳伦斯·索尔兹伯里②档案中的高氏英文打字稿迻译而成，原稿标题为《深入虎穴》（*Into the Tiger's Den*），系为索氏在高氏原稿基础上的润色、编辑稿，完成于1944年8月31日，刚好是日本投降前一年，汪精卫于两个月后病殁于日本名古屋。出版前，曾于台湾《传记文学》上连载；译者陶恒生也曾在《书屋》杂志上撰文③介绍，并一度列入《书屋》的出版计划。

但2004年3月，高氏夫人沈唯瑜去世后，高门后人在整理高氏夫妇遗物时，发现除了英文手稿外，还有一份中文初稿《日本真相》，约15万字，"内容比英文稿更为翔实丰富"。对中文手稿的存在，高氏夫妇生前从未与任何人谈及，更未示人，始终珍藏于府内。既发现了内容"更为翔实丰富"的中文手稿，译者陶恒生出于"尊重高府后人的意见"，中止了已与《书屋》达成的出版计划。而《书屋》则转而把中文

---

① 2009年3月8日，本文于《南方都市报》书评版发表后，笔者偶然在京城的坊内发现了湖南教育版《日本真相》（2008年12月版）。为便于读者了解高著的不同版本及其来龙去脉，特保持文字发表时的"原生态"，以立存照。

② 劳伦斯·索尔兹伯里（Laurence Salisbury，1891—1976）：1941—1944年，任美国务院远东事务部助理主任；1944—1948年，任太平洋关系研究所美国委员会《远东观察》（*Far Eastern Survey*）杂志主编。

③ 见《书屋》2007年4月号《高宗武英文回忆录的时代背景和历史回顾》一文。

手稿纳入出版计划（"书屋文丛"），并于2007年分两期①选载了由夏侯叙五整理、注释的高氏手稿的部分章节。

笔者原先以为此番付梓的中文版系根据高氏中文手稿《日本真相》编辑而成的产物，不禁大喜过望，没想到却被辗转"掉包"，又回到了起先英文翻译稿的轨道，且出版社似乎也几度调整。如此繁复的出版背后的秘辛，微妙地诠释了事件本身的敏感——70载的岁月都未能"脱敏"。

高氏回忆录之存在与否及出版的问题，历来是史学、日本问题学界关注的热点。其英文稿的出版事宜，早在二战尚未结束时就曾得到过胡适等人的襄助，惜终未实现。此番在大陆出版，诚为可喜可贺之事。但同时，为学术研究计，无论有多么复杂的"背景"，被认为内容"更为翔实丰富"的中文手稿的出版实应提上议事日程。这也几乎是可望揭秘"高陶事件"的最后的重要线索之一。

真相远未浮出水面

由于当事者在历史事件中的立场主张、扮演的角色及其回忆录的写作时间不同，高、陶两人在各自著作中对那场被日本及其傀儡集团称为"和平运动"（在我国现代史上一般称为日本诱降汪精卫事件）的历史迷误的分寸把握也不尽相同：陶著简约，对事件本身的回忆和出逃过程的描述加起来，才占两章篇幅（约30页）；而高著则以全书近半（近百页）的篇幅，对事件展开了全景式"复原"。由此亦可看出"高陶事件"的主导者是高，而不是陶。岂止"高陶事件"，就整个"和平运动"而言，高也堪称始作俑者。学者止庵甚至认为，没有高宗武，根本就不会有汪精卫出走河内的一幕，当然也就不会有后来发生的一切。

高宗武是大历史中的小人物。这个早年赴日留学，曾先后就读于九州帝大和东京帝大，"日语说得跟日本人一样"的精明瘦弱、长于辞令的浙江青年，放弃了在言论界举足轻重的影响力和做教授的坦途，以日本问题专家的身份进入外交部。因备受"国府"主席蒋介石和行政院

①　见《书屋》2007年7月号、10月号。

长兼外交部长汪精卫的赏识，三年间，不次拔擢，1935 年出任亚洲司司长时尚不足而立。尽管如此，即使在抗战初期，在由政学两界名流组成、四处弥漫着"和比战难"的空气的所谓"低调俱乐部"里，高亦是核心般的存在。甚至这个松散的精英派系之来历，也与高不无干系。美国历史学者、《和平阴谋——汪精卫和中国抗战（1937—1941）》一书作者邦克（Gerald E. Bunker）在著作中谈到胡适从庐山牯岭回到南京后时说：

> 胡适在北京大学校长蒋梦麟、清华大学校长梅贻琦陪同下，至高宗武家午餐，在座的有高的朋友和同事萧同兹、程沧波。胡向高寒暄："高先生有何高见？"高答曰："我的姓虽然'高'，但我的意见却很'低'。"从此，几个主张以外交解决中日问题之人的住所，得了个"低调俱乐部"之名。

如果联系到后来高在"和平运动"中折冲樽俎，在南京、上海、香港、东京间数度穿梭，以一人之力调动、运作中日两国政军要人，穿针引线，斡旋和平的情况，更不得不感佩其"人小鬼大"。但唯其如此，能者多劳，外交部时期的高宗武，深得蒋介石信用，每每被委以重任。1935 年 11 月，汪精卫在南京遇刺受伤，辞去本兼各职，赴欧洲疗养。蒋介石亲自接任行政院长，同时电招湖北省主席、国民党著名的"知日派"元老张群接任外交部长。张主持外交大计，对日具体交涉则全权委托于高，并嘱其对日重要交涉案件可直接向蒋介石面陈或请示。一次张群接听电话，是蒋介石打来的，开口就说"我找高宗武……"难怪后来汪伪在南京召开伪国民党六中全会时，汪精卫觉得高宗武的态度可疑，对高说："……我真的不懂你。问题是你亲重庆，蒋介石不放弃你，你也忘不了他。"

但高宗武深知，在深蒙高层信任的背后，是大战前夜对日外交的棘手、危险和高官们避之唯恐不及的现实。一种失望、无奈，多少有些虚无的情绪在回忆录中多有流露：

> 这段时间，与日本人打交道的中国官员处境危险。汪精卫吃了

一名假扮摄影记者的中国人三颗子弹。他康复后脊椎骨里还卡着一颗弹头，直到十年后才被他的日本主人取出。汪被枪击后不久，外交部次长唐有壬被人用左轮枪暗杀。

　　日本大使馆秘书曾经劝我辞去外交部的工作，他说："对日交涉的中国官员，不管他多么能干，多么苦干，都不会有好结果的。"……我自己也厌倦透了。我向外交部请假，事实上我想辞职，可是张将军告诉我他即将辞职。所有中国人都避免和日本人接触。张将军坦诚地告诉我，所有他的朋友都劝他把接触日本人的事留给我。曾经跟日本人打过交道的中国官员，不管他们多么爱国，风险都非常大，下场都很不好。

　　不过，"高陶事件"发生后被蒋介石赞为"浙中健者"的高宗武"芯"很强，硬挺着，办了多起极其艰苦的交涉，其间更见识了日人的霸气、骄横，内心的倦怠感越发强烈。但直到 1938 年初，日本首相近卫文麿发表了"不以蒋介石为对手"的声明，并宣布德国大使陶德曼的居中调停破裂之后，其 2 月从外交部辞职南下赴港，其实也是奉蒋之命。据说，行前蒋对高说："你自己斟酌决定吧，尽力而为。"照后来曾在美国多次访问过高的美籍华裔历史学者唐德刚转述，高对唐说，当年蒋对他说的这句话十分精明，如果高干了什么（使中日关系）转向正常的事情，蒋将给与其充分的信任，否则，那将由高自己负责①。在香港，以军事委员会官员的身份，以"艺文研究会"香港分会下属的"日本问题研究所"的名义，"实际则代蒋氏负担对日联络与觅取情况的工作"，② 其活动经费从国民政府军事委员会列支领取（据《周佛海日记》记载，每月两千元）。

　　这说明直到此时，蒋介石都未放弃外交努力。同时，由汪精卫主导的对日"和平运动"则在水面下同步推动。而在实际的推动者当中，高无疑是最重要的存在。事实上，作为亲自参与了"和平运动"初期

---

　　① 转引自范泓《隔代的声音——历史劲流中的知识人》，广西师范大学出版社，2008 年 1 月，第 30 页。
　　② 据金雄白《汪政权的开场与收场》第 5 册，香港春秋杂志社，1965 年 8 月，第 8 页。

一系列核心交涉，唯一精通日语、对日人的思维方式和行为逻辑了如指掌、并在日本政军财界有广泛人脉的高宗武，被日本方面视为联络汪精卫集团的重要秘密管道。不仅如此，一些先期加入对日秘密交涉、后成为汪左近的亲信死党的分子，也是高举荐的结果（如梅思平、周佛海等）。

在高的回忆录中，对汪精卫飞往河内以降的过程，均有详尽的描述，但对两个重要活动却全无交代或语焉不详：一是1938年7月，他从香港经上海秘密去了趟日本，在东京会见了包括首相近卫文麿、陆军大臣板垣征四郎、内阁参议松冈洋右、参谋本部次长多田骏在内的敌国军政要员；二是同年11月，他与梅思平在上海与日本军方代表今井武夫、影佐祯昭签署了一份《日华协议记录》（即所谓《重光堂协议》）。回忆录对前者只字未提，对后者仅以一句话（"犹如在昏暗中摸索，汪精卫跟日本人订立了出走安南的协议"）一笔带过。而前者，高从日本回港后，派人将访日报告并一函（"倘有可能以供均座参考之处，则或可渎职擅赴之罪于万一"云云）呈送蒋介石，蒋大怒："高宗武是个混蛋，谁叫他去日本的？"随即叫停了高在港的活动经费（等于撤销了高的官方职务），使高深受刺激，以致旧疾复发，咯血病倒。而他随后则为后来汪日谈判的原始蓝本，他们还制定了一套汪精卫出走河内的行动方案。而此时，汪精卫远未决定"下水"。据陶希圣在《潮流与点滴》中透露：高致蒋的报告先经周佛海递至汪处。汪看到报告中提到日参谋本部希望汪出面言和的一段，不禁大惊。对陶说："我单独对日言和，是不可能的事。我绝不瞒过蒋先生。"

对此，高著译者陶恒生也认为："这不是美中不足，而是大有可议的缺陷。"尤其是前者，即使以高从外交部辞职前的最高职衔（亚洲司司长来说），赴日办如此重大的交涉，在外交上也很难说"对等"；何况，从蒋的发怒看，蒋对高的擅自出访确不知情。因此很难从职务行为的角度来理解高的行动。但如果不是"职务行为"的话，那高的动机到底何在呢？也许正因此，原汪伪集团中的另一名宣传大员、周佛海的盟友金雄白（笔名朱子家）持论说："……他（指高宗武）最后的改变目标而抬出汪先生来，则以日本两度关闭了对蒋先生的和谈之门，或许是他在失败中想死里逃生，也或许他暗中奉到了别一项的使命……"①
权聊备一说。

后来发生的直至脱离汪组织的"高陶事件"的过程及其后高陶两
人各自的人生命运，已见诸包括当事者在内的各种回忆资料中，轨迹基
本上是清晰的。疑点主要集中在这一段。而如此谜团，不仅并未因高著
的面世而消失，反而有种更加惶惑的感觉。所以，笔者以为，还远不到
对"高陶事件"做盖棺之论的时候。

作为日本论的高著

高著的写作完成于日本投降前一年（中文手稿于 1943 年 2 月脱
稿）。其后至少一年的时间，或许不无生计方面的考虑，高宗武一直致
力于其著作在美国的出版，虽经两任驻美大使胡适和魏道明及曾当过蒋
介石顾问的美著名汉学家欧文·拉铁摩尔（Owen Lattimore）等实力派
学者从中斡旋，并尝试联系多家出版机构，终未果。有些出版社则直接
对高的身份提出了质疑。笔者认为，高著作之所以无法在美出版，除了
高后人所说的诸多商业性、事务性因素之外，与彼时太平洋战争后期的
国际形势不无关系。换句话说，未必不是美出版商基于针对"敌性国
家"的政治正确性方面的考量而搁置了出版。

但有所得必有所失。事实证明，美出版商的政治判断错过了一本鞭
辟入里、难得一遇的日本论。而彼时，美国正面临如何进行战后对日占
领及改造日本的战略课题，此前美主流社会的"日本性恶论"式的传
统意识形态思维已难行得通。大约同一时期，由美军方资助、美本土学
者本尼迪克特执笔的以在美日裔为对象的、关于日本文化和民族性格的
学术调查项目已开始实施（其报告书即 1946 年公开出版的《菊与
刀》）。

高著以共九章逾百页的篇幅，就九一八事变后"少壮军人"集团
的崛起、七七事变后内阁的频繁更迭等现象及其背后的社会机理，对法
西斯军国主义及支撑其对亚洲的战略野心的"大亚细亚主义"及其背

---

① 据金雄白《汪政权的开场与收场》第 5 册，香港春秋杂志社，1965 年 8 月，第 109 页。

后的发生机制等问题，均作了深度剖析。因作者对岛国的深刻体察，很多观点即使在今天看来亦不过时，有些则令人拍案叫绝：譬如对日本的谎言政治、军人的"流泪武器"，对那种一介陆军军务课长动辄决策政府政策，甚至草拟组阁名单的不可思议的非程序化政治运作机制的解读，等等。更重要的，作者不是以学术的身份立场作理论分析，而是以自身的所见所闻所感在谈论日本；所谈论的对象上至实力派军官、财阀、政治家，下至普通商贾、官僚，多为作者实际见面、接触之人，其视角、观点颇为"内部"，堪称稀罕。

如此弥足珍贵的日本论，未能于更早时问世，实乃学界之憾。不仅对中国，即使对日本和美国来说亦莫不如此。

作为文化的日本

　　1977 年 11 月 15 日，被称为"东洋魔女"的日本女排决胜世界杯，首次夺取三连冠。

东洋魔女，欲说还休

在笔者"人在东京"的日子里，坦率地说，除了有一种挥之不去的淡淡的乡愁之外，常常盘桓于心的一个问题是：日本女人与中国女性到底哪儿不一样？这个看似简单的问题，要是较真儿"思考"起来的话，真会令人凭生一种穷心尽智的困惑呢。

一个广为人知的老掉牙的说法是：住美国房子，吃中国馆子，娶日本老婆，睡法国情人。美中法三项大抵错不到哪儿去，而"娶日本老婆"到底好不好，好在哪里？恐怕还真不大容易说得清。

凡到过日本并在这个国度生活过一段时间的人都会发现，50岁以下的国人对于日本和日本女人的认识极其表面化，甚至充满了谬误。造成这种情况的原因虽是多方面的，而历史社会原因无疑是其中最重要的因素。日本明治维新以降，先是"脱亚入欧"，好歹置身于殖民时代的列强行列，然后开始穷兵黩武，直至把整个民族国家送上了绝路；战后在山姆大叔的庇护之下一路紧赶慢追，终于坐到了西方富人俱乐部的位子上。而中国则自甲午之战败北以来，元气大伤，一落千丈，昔日悠久文明的荣光终究难掩老朽的虚喘，只好一味地委曲求全，倒助长了东洋小弟的骄横；好容易熬到抗战"惨胜"，还没来得及受用"战胜国"的占领特权，内战和冷战的几乎同时爆发，硬是让我们坐失了这个也许是千百年来了解东邻的最好机遇。即使在冷战时代，中国的富国理想也是"赶英超美"，蕞尔小国日本是不在话下的。于是，我们对日本——这个最应该认识和了解的邻国的解读在好容易超越了"第二次世界大战"（地道战和地雷战）式的对"小日本"的漫画化理解之后，又开始停滞不前，至今仍基本停留在所谓"经济动物"、"工作狂"等泛泛而谈的水平上。而对于这个民族赖以延续的母体——日本女性的认识，充其量也就是阿崎婆、阿信和幸子再加上常盘贵子、松隆子等新锐日剧偶像的肤浅程度。

笔者初到日本的时候，年纪尚轻，阅历也浅，情窦初开，看到日本姑娘站有站相、坐有坐相、吃有吃相，动辄低眉颔首深鞠躬，在听你说话的时候含情脉脉地望着你一边频频地从红唇里发出"啊"、"真的吗"、"是嘛"、"那后来呢"、"原来如此"等音节，鼓励你一路说下去，她则做出一副兴趣盎然、洗耳恭听、谦恭而不失亲切的样子深感迷惑。时间长了，看到她们无论跟谁、无论谈什么内容的话（有时甚至是色情的内容）总是这副故作好奇的样子也就觉得没什么了——无非是日语里所谓的"礼仪作法"而已。她从小就被教育要这么做，几乎成为一种类似本能或条件反射一样的东西。在她们这样做的时候无需掺杂任何感情因素，也根本就无所谓好与不好、有教养或没教养什么的。最奇怪的是她们在公司里与上司或客户讲话，或者在接听电话的时候，她们会不约而同地用一种明显夸张的语气和一种酷似捏着鼻子发出来的千人一律的假嗓子讲话，而且讲的是日文中特有的恭敬有礼的敬语，就跟大家都约好了似的，一齐取消个性。只有面对男友、家人或熟悉的人的时候，她们才会重新回到平常的状态。而且，这种在两种完全不同的状态之间的"调整"绝对是瞬间完成的，不需要任何酝酿，也没有过渡，几乎是数字化的，自然得就像电脑在两种应用程序之间的切换一样。

但是，笔者并没有说日本女性是做作的，或者可以说，一种被中国人称为"做作"的感觉在日本女人那里只是一种自然，一种习惯而已，一点不值得大惊小怪。其实，这种自然的"做作"或者做作的"自然"恰恰是从日本文化之土上开出的暧昧的花朵，有时候的确很酷。在日本的街头和电车上，不时能遇见那种美得令人窒息的大和美女，可那些像出水芙蓉一般鲜艳欲滴而又超凡脱俗的东洋之花其实个个都是不折不扣的化妆美人。但你不能不承认，东洋女人在如何使自己"看上去很美"的技术（如果这是一个技术问题的话）上，的确比中国女人技高一筹：从脚趾到头饰，一丝不苟，绝对武装到牙齿。那种在中国时尚女性中偶尔还会碰到的诸如衣着光鲜的白领丽人穿着一双从脚踝一直跳丝到大腿的长筒袜招摇过市的现象在东洋魔女里是难以想像的。她们的酷甚至有那么一点后现代——看上去太自然以致让人产生一种非自然、太真实以致令人感到一丝不真实的美感，乃至笔者简直无法用祖国语言来形容她们化妆之后的美，也许只有用日文的"完璧"或者英文的"Perfect"才能勉强表达。当你在东京银座或者涩谷灯红酒绿的街头，看见一个云鬓高盘、身着色泽艳丽的织锦和服，纤弱白皙的小臂上挎着与和服的颜色搭配协调的丝绸包裹、白袜木屐、迈着稍嫌内八字的小碎步的迷人身影，款款飘过超豪华百货店的落地玻璃橱窗的时候，你难道不会突然想到江户时代歌麿、春信的浮世绘风俗画，继而产生一种"今夕何世"的错觉吗？

同样的，你也不能认为东洋女人的美是不自然的，虽然她们的国家拥有世界上最发达的化妆品工业以及诸如"资生堂"、"花王"和"嘉纳宝"等呱呱叫的品牌。事实上，日本民族自古以来崇尚自然和谐之美，这种美的意识又反过来打造和滋润着东洋魔女独特的魅力和风情。设想一下，如果一个日本女人因为某种偶然的原因，素面朝天地到公司来上班或者参加了朋友的派对（当然，这几乎是难以想像的），她会在自惭形秽的同时，也为没能把自己更美地呈现给大家而觉得对同事和朋友很"失礼"——无论她其实有多么的丽质天生，描眉画眼对她简直是多余。这看起来似乎是奇怪和矛盾的，但几乎所有对日本问题有深入了解的人，都不否认日本民族本来就是世界上最奇怪的民族，甚至连日本人自己也不否认这一点。

众所周知，在中日两个民族之间，文化的互通生息、相互交流的历史源远流长，而且这种文化的融合远远超越了诗词歌赋、典章制度的范畴，早已渗透到文化艺术和社会生活的各个层面。一个典型的例证是：恋足癖似乎是中日两国文化人共通的情结，但三寸金莲却是道地的"中国造"。东瀛岛国近水多山，气候潮湿，类似中国江南水乡的自然环境和酷爱温泉沐浴的文化传统使他们从来不讳言天足之美。而且，正是这种跣足木屐的文化，甚至影响了我们中国最具士大夫气的文化人的生活呢！

周作人于1906年6月随大哥鲁迅赴东洋求学，抵达东京寓所头一天的傍晚，房东的妹妹兼下女乾荣子小姐"赤着脚，在榻榻米上走来走去"，忙着帮主人搬运行李，端茶倒水。平时习惯了赤脚穿木屐的东洋少女无意间将一双肥腻柔美的天足白生生地暴露于周作人的视线里，知堂当时就傻了。有证据表明那双裸足从此就没有离开过周作人的潜意识，乃至在他"度尽劫波兄弟（不）在"的晚年还不止一次地梦见乾荣子，"双足如霜白，长惹梦魂牵"，惹得日本太太羽太信子大吃其醋。

清人王韬与明治时期日本的上层文士、政治家多有交游，一生为东瀛朝野所敬重，在所谓"开眼看世界"的一代人中是当之无愧的"知日派"。即使在东游扶桑之际，在马不停蹄的公务活动之余也不忘"看花觅句"、红楼冶遊的弢园老民自命"风流至性"，其对东洋女性之解读不可谓不"深"。在其文言小说《淞隐漫录》中有一段可以当中日女性比较论来读的文字，未必严肃，却似乎道出了部分事实：

> 天下之至无情者，莫如日本女子。……中国男女之事多以情，感情之所至，至有贯金石、动人天、感鬼神而不自知者。日女之薄于情也，在不知贵重其身始。然其为人客妻，亦有足取者：付以箧笥，畀之管钥，而绝无巧偷豪夺之弊，此则中国平康曲院中人所不及也。呜呼！风犹近古欤？

也许我们可以这样看：东洋魔女和日本文化正是一枚硬币的两面。日本文化的暧昧性格塑造了东洋魔女的婀娜姿容，而东洋魔女又反过来柔化和滋润着日本武士的阳刚之气，熏染了大和民族的阴翳颜色，承担着日本文化无法承受之轻。这是一个完全超越了好与坏、美与丑、清洁与肮脏、神圣与淫邪等价值判断的问题，其重重遮蔽的复杂程度足以令最智慧的脑袋穷心尽智，最饶舌的嘴巴欲说还休也说不准呢！

日本的传统有多厚[①]

由于文明开化的"先来后到"，世界对日本的认识，要早于日本对世界的认识。然而，这样说，并不意味着世界对日本的了解，一定比后者对前者的认识来得深广。事实上，自明治维新以降的一个半世纪以来，后者对周边世界的理解，远远超越了包括中国在内的周边国家对这个偏安于太平洋和日本海之间的狭长岛国的解读。

远的姑且不论，近百年来出自各个主流文明国家的汗牛充栋的所谓"日本学"论著，经过大浪淘沙，到现在有重温价值的还剩几何？而在那些被认为尚可重温的著作中，又有几本能入东洋人的法眼呢？

如此检讨一番，状况颇为绝望。我们发现，日本的传统，加上对这个传统的"经典"解读，竟如此之有限，有限得简直可以"打包"随身携带。笔者这样说，绝无贬损东洋文明的伟大传统之意，相反，我对它至今充满敬意。我想强调的，恰恰是我们对这个传统之懵懂混沌到了何等不济、可怜的地步。

在所剩无几的学术库存中，有几种却无论如何无法绕过不提，譬如《菊与刀》《武士道》《日本论》和《日本人》。四部著作，篇幅不一；作者分属三个国家（日、中、美），身份各异（学者、政治家、军人）；出版时间跨越近半个世纪，最近的一部距今也有 60 年。但就对日本民族性格的"解剖"和东洋社会的理解程度而言，至今鲜有出其右者，

---

① 本文为《日本四书》（"日本四书"：本尼迪克特，《菊与刀》；新渡户稻造，《武士道》；戴季陶，《日本论》；蒋百里，《日本人》）撰写的书评，发表为《新京报》（2006 年 1 月 13 日）。

正是这种对历史时代的超越性，使其得以立于学术经典之林而无愧色。

"四书"之中，最著名者无疑是《菊与刀》。确切地说，这部付梓于第二次世界大战后期的人类学著作，系受美国军方委托、基于"美国即胜，日本必败"的前提下的、旨在为战后前者对后者的占领和统治而提供的战略政策研究报告。作者美国女性人类学者本尼迪克特（Ruth Benedict）根据文化类型理论，用文化人类学的方法，在太平洋战争尚未结束的非常时期，对被关押在战俘营、集中营里的"敌性国家"战俘、侨民进行了广泛的调查。最终的报告之所以用《菊与刀》来命名，并不仅仅因为菊花是日本皇室的纹章，刀是日本武士的象征，而是以"菊"与"刀"的组合来象征日本人的矛盾性格，暗喻日本文化的双重性（如"爱美而又黩武，尚礼而又好斗，喜新而又顽固，服从而又不驯"等）。

何以如此呢？作者给出的答案是，相对于西方的"罪感文化"，日本文化的主要特征为"耻感文化"，其强制力来自外部社会而不是人的内心，这是日本人在战争中易施极端暴力而滑向集体犯罪泥淖的根源。作为报告的结论，作者认为：第一，日本政府终会投降；第二，美国不宜直接统治日本；第三，不能用对付德国的办法来对付日本。我们不能说一部《菊与刀》决定了美国对日占领政策的全部。但事实上，战争结束后，包括麦克阿瑟在内的决策层，在诸如保留天皇制、实行间接统治等方面，其施政基本上没有逸出这位人类学家所给定的结论框架。也因此，这部书在学术界赢得了崇高的声誉，被尊为现代日本学的鼻祖。

不过，应该指出，在日本学界，对《菊与刀》的学术价值，始终有不以为然者。究其原因，与其说是学术性的，毋宁说更多是与著者本人的学术"资历"、背景有关的"质疑"，比如认为既不通晓日文，也未去过日本的著者仅凭对"特定时代"（战时）的"特殊社会集团"（在美日侨、日俘）的社会心理调查得出的结论，难以当作"日本人"的普遍心理云云。

《武士道》为"四书"中之成书最早者，于中日甲午战争后4年、日俄战争前5年的1899年（明治三十二年）在美国出版。单看出版年代就知道，明治末年，正值日本战胜清国之初，士气大振，一方面，与俄国积怨日深。说白了，就是在与列强抗争的同时，拼命成为列强一员的时期，也是"崛起"中的东洋社会被西方当成"黄祸"而大加妖魔化的时期。作者新渡户稻造，为日本著名的启蒙思想家、教育家，早年赴美、德留学，获博士学位。作为第一代"开眼看世界"的日本人之一，其肖像至今印在5000日元的纸钞上。

以经过作者的美国太太捉刀的、通俗晓畅的英文写成的《武士道》，是以西方社会为对象的对东洋文明的扫盲课，是一曲关于日本文化的激越、抒情的昂扬礼赞。由于新渡户本人幼年时曾接受过武士道的传统教育，因此，在对西洋人介绍时，与别的外国日本研究者至多充当一个"辩护律师"不同的是，"可以采取被告人的态度"，颇能进入角色，入木三分。其对东洋文化深层推销，令人想到后来林语堂对中华文化的推介。

书甫一出版，即在西方社会引起了极大反响，在极短的时间被翻译成数种文字风靡各国。仅其日文版从1900年到1905年的6年间就再版了10次。据说，美国前总统西奥多·罗斯福不仅曾亲读此书，还特意买来分赠友人。回过头来看，日本能在明治维新之后一代人的时间迅速"崛起"而免于被列强过度打压、妖魔化，不能不说拜《武士道》之所赐大焉。

《日本论》和《日本人》为国人的著作。前者为国民党元老、民国时代政治家戴天仇（季陶），后者为一代军事理论家、抗战名将、国府高等军事顾问蒋百里（其与日籍夫人之女钢琴家蒋英为著名科学家钱学森的夫人）。两著分别发表于20世纪20年代末和30年代末，恰是积贫积弱的中国从战云密布日益走向亡国灭种边缘的时期。前者与直接受九一八事变刺激而成的多卷本巨著《中国与日本六十年》（王芸生著）并称为中国的日本研究巅峰之作。

戴、蒋两位，同为民国时代的"知日派"。与军人出身的蒋百里相比，戴天仇对日本的理解沉厚精粹，文字博大雄深。用民初政治家胡汉民的话来说，"我敢说季陶批评日本人要比日本人自己批评还好……他不止能说明日本的一切现象，而且能解剖到日本所以构成一切的动力因素"。在短短不足10万字的篇幅中，纵论岛国从皇权、国体，到信仰、宗教，从武士、财阀，到政党格局、两性生活的方方面面。其诸多论述，即使在77年之后的今天看来，仍振聋发聩，不失"时效"。

相形之下，蒋的《日本人》似略显单薄（客观上，"四书"之中，此编的篇幅也最小，仅不足两万字）。但以职业军人、战略家的专业视角扫描日本战前的政经、军情和外交走势，并联系欧战的历史，指出日本的"黄金时代过去了"；并借德国人之口说出，"胜也罢，败也罢，就是不要同他讲和"。一介主战派将领的决绝身姿跃然纸上。

　　值得指出的是，"四书"所网罗的四部著作，尽管有《日本论》和《日本人》那样典型的中国近现代知识分子以学术报国、向学术索求救国良方之作，更有像《菊与刀》那样干脆是战略政策研究报告，可无论哪一部，均能客观冷静、就事论事地娓娓道来，虽旁征博引、左右逢源，却举重若轻、平实清新，绝无半点时下国际关系、战略研究类文章中常见的那种装腔作势、令人作呕的师爷腔、策论风。这一点，是正论之外，需格外引发我们思考的地方。

东京是一个充满各色"新人类"的有些怪诞的后现代城市。

日本艺伎：一个窄而幽深的世界

一

遑论国人，即使在普通东洋人的概念里，"艺伎"也是一个非日常的名词，艺伎生活也是笼罩在一团氤氲之中的非日常风景。1968 年，川端康成在诺贝尔文学奖颁奖典礼上发表了题为《美丽日本的我》的演讲，为在座的瑞典王室和外国嘉宾普及了一次关于"日本美"的教育。深爱日本文化的作家引用从平安时代起就一直备受日本文化界推崇的白乐天的诗句——"琴诗酒友皆抛我，雪月花时最忆君"中的"雪月花"三个字来概括日本文化中人与自然万物交互感念、密切交流的"物哀"传统。而在"泡沫经济"全盛期的 1987 年，由富士通公司经营研修所编纂、旨在向外国企业家介绍日本人文化心理的经营学研修教材的书名就叫做《雪月花之心》。其实，注重四季时序的变化，在自然的风花雪月中寄托个人纤细、易碎的情感，不仅是日本文化的精髓，小而言之，也未尝不是谜一样的艺伎生活的写照。

艺伎，在日语中叫做"艺者"（Geisha），与"和服"（Kimono）、"寿司"（Sushi）等词汇一样，是作为东洋文化象征而直接成为英语的仅有的几个日语名词之一。一般说来，与那些在"遊郭"（旧时的烟花巷、花柳街）里从事的"遊女"和"花魁"（两者都指妓女）不同，在日本也有所谓艺伎"卖艺不卖身"的说法。但卖与不卖其实全看买方的"品质"和交易的方式，只靠卖艺而完全不卖身有时是不现实的。所以，在某种意义上，艺伎实际上就是艺术化了的高级妓女，只是其服务对象多为成功人士（大公司社长、政治家、执业医生、名作家、大相扑"横纲"级选手以及歌舞伎名优等），服务项目也不仅仅是单一的肉体交易，而是包括了音乐、舞蹈、花道和茶道等一整套严格的"礼仪作法"在内的系列乐感套餐。

服务的对象和内容，决定了艺伎之所以成为艺伎的稀有品质。就是说，仅有姣好的身段和容颜是远远不够的，一个成功的艺伎，在她成为"一人前"（日语，顶梁柱的意思）的"角"之前，必得经过从小到大长年的、动辄十数年的极其严格的训练，内容从音乐、舞蹈，到插花、茶艺，从如何陪酒，到诱惑男人的技巧以及对一些确实不堪的客人如何既以礼相待又能使自己免于被伤害的"Know How"等等，不一而足。可见，成为一名"一人前"的艺伎绝非一日之功。事实上，在战前的日本社会，成为艺伎，就像今天的当明星一样，是多少生于贫贱，然而却渴望出世的小家碧玉们的"窄门"。

中国人概念中的艺伎生活，常常充满了某种苦难色彩及其对这种"苦难"遭际的同情，这多少是从中国文化的立场出发、基于中国的社会现实的一种似是而非的想像——总以为人家就是《骆驼祥子》中的小福子或者《日出》里的陈白露，甚至连对日本文化有精深造诣的周作人也不能免俗。1919 年，知堂在一篇批判日本武士和艺伎这两种国粹的文章中说，"艺伎与遊女是另一种奴隶的生活"。其实，这种"哀妇人"的心态未必符合日本人的道德观，尤其忽略了东洋"耻感文化"的乐感性质和所谓"非罪性娱乐天堂"的游戏性。他只把艺伎看成被动的受害者，而忽视了其自主性与进攻性的一面。1936 年，富山艺伎出身的料理店女侍阿部定与店老板石田吉藏有一段恐怖得令人窒息的畸恋。对性快感的偏执追逐使热恋中的两人心智迷狂，深陷于病态的"极限体验"之中。终于，在一次高潮迭起的做爱中，阿部定用丝带绞杀了情人，并用刀对其尸体实施了阉割（"只有如此，他才能永远属于我"），制造了轰动列岛的"阿部定事件"。1976 年，大岛渚根据这个故事导演了影片《感官世界》，成为著名的"问题电影"。

荷兰学者伊恩·布鲁玛（Ian Buruma）在《日本文化中的性角色》一书中说："在人类历史上，妓女从未像江户时代的艺伎那样对一个民族的文化起过如此突出和重要的作用。"而近代以来，性不仅仅是一种文化上的态度，也日益成为一种类似国家意识形态似的东西。福泽谕吉有句名言，"日本对付亚洲有两种武器：一是枪，二是娘子军"。战前遍布整个东南亚的"南洋姐"和日据时期南京、上海的日本艺伎，无不是这种无所不在的国家意志的产物。而电影《望乡》中阿崎婆催人泪下的悲惨遭遇，也许只是向我们提供了一个被卖到星洲（即新加坡）的底层娼妓的个案文本，远无法涵盖那些在京都、奈良的艺伎馆中跳扇舞、弹三味琴的艺伎以及日本本土的官娼的生活实态。

二

艺伎，是日本情色文化的集大成者，所有情色的要素和暗示，都能在艺伎身上找到对应关系。20 世纪 90 年代的畅销小说、后被好莱坞搬上银幕的美国作家阿瑟·高顿（Arthur Golden）所著的《一个艺伎的回忆》（Memoirs of a Geisha，下文简称《回忆》），以京都著名艺伎馆"祇园"（Gion）的"看板"（日语，招牌的意思）艺伎仁田小百合的回忆录的形式，向我们掀开了神秘的艺伎闺房窗幔的一角。

14 岁的小百合在"姐姐"（前辈艺伎）——老师真美羽的指导下，系统接受了扭腰、摆臀、露臂、飞眼等技巧的训练。然后，接受老师的露天实习测验。一位端着托盘送外卖的少年迎面走来，老师发出了"让他扔托盘"的命令。小百合轻挪款步，低眉领首，似乎漫不经心地向小伙子送了个秋波。少年魂不守舍，当即"触电"，绊到路边石头上，果然摔掉了盘子。

艺伎离不开和服，就像武士离不开日本刀一样。什么等级的艺伎，穿什么等级的和服，逾矩越位几乎不可能。因为有名的艺伎，大都配有伎馆指定的穿衣人，而她的一套高级和服，几乎相当于一位警察或小店主一年的收入。一个身穿色彩鲜艳的和服的艺伎，就是一个高度抽象的符号系统，系统中的每一个元素，都诠释着一件事：那就是性。

《回忆》借定居纽约的小百合之口，如此告诫西洋人："我一定要告诉你有关日本人的脖子的事，假如你还没听说的话。日本男人对女人脖子的感觉就同西方男子对女人大腿的感觉一样，这已是一条定律。这就是为什么日本女人穿和服，脖领低到可见头几节脊椎的缘故。"

在备受周作人推崇的日本颓废派作家永井荷风（Kafu Nagai）著名的自传性小说《墨东奇谭》中，主人公大江在雨中召唤妓女阿雪，撑开雨伞，进入伞下的是"雪白的脖子"；在吉淳行之介的小说《娼妇的房间》中，主人公"我"视线中的年轻妓女，从衣领处"剥出肩肉"来；有太多这样的浮世绘美人图：和服女子的背影——只有肩部以上，鲜艳的和服与高高盘起并插满头饰的云鬓之间，是像花瓶的瓶口一样张开的衣领、雪颈及颈下一抹白腻的香肩。

对东洋女性来说，和服之美不仅在领子，而且在下摆。小百合尚未出道时，曾被老师如此教导："走路的步法不能变，要小步子走，以便让你的和服下摆能摆动。一个女人走路，应当给人以一种小细浪漫过沙堤的印象。"在这里，和服之美与女性之美高度融合，已成规范化、程式化了的符号系统。

和服之所以成为承载性感的载体，还在于一个公开的秘密，那就是传统的日本女性在穿和服时，是不穿亵衣的。平江不肖生（向恺然）创作于民国初年的长篇小说《留东外史》中，有这样一个情节：主人公黄文汉趁暑假从东京出发徒步去箱根避暑。第一夜，泊宿茅崎，招来三个艺伎。深谙东洋文化三味的黄亲自弹起三弦琴，让她们跳一种叫做"浅川"的艳舞。"原来浅川是个极淫荡的歌，舞起来，有两下要将衣的下截撸起，做过河的样子。日本女子，本来是不穿裤的，撸起衣来，什么东西也现在外面。"

类似的情节，也出现在《回忆》中："女人表演'溪中之舞'实际上就是表演脱衣舞。她假装是一步一步地往溪中走去，为了不让和服弄湿，于是把下摆一次又一次地往上提，直到男人最后看到了他们想看的东西，于是便喝彩叫好，干杯痛饮。"这里所谓的"溪中之舞"，实际上就是平江不肖生笔下的"浅川"———一种以和服为道具的和式脱衣舞。优雅的和服，就这样从袖口、衣领到下摆，成了将玉臂、脖颈、香肩和大腿依次呈献给男性欲望视野的淫媒。

日本电影《东京进行曲》剧照。(1929 年)

三

　　艺伎，作为艺术化了的性的符号，一方面被定格于成功男性的交际场，在以西装、皮包和烟斗为象征的男权社会中，被动地承担着快感提供者的角色；但另一方面，作为喘息于由男性的虚荣和欲望构成的漩涡中的存在，她既是客观、冷静的旁观者，有时也是名利场的操纵者——再有名的艺伎，当她洗去脸上的铅华，摘掉华丽的头饰之后，只是一个俗世的女人而已。女人需要被爱，需要有家的感觉，艺伎也一样。

　　在册于某家艺伎馆，每天接受客人的预约，然后出台，靠给客人弹琴、跳舞、表演茶道、陪酒助兴等挣一笔台费，如此"浮世"的风尘世相，仿佛举世皆然。就像今天某些人包养的"二奶"一样，某些艺伎也有自己的"老爷"（日语，Dannasan，老公的意思）。五六年前，日本著名周刊《周刊现代》杂志，刊载了对一名 30 岁的京都艺伎浜岛美穗子（化名）的采访，作为该媒体策划的所谓"一亿人的性体验"中的第 12 回，披露了关于艺伎感情生活的鲜为人知的情况，为我们了解这个今天已经越来越少的特殊人群（据说全日本仅有约 2800 名艺伎）的生活实态开了一扇小窗：

　　　　所谓老爷，实际上就是赞助者，帮你买和服，解决住处，在生活上给予全面呵护的人。当然，他在经济上关照我们，而我们拿什么偿还人家呢？只有身体。实际上，尽管是一种类似契约情人的关系，可老爷只能有一个，这是铁律。

　　　　在我们的世界里，一旦认定这人是我的老爷，就会绝对地奉献自己。如果他想要看我的话，再难为情的姿势也不在话下……我想，多年来自己拼命锤炼、塑造的身体，全都是为了这个人的高兴，这样想着，自己也会激动起来。

　　　　平时跟老爷过"家庭"生活，或是被叫到他那里去的时候，或是他来京都的时候。在京都，艺伎和老爷的关系是公开的，去旅馆全然不必偷偷摸摸，甚至跟老爷一起走在街上，说不定还有人向你打招呼道喜也未可知。如果受到老爷以外的客人的邀请，吃饭应酬的话可以，那种事绝对不干。换句话说，即使想干也干不成，因为"系统"不允许你这样做：当你与客人离开座敷（艺伎演出的场所）去餐馆吃饭的时候，那家馆子的人会给座敷的人打电话，告诉他们我们现在在哪儿，电话是多少，一切尽在别人掌控之中。无论老爷人在不在京都，你都不能和别人去旅馆，万一露馅儿可就惨了。到那时，被人家（老爷）一句话休掉也没话说呢。

不过，还没有老爷的不到 20 岁的小艺伎到底有些贪玩，她们甚至会参加合宿①活动，对象多是年轻的大学生。纵然只是拉着一个男子的手，如果被别人看到，也非同小可，那女孩子会被说成"怀孕了"。这个世界独对其与老爷的关系格外宽容，对与除此之外的男人的关系却极其地苛刻。

比如，在京都城有座桥，叫四条大桥，艺伎们绝对不能穿着和服单独过桥到鸭川②的西岸去。其理由是"不合风情"，即不必要的游戏不要去做，不必要的朋友不要去交。如确实有事需要过桥的话，也得与"姐姐"一起才行……她们只是一群美丽的笼中之鸟。

艺伎消费，本来就是一项成本高昂的娱乐。只有极少数人才有能力支付的高额费用，志愿者"后备军"人数的越来越少，也使日本的这项国粹再难发扬光大，而且不无绝种的危险。就像那位京都艺伎说的那样：

> 无论（艺伎）有多么深的传统和多么高的门槛，终归难以抵御经济不景气的影响。座敷数量在锐减，豪游的男人越来越少……每当离开花街（指京都艺伎街），再回头向里眺望的时候，总觉得那是一个窄而幽深的世界。

---

① 指某个小团体或兴趣小组，以体育训练或共同研究为目的，集中于某处，共同起居、生活。

② 流经京都市内花柳街的一条河，属淀川水系。

《叶隐闻书》、武士道及其他①

一

《叶隐》（Hagakure），又称《叶隐闻书》②，为江户时代中期（1716年）佐贺藩主锅岛光茂的侍臣山本常朝（Yamamoto Tsunetomo）传述自己做武士的心得，由一个名叫田代阵基（Tashiro Tsuramoto）的武士笔录，历时7年而成书。"叶隐"，在日文中指树木的叶荫，暗喻在不为人所见的地方为主君"舍身奉公"之意。全书11卷，1200多节，是关于武士的心性修养、处世之道的集大成经典文本，是武家的"论语"（此书面世之初，在藩内确被一度称为"锅岛论语"）。

既然是"论语"，内容便注定不是一两句话能说得清的。事实上，《叶隐》通篇所记述的，净是教人如何婉拒来自讨厌的上司的喝酒的邀请，补救部下失败的方法，避免在人前打哈欠的窍门等等，近乎于现代公司职员教育或礼仪作法教养一类的书籍。至少不是美化死，教人"自决"的读物，正如常朝自己所说："我也是人，欢喜活着这件事。"书中甚至有对男色（即所谓"众道"，男性同性恋）搞法的说明，这与一般意义上或想像中的"武士道"之间乖离之大，几不可同日而语。

① 此文根据2007年6月17日，在广西师范大学出版社北京贝贝特出版顾问有限公司主办的"《叶隐闻书》与日本武士道"主题讨论会上的发言改编。后发表于《书城》杂志（2007年9月号），并被选入《2007中国年度随笔》（漓江出版社）。

② 山本常朝口述，田代阵基笔录，《叶隐闻书》，李冬君译，广西师范大学出版社，2007年5月。

正因此，战后，出于所谓"宣扬军国主义"的误读，一度被禁。近年来，又作为东洋人的深度生活哲学被重新评价。

毋庸讳言，在《叶隐》卷帙可观的记述中，最震慑心魄的核心内容无疑是关于武士应如何面对死亡的阐释——人何以在紧急关头果断、决绝、毫不留恋地选择死。对于通常人对生命的执着，武士道持否定态度，认为只有死是真诚的，其他功名利禄都不过是梦幻一场。当一个人舍弃名利，以"死身"义勇奉公时，就可以看到这世间的真实。"所谓武士道，就是看透死亡。于生死两难之际，要当机立断，首先选择死。没有什么大道理可言，此乃一念觉悟而勇往直前。"

对为"上方风"（指大阪、江户等地的浮华之风）的轻薄武士道所诟病的所谓"无目标的死，毫无意义，似犬死"的说教，《叶隐》的回答是："生死两难时，人哪里知道能否按既定的目标去死？以目标来考量生死，就会以死不了来解脱自己，从此变得怕死。""死就是死，勿为目标所制，若离开目标而死，或许死得没有价值，是犬死或狂死，但不可耻。死就是目的，这才是武士道中最重要的。"

在常朝众多的关于死亡的理论预设中，没有什么比"常住死身"（Jyojyushinimi）一语更富哲学意味，也更光辉的了，这令人联想到现代生命哲学中加缪的那个著名命题（"自杀是唯一严肃的哲学问题"）。常朝在这里搁下的，不是诸如在重大关头死给人看的话，其判断的前提是，在任何时候，都有必要做死的觉悟。正因为有如此"必死"之觉悟，其在《叶隐》那段著名的"武士道者寻觅通向死亡之路"的记述中如此归纳道："每朝每夕，念念悟死，则成'常住死身'，于武道乃得自由……"

但正是这条记述，后来却被脱开《叶隐》的整体背景，单抽出来作为"武士道精神"的内核加以曲解，广为误读，并以此来背书太平洋战争中青年人的"玉碎"和"自决"——此乃《叶隐》一度成为"问题书籍"之由来。

武士道精神，即"大和魂"，乃封建统治集团对武士提出的以"忠义"、"勇敢"为核心的道德规范。武士道虽然没有形成成文的制度典章和完整的体系，但却是约束武士行为的内在律法，也是日本社会长期以来的主流意识形态。这与武士居"四民"（士、农、工、商）之首，其行为方式、人生哲学，为农、工、商"三民"景仰备至，争相效颦的社会现实是相辅相成的。彼时，有所谓"花是樱花，人是武士"的说法。

风尚自上而下，风气自下而上。明治维新之后，尽管武士作为一个社会阶层消失了，但武士精神却作为一种思想范式和日本美的符号深深植根于日本的国民性格之中，化为纵贯列岛的"国风"，并对后来日本的政治、军事和社会生活产生了举足轻重的影响。正如新渡户稻造所指出的那样："诞生并抚育它的社会形态已消失很久，但正如那些往昔存在而现在已经消失的遥远的星辰仍然在我们的头上放射光芒一样，作为封建制度之子的武士道的光辉，在其生母的制度业已死亡之后却还活着，现在还在照耀着日本的道德之路。"

应该指出，在曾经作为主流意识形态而源远流长的武士道体系中，《叶隐》其实是不折不扣的"非主流"，与代表"主流"的山鹿素行所倡导的儒学武士道有不小的距离。后者之所以被常朝奚落为"'上方风'的骄矜的武士道"，是因为"忠义"本身，并非是像山鹿从学理上冷静分析的那种忠义，而是行为中含带忠义，在行动的时候，达到"为死而狂"的境界。正因为遭到主流的排斥，《叶隐》在问世之初，即使在藩内也曾被列为禁书。

作为曾深刻影响了日本文化的"外学"之一，儒学从来不曾成为日本文化的主干或核心，而是其本土的"大和魂"或"大和精神"的整合对象。"和魂汉才"正如"和魂洋才"一样，儒学充其量只是被用作某种工具而已。从这个意义上说，常朝基于藩国的历史和自身的人生体验，为武士道国学奠定了基础，这不是凭孔孟朱子，凭的是一股子发自生命本体的生猛豪放的"狂气"，而后者恰恰是冲着前者发泄而来的。

二

武士道与儒学，或广泛意义上的中国文化到底有哪些不同呢？笔者以为，最关键的一点，在于忠孝顺位问题。

如果把源自中国儒学的忠、孝、义、勇、名誉、礼、诚、克己、仁等价值比作树上的果实的话，那么中国儒学之树上最大、最沉重、最夺目的"果实"是孝，而之于武士道之树的则是忠。戴季陶在《日本论》中指出："武士的责任，第一是拥护他们主人的家，第二是拥护他们自己的家和他自己的生存……所以武士们自己认定自己的主要目的就是为'主家'。"武士道德的核心是维护主从关系的稳定，主张随时为主君毫无保留地舍命献身。所以，"忠"，并且只有"忠"才是武士奉行的最高标准。

中国传统儒学以孝为本，尽孝是绝对的价值。如果"父有过"，子"三谏而不听，则号泣而随之"，但如果"君有过"，臣"三谏而不听，则逃之"。作为对儒家"士道论"的反动，武士道论者认为前者慎于人伦而注重主君的道德如何选择生死，面对死时却不干脆地死，无非是粉饰贪生怕死的私心。尽管日本近世儒学提倡忠孝一致，但却强调忠的大义名分。所谓"君不君，而臣不可不臣"，故"忠"是第一位的，是绝对价值，而"孝"是第二位的，是相对价值。李泽厚在论及中日两国文化心理的异同时指出："中国的五伦关系以'孝亲'为核心，日本的社会秩序以'忠君'（神）为基础，前者的对象、范围及关系非常具体、世俗、有限和相对自由，后者则更为抽象、超越、无限和非常严格。"

对普通平民而言，忠优于孝的观念虽不如武士那样强烈，但却的确有别于中国。在他们看来，"孝，只是一种漠然的对父母的尊重"。日本史家依田憙家分析产生这种现象的原因，是江户时代的日本，武士阶级的基本关系主要是对主君的忠，而不是同族团的结合。即使在农村，也已由同族团的结合过渡到地缘的村组结合。从社会整体来看，那时的日本，已从亲族协作型过渡到非亲族协作型的社会。

中国以血缘为纽带，构成了庞大而扩展的放射性社会关系网。这一传统与日本主要并不以血缘而是以行业、集团、地缘、村组来维系和延续名义上的家族和社会关系，颇为不同。在日本，从古至今，经常可以看到由无血缘关系的养子来继承家业，保护门户。在中国，非血缘的继承多属例外性质。可以说，中国更重以血缘为基础的实质的"家"，日本更重以主从为基础的名分的"家"；前者强调亲族间广泛而自然的纵横联系，后者重视集团内人为而严格的等级秩序。

尽管武士道的起源，除上述问题之外，还能从日本的民族性格、审美气质、地缘条件和自然环境等方面找到依据，但在忠孝顺位问题上，日本武士道与中国儒学的分野之大、本质之异，注定了这两棵结大致雷同果实的树，最终成为不同的树种。正因为"忠"不仅不再以"孝"为本（在中国，出于对血缘的重视，历来把"孝"作为"忠"的基础。

《论语》中即有所谓"其为人也孝悌，而好犯上者，鲜矣。不好犯上而好作乱者，未之有也"的记述），而是完全凌驾于"孝"之上，获得至高无上的绝对价值，使主要源于中国儒家道德而又有别于它的武士道，往往被认为是"日本土地上固有的鲜花"。日本现代思想家丸山真男则把武士道看成"日本文化的古层"。

但这种文化分野的进一步发展，却导致了后来对日本民族来说一坏一好的两种结果：天皇崇拜，如果说江户时期武士的"忠"还只是局限于藩国的狭小天地，指向性非常明确，是一种以身份关系为前提的前近代观念；而对平民而言，由于长期的武家统治，天皇在他们心中只是一个空洞的概念的话，经过幕末民族主义者"解冻"天皇的不懈努力，特别是维新时期统治者以近代民族国家的诉求为名，采取一系列重树天皇绝对权威的措施，极大强化了全体国民对国家和天皇的认同感。同时，也坐下了太平洋战争时，"神风特攻队"员驾驶"零式"战斗机，高呼"天皇万岁"，冲向美国军舰的"玉碎"悲剧的病灶——这是坏的一面。

也有好的一面：包括武士道、"大和魂"在内的日本文化土壤，对其现代化进程，尤其是战后的迅速发展似乎起了重要的推动作用。日本学人以"虚拟的血缘社会"来描述，颇为恰当。昔日的家族、村落，今天的"会社"、"集团"，均非以真正的血缘或亲情构成、联结，它吸收了各种养子、仆从、雇员，形成了一种超越一般意义上的契约关系的利害共通、共存共荣的仿佛有亲密血缘的从属关系。它颇有点像马克斯·韦伯所阐述的新教伦理，在日本走向现代化的过程中，起了某种催化剂的作用。我们能不能从这个意义上认为，武士道比儒家更富于"现代性"呢？

三

如果说，在江户时代，武士道与日本国学家极力倡导的"物哀"传统、神国思想成为共同构成"大和魂"（Yamatodamashii）的三大基石，使单一民族的日本基本具备了文化上的自我同一性（Identity）的话，那么，在近现代，作为"大和魂"主轴的武士道思想的坐大，就不能不提到两个人：新渡户稻造和三岛由纪夫。

先说前者。新渡户稻造，为日本著名的启蒙思想家、教育家，早年赴美、德留学，获博士学位。历任京都帝大教授、东京帝大教授、东京女子大学校长及战前的国际联盟副秘书长等职。作为第一代"开眼看世界"的日本人，其肖像至今印在 5000 日元的纸钞上。新渡户虽然有名，但其最初的成名，却是由于一部书，即《武士道》（*Bushido*）。

那么，新渡户何以想起写这样一部书呢？其在《武士道》第一版序言中如是说："此书的直接开端，是吾妻常常问我，为什么这样的思想或风俗（指武士道）在日本很普遍呢？"在其美国籍夫人玛丽的眼里，武士道的规矩，是很野蛮的。玛丽的看法，也代表了当时西方社会对日本的"偏见"。日本虽然在甲午战争中战胜了中国，但由于其在战争中的暴行（如"旅顺大屠杀"、"领台大屠杀"等），仍不见容于列强，被视为野蛮国。所以，日本必须向国际社会解释日军的行为是"武士道"，是一种高尚的"美德"。

单看该书的出版时间就知道，明治末年，正值日本战胜中国之初，士气大振，一方面，其与俄国积怨日深。说白了，就是在与列强抗争的同时，拼命成为列强一员的时期，也是"崛起"中的东洋社会被西方当成"黄祸"而大加妖魔化的时期。

书甫一出版，即在西方社会引起了极大反响，在极短的时间被翻译成数种文字风靡各国。新渡户也因此而成为解读日本精神、伦理的权威，名扬世界。1905 年日俄战争结束时，明治天皇亲自召其进宫，玛丽夫人也陪同到皇宫拜谒。

在卢沟桥事变勃发的翌年（1938 年），由矢内原忠雄翻译的日文版《武士道》在岩波书店出版，成为在日本的权威"铁定版"。在书的第 16 章《武士道还活着吗？》中，作者断言："武士道一直都是日本的精神与原动力。"

> 打赢鸭绿江、朝鲜及满洲东北战役的，是日本祖先的灵魂，他在子孙的心中跳动，引导着子孙的手。那些威武的魂魄、武勇的先祖精神并未死去，对于那些有心看见的眼睛来说仍是清晰可见的。即使一位拥有最先进思想的日本人，在外表之下，仍然是一位武士。

在这里，武士道已然成了为日本的殖民和侵略战争辩护，使其正当化、合法化的工具。

　　新渡户本人从 1920 年起担任国际联盟①副秘书长 7 年，负责日本在国际上的外宣工作。回国后就任贵族院议员，并作为"太平洋问题调查会"理事，为九一八事变后日军出兵东北辩护，直到 1933 年去世。

　　再说三岛由纪夫。作为日本当代著名小说家，三岛曾数度获诺贝尔文学奖提名，是文坛公认的怪异鬼才。短短的一生，创作了大量小说、戏剧、诗歌、文论和散文，构筑了一个令人致幻的文学迷宫。其思想极其复杂，很难简单评价。大体说来，是古典主义和浪漫主义的混合体。而其古典主义，则又是和洋古典主义的混合，来源有二：一是日本的古典，二是古希腊。

三島由紀夫
割腹自殺!

　　1970 年 11 月 25 日，三岛由纪夫在东京自卫队营地发表了极端自我陶醉的"檄文"演讲后切腹自戕。

---

　　①　国际联盟（League of Nations，简称"国联"），存在于第一次世界大战后的国际组织，宗旨是减少武器数量、平息国际纠纷及维持民众的生活水平。但国联却不能有效阻止法西斯的侵略行为，二战后被联合国取代。

前者，一方面，他从近世井原西鹤的"男色"审美情趣中获得日本古典的情绪性和感受性，通过性倒错来表现其理想中的男性美；另一方面，受日本近世古典《叶隐》的大义忠主君思想的影响，并将这种武士文化精神作为一种纯粹的美学理念。从这里出发，从战后解体的绝对主义天皇制的躯壳中，剥离出"文化概念的天皇"的理念，以此为基础，确立了"文化天皇观"，并在创作中加以抽象化、美化。他强调，"古典主义的极致的秘库就是天皇，而且正统的美的圆满性和伦理的起源，在不断的美的激发和伦理的激发的灵感中，就有天皇的意义"。可以说，三岛念兹在兹的"终极之美"方程式的核心，就是天皇，他试图通过自己的艺术重新树立作为国家和民族统一象征的天皇的精神权威。尽管他追求的是所谓的"文化天皇"，但由于美被绝对化，三岛美学的"金阁寺"在令人感到美轮美奂的同时，也使人带有某种压力。

《叶隐》对三岛影响之深，几乎贯穿其一生：不仅是他学生时代最爱读的三种书之一（其他两种是《上田秋成全集》和法国早夭的天才作家雷蒙·哈狄格（Raymond Radiguet）的《伯爵的舞会》），更在其自戕前三年42岁的时候，写作了《叶隐入门》。

三岛显然是通过修习《叶隐》来思考、面对和接近死亡。"在如梦一般无足轻重的十五年里，每天每天都觉悟着，这是最后了。就这样，每一瞬间，每一天都在积甸着什么，过去的积甸将会在某一时刻完成他的使命。这就是《叶隐》所教喻的生的哲学的根本理念。"

对三岛来说，"人只能为正确的目的而死"根本就是一个伪命题："人在国家里营生，是否真的可以把自己限定在那样的正确目的之上呢？或者，不把国家作为前提，是否有机会完全超越国家，作为个体在生的时候，以一己之力完全为了人类的正确目的而死呢？"这样的问题不得不搞清楚。因此："死的绝对观念和被称为'正义'的现实观念之间的龃龉永远都会发生。因为对死的目的正确与否的定性，说不定会因历史而在十年、数十年、百年或两百年后发生逆转，被重新修正也未可知。"

就像对于死的目的的追问，没有正确答案一样，三岛认为，人选择死也是可疑的。"因为我们没有选择死的基准，正如我们活着就是被什么东西所选择的结果一样。我们既然无法自己选择生，便也不能最终选择死。"结果，人类就只能堕落到连死也不能自由选择的泥潭，这是人生的一大虚无。他认为纵然是《叶隐》，在生死关头，虽以死相谏，但却不能说是"选择死"。

那么，生者面对死亡是怎样一回事呢？《叶隐》在这种情况下，提示了行动的纯粹性，肯定一种很高的情热及其能量，并肯定由此而生的所有种类的死。

我们常常容易陷入一种错觉，以为人可以为某种思想或理想而死。但《叶隐》主张，即使是最不可饶恕的死，哪怕是那种无花无果的犬死，也应该有作为人的死之尊严。如果我们尊重人的生的尊严的话，为什么可以置死的尊严于不顾？对任何死亡，都不能妄称犬死。

经过如此抽象、繁冗的关于死的形而上思辨之后，三岛虽然认同《叶隐》的所谓"生死关头，以死相谏"的结论，但却附加了一个条件：这种死必须是一种美的死。这正是三岛绝对主义美学的核心所在，也是其美的方程式链接到武士道、"大和魂"的内在精神资源的秘密通道。

所以，1970 年 11 月 25 日，发生于东京市谷陆上自卫队营地的切腹自戕事件，绝非偶然，而是这位杰出的艺术家精心策划的一出舞台剧的高潮：穿什么样的制服，用什么样的短刀，以何种方式切腹，多长时间断气，谁来"介错"……所有这一切，完全按照武士《切腹指南》的程序严格操作，沉着冷静，纹丝不乱，连露台外面广场上集结的近千名自卫队员的震天怒吼仿佛都听而不闻——

我们看到，战后的日本沉湎于经济繁荣的虚幻之中，忘记了国家的基础，丧失了国民精神，舍本求末，陷入敷衍和伪善，自动跳进了灵魂空虚的深渊。我们强压怒火，看到政治仅仅是为掩饰矛盾、保身、权欲和伪善而效劳，国家的百年大计托付给外国，战败的屈辱未雪而只是蒙受欺骗，日本人自己在亵渎日本的传统和历史。我们梦想，现在唯有自卫队才保留着真正的日本、真正的日本人、真正的武士魂……

以如此滴血溅泪的《檄文》号召自卫队"决起"失败后，绝望的三岛由纪夫跪坐在地板上，上身挺直，当他缓缓操起短刀实施其最后计划的时候，内心一定充满了陶醉。

哈"不良"

——时尚文化的原动力①

当日本经济结束战后初期的重建，正稳步迈向高度成长期，乃至日政府在 1956 年《经济白皮书》中踌躇满志地宣告"现在已经不是战后"的时候；翌年，当著名"毒舌评论家"大宅壮一以不无夸张的腔调预言电视媒体将把日本人"一亿总白痴化"的时候，"亚文化"（Subculture）开始作为一个学术词汇进入日本，而它真正成为表现战后东洋市民社会特质的关键词，则是 20 世纪 60 年代以后的事情。

所谓亚文化，亦称青年亚文化（Youth Subculture），在今天现代日语中的语境是"与真正权威的高级文化及以一般大众为对象的大众文化（Mass-culture）相对应，是面向年轻人的作品和内容"，其内涵大致相当于年轻人文化或"青年文化"（Youth Culture）。既然是"亚"（Sub），那么其原意中自然包含"下位文化"之意，即古典音乐、古典艺能、纯文学、纯艺术（Fine Art）等正统、高级文化之外的艺术，传统上也曾作为大众文化的同义语而使用。

这个词汇在现代话语中的咸鱼翻身大约始于 20 世纪 50 年代：1955年，好莱坞电影《伊甸园之东》（*East of Eden*）和《无因的反叛》（*Rebel Without A Cause*）在日本上演，主演詹姆斯·迪恩（James Dean）顷刻间成为家喻户晓、大红大紫的明星；同年上演的另一部好莱坞影片

---

① 本文为《族的系谱学——青年亚文化的战后史》［难波功士，『族の系譜学——ユース・サブカルチャーズの戦後史』，（日）青弓社，2007 年 6 月］撰写的书译，发表于《21 世纪经济报道》。

《暴力教室》（*Blackboard Jungle*）中的主题歌 *Rock Around The Crack*，更成为风靡列岛的热曲——此为被称为"Teenager 文化"的美国流行文化最初登陆日本，在保守的东洋社会酿成一发不可收拾的西化"新浪潮"之滥觞。

　　1956 年，描绘拥有"老爹给买的车"的富裕阶层子弟生活方式的流行小说《太阳的季节》出版，一炮打响，当年即创下 28 万册的发行纪录，其作者、现任东京都知事石原慎太郎 24 岁便荣膺芥川文学奖，跻身新锐小说家行列。作品旋即被日活（Nikkatsu Corporation）拍成同名电影，由作者的弟弟、已逝世的天才明星石原裕次郎主演，轰动全国。作品描写了一群生于中产阶级家庭的不良少年青春期的"喧哗与躁动"：湘南叶山的避暑山庄、逗子海滨的游艇码头、郊外别墅的舞会、银座林荫道的猎色……成为东洋社会"迷惘的一代"的"阳光灿烂的日子"。战后初期像工蜂一样勤勉工作的上班族们在惊异于居然有如此不求上进、玩世不恭的"社会精英"（彼时还是大学生被视为"精英"的时代）的同时，也不由得被那些年轻、健康、充满生命活力的性爱情节所吸引。

　　石原兄弟作为"太阳族"的代表，以这种令父兄们感到尴尬、突兀的方式，宣告了一个消费型社会的来临。从此，日本经济的新干线驶过"神武景气"（1955—1957）、"岩户景气"（1958—1961）和"国民收入倍增计划"，一路驰骋，直奔东京奥运会。仿佛一夜间，全国的大街小巷冒出无数留"慎太郎板寸"，戴墨镜，穿拖鞋，走路像瘸子似的拖着腿但绝不屈膝的不良少年。在大众传媒的造势下，"太阳族"成为高成长初期日本社会一道独特的世相风景线。

　　1964 年，在东京银座的"Miyuki"大街，出现了一些着装时尚的年轻人的身影。跟外表上故作浑浑噩噩状的"太阳族"相比，这一群相当绅士淑女：男性一律美国东海岸常春藤名校"Ivy"风格装束，分头、眼镜、皮鞋，格西装、细领带、深色长裤，显得知性文雅、气质高贵；女性则效仿法国作家弗朗索瓦丝·萨冈（Françoise Sagan）的《你好，忧愁》（*Bonjour Tristesse*）中女主人公赛茜尔（Cécile）的装扮，披肩长发用手帕轻束，连衣裙的裙带在腰部打结，赤脚穿橡胶凉鞋，拎着像麻包一样的大袋子，里面塞满了化妆品和换洗的衣物，透着适性、随意和波希米亚的调子——这是于战后第一个生育高峰出生的、所谓"团块世代"的粉墨登场。这份堪称模范的美国东海岸加欧陆风的精心别致，简直就是从彼时流行的时尚杂志上走出来的一群时装模特。

当"Miyuki族"的少男少女们三三两两徜徉在银座——这条被看做是成人世界中最高贵、最繁盛的大街——以青春美貌和摩登时尚装点着那些珠光宝气的橱窗、拱廊的时候，他们仿佛在向世人宣称：这里，是我们的T型台，是我们猎艳的竞技场。

从"太阳族"到"Miyuki族"，可以看出青年亚文化从"阶级"到"世代"的推移开始加速。就对性的态度而言，相对于只把女性当成是单纯的性行为（Sex）客体的"太阳族"，"Miyuki族"在渔色时，主导权也可能在女性一方。对此，1975年9月9日出版的《周刊花花公子》上，日本风俗评论家矶野荣太郎评论道："作为评价族的基准，决定性的是看他们留下什么。太阳族解放了性，六本木族、原宿族带来了乱交，地下族产生了新艺术，而Miyuki族则创造了欺骗男人的技艺。如此看来，太阳族和Miyuki族不愧是战后的两大族系。"

如此，作者以文化社会学的方法，对战后各个时期"你方唱罢我登场"般轮番出场的形形色色的亚文化"种族"细加研究，以类似田野调查般的实证手段，分别从阶级、媒体、世代、性及场所5个维度出发加以考察、分析，相当程度上复原了战后日本社会亚文化产生、发展和消亡的生态环境，让我们得以像地质学者观察地层构造似的，按时间的顺序，对由多达11种亚文化构成的"层累构造"的"物理"形态做深层扫描："疯癫族"、"暴走族"、"水晶族"、"御宅族"、"涩谷系"、"新人类系"、"Ko-Gal系"、"里原系"等等。

作者观察青年亚文化何以从"族"演变到"系"的着眼点，颇耐人寻味。20世纪60年代，经历过战争的世代与战后世代之间有难以弥合的鸿沟。以此为背景，试图从以老一代的人生经验为主导的所谓社会共识的桎梏中脱离的年轻一代，很容易彼此找到相通点。以这种相通点为共同纽带，"××族"便应运辈出，如雨后春笋。但是，进入20世纪80年代后，代际差异变小，富足的生活使年轻人在讴歌并积极融入消费社会的同时，被同构化，青年文化也被稀释，作为"反弹琵琶的精英主义"的反体制角色似乎也被忘却。所以，当人们说"年轻人"

时，不复有特殊的意味。因此，20 世纪 90 年代登场的被称为"××系"的亚文化"种族"，从一开始即带有某种暧昧色彩，其结合已不再像早期的"族"那样基于对共同纽带的自我认知，而是基于时装、时尚杂志及市场专门家们所说教的流行要素的站队行为。

从这个意义上说，以对抗社会主流文化、意识形态为出发点的战后青年亚文化，在绕了一个圈子之后，似乎又回到了起步的地方。不同的是，这次所面对的，除了当初拼死对抗的社会既成秩序所强加的东西之外，还多了一个自身的衍生物——其血缘虽然来自亚文化，但却高度体制化、权力化，几乎"进化"成了另一种"主流"。

发轫于战后初期的青年亚文化，几乎与日本和平建设的历史等长，取得的成就也相当，可谓以"不良"、"解构"始，以"有趣"、"建构"终。今天，那些曾几何时被视为"非主流"的亚文化物种（如动漫、电玩等），不仅成了当然的雅文化，是所谓"酷日本"的魅力所在，甚至构成了日本在 21 世纪赖以生存并做大的重要软实力。

谁曾想，风靡全球的创意产业、时尚工业，竟源自一群不良少年的"恶搞"。

我跑，故我在[①]

先破题。《当谈论关于跑的时候我所谈的》（以下简称《当》），无论日文原文，还是译成中文，都是一个拗口的书名。村上春树一向以重视作品的标题著称，从《挪威的森林》到《世界尽头与冷酷仙境》，从《海边的卡夫卡》到《舞！舞！舞！》，无不极尽洗练、小资之能事。可如此村上，何以为自己的第一部自传性随笔集起了这样一个缺乏梦幻情调又稍嫌冗长的书名呢？答案是有所师承：一向为村上所敬重的美国作家雷蒙德·卡弗（Raymond Carver）的短篇集 *What We Talk About When We Talk About Love* 乃始作俑者。两年前，村上将其译成日文出版，书名就叫《当谈论关于爱的时候我们所谈的》。

开宗明义，村上戏仿格言警句的口吻说，正如"真正的绅士，不谈关于分手的女人和支付了的税金的话题"似的，"真正的绅士，不在人前津津乐道健康法"。所以一方面，"虽然我不是真正的绅士……但对于写这样的书，依然感到有些难为情"；另一方面，这毕竟"不是一本关于健康法的书，我并没有在这里不厌其烦地展开诸如'好，大家每天跑一跑，让我们更加健康'的主张。这本书只关涉对像我这样的人来说，不停地跑意味着什么，对这件事的思考或自问自答"。

英国作家毛姆尝言，"无论怎样的剃须刀，都有其哲学"。对此，村上颇有心得："即使再闷的事，只要日复一日地持续下去，便会有某种观照油然而生。"至此，长跑这件谁都做得的庸常俗务，似乎被赋予了

---

① 本文为《当我谈跑步时我谈些什么》［村上春树，『走ることについて語るときに僕の語ること』，（日）文艺春秋社，2007 年 10 月］撰写的书评，发表于《新京报》（2008 年 5 月 12 日），发表时题目为《村上春树体的"在路上"》。

类似西西弗斯式的哲学、思辨意味，令人联想起好莱坞电影《阿甘正传》中，退伍军人阿甘领跑众生的故事。但村上不是退伍大兵，他是职业小说家；其性格也不适合领跑，他只是独自跑，一味地、带有些偏执地跑，跑，跑———一直跑下去。"一本关于跑的忠实记录，某种程度上也是关于我自己的忠实记录———在写作的过程中，我意识到了这点。"因此，这是一本"以跑步（Running）的行为为基轴的回忆录"。在此，村上特意使用了法文语境的回忆录（Mémoire）的表达，令人想到普鲁斯特、莫洛亚等所代表的法兰西内心独白式自传体回忆的写作传统。

事实上，《当》正是一部路跑者的内心独白。1982 年秋天，33 岁的村上刚刚杀青《寻羊冒险记》，踌躇满志，决定把经营多年的酒吧交给他人，走职业小说家的道路。与此同时，东京都的公路、河畔和自卫队基地的操场上，多了一名长跑者。两件看似无关的事体在时间轴上的响应，既是机缘巧合，也是一个隐喻，在村上而言，则几乎意味着同一件事：写作即长跑，一场永无终点、注定绵延一生的马拉松。

村上的自我定位是以长篇创作为主的小说家，多年来一直保持着每年一部的稳定状态，至今不见收敛迹象。

> 写作长篇的劳作，从根本上说，是一种肉体劳动。作文本身大约是脑力劳动，但从头到尾完成一部体系化的书的写作，更近乎体力劳动。……坐在桌前，神经像激光束似的聚焦于一点，从乌有的地平线上启动自身的想像，构架故事，从庞大的语汇中一个一个地挑选恰如其分的表达，让所有的情节按故事本身应有的逻辑轨道发展、流动……小说家须身披"物语"的行头（Outfit），全身心投入思考。这种作业所要求作家的，是对全部肉体能力一网打尽般的行使———更多的情况是酷使。

从音乐酒吧的店主，到职业小说家，意味着两种迥异的生活方式之间的跨越，村上所直面的问题是如何保持良好的竞技状态。原来，在开店的繁复体力劳动中，体重反而被控制在较低的安全水平。而一旦成"坐家"，日复一日对着稿纸，体力开始下滑，体重增加。为了集中精力，过量吸烟。村上一度日吸烟超过 60 支，乃至手指泛黄，浑身散发烟草味，与"小资教父"的形象有莫大的反差。于是，长跑成了村上志业选择的伴生物。

从那以后，四分之一世纪如一日，村上一直"在路上"：从东京到到北海道，从雅典卫城到马拉松镇，从波士顿剑桥城的查尔斯河畔到科罗拉多落基山脉的博尔德高地；从一个人适性随意地跑，到马拉松，到100公里超长马拉松，再到铁人全能三项——小说家对自身体能极限的挑战也挑战着挑战本身的极限。但就在跑得上气不接下气，终于撞到终点线的那一刻，眼前的视野豁然开朗，某种因挑战而拓宽的空间感、释放感，对小说家来说是最丰饶的恩赐，是创意的源泉。

对此，村上并不讳言自己成名后绝大多数作品的灵感，大都产生于路上，是路跑之人的视觉及其他感官对河川、山麓和笔直的跑道发生交感的结果。

然而，困惑也在这里。古往今来，文学从来是"恶之华"，而诗人、小说家则是孕育黑暗花朵的母体。太多的作家论、创作谈告诉我们成功的作家是如何颓废、堕落、糜烂，病态到坠入欲望的最底层，然后置死地而后生，超越罪恶，笔下汩汩流出"恶之华"，从巴尔扎克、狄更斯、菲斯杰拉德，到太宰治、永井荷风、郁达夫，莫不如是。

但村上认为，"所谓艺术行为，就其成立的过程而言，本身就包含不健全的、反社会性的要素……但我觉得，唯其小说写作是人的内在毒素被抽出的'不健康作业'，要想职业性地、长久地将小说创作进行到底的话，我们务需构筑自身的足以对抗体内危险（有时甚至会要人的命）毒素的免疫系统。只有如此，才能把更强的毒素加以正确、高效的处理。""操作真正不健康的东西，人要越健康越好——此乃我的辩证法。就是说，不健全的灵魂，也需要健全的肉体。"可以说，这种关于毒素与抗体、有病的灵魂与健康的躯体的辩证法，正是村上文学论的精髓所在，与传统的作家创作谈相比，显得有些另类，却令人耳目一新。

村上甚至为自己提前拟好了墓志铭：

村上春树
作家、路跑者
1949—20××年
至少到最后都不是走着的

一个如此偏执于跑的小说家，直到今天，还在路上——"我跑，故我在。"

日本漫画：冷酷仙境的冒险①

日本的漫画、动漫，其影响力所及，早已逸出了文化的边界，成为一个产业和经济现象。乃至今天，当我们谈论漫画、动漫的时候，也已经无法单纯从艺术、文化的视角来谈，而必须从一个更加广阔的、多层的视角来加以观照、把握，它至少应包括后现代艺术、电影、法律、文化社会学、社会心理学等方面。并且，其对众多领域、学科的影响并非是边界井然的"嵌入式"的，而是双向，乃至多向辐射、渗透式的，这无疑给我们的谈论和研究带来了一定的困难。

漫画产业有多大

一个不争的事实是，日本的漫画产业正在衰退。在盛期的 1995 年前后，漫画杂志产业年商达 20 亿美元；进而，人气作品出单行本，再创 10 亿美元。漫画的专业出版社小学馆，平均每月发行 2000 万部。被认为最广泛阅读的作品，发行可达 400 万部——相当于日本第二大城市大阪人口的一半。一个比较保守的统计是，日本人均（无论男女老幼）购读漫画在 15 册以上。最近的统计数据是，2005 年度，日本漫画、动漫产业的产值，占总 GDP 的 16%。

传统漫画，通常被以为是孩子的读物。很早以前，讲坛社的广告

---

① 此文根据 2008 年 1 月 30 日在"漫画出版的日本模式 VS 中国之路——书业观察论坛第 30 期"上的发言改写而成，后发表于《艺术世界》（2008 年 3 月号）。

说："学生从高中毕业的同时，也从漫画毕业。"这已然是老皇历了。如今日本的漫画，真正是"地无分南北东西，人无分妇孺老幼"——全民皆漫画读者：名小说家三岛由纪夫生前是漫画迷，有一次，定期购读的漫画杂志坊间售罄，特意去出版社淘来；政治家中，贵为首相的麻生太郎是超级漫画粉丝；桥本龙太郎在首相任上时，晚上与夫人人手一册漫画刊物，打发时间；2000 年，正值泡沫经济的高峰，日本一间破产大银行的总裁，在一家小旅馆自缢。在自杀现场，人们发现了大量手绘漫画和一张便条："我真抱歉。"银行家是一位性格内向的人，常年用漫画来表达自己对亲人的爱。

古已有之，发扬光大

漫画在今天很多用来表现性与暴力，但滑稽漫画也很多——这一块是日本漫画的祖先。早在公元 7 世纪在斑鸠法隆寺、8 世纪在奈良唐招提寺就发现了戏谑画；公元 12 世纪著名的《鸟兽人物戏画》中，用鸟兽的造型来讽刺贵族、僧侣。

镰仓时代（1185—1333）的绘卷本中，有佛教的地狱极乐图和讽刺当时世相的戏谑画；在江户时代（1600—1868），以新兴的版画技术为依托，产生了一大批造型生动、夸张的诙谐肖像画；到大正时代（1912—1926），报纸、杂志等现代媒体开始流行，产生了冈本一平和手塚治虫等漫画家。一般认为，奠定了战后漫画基础的，是手塚治虫。

手塚在舶来的、被称为"Comic Strip"的多格连续情节漫画（19世纪末产生并流行于美国，有点像电影的分镜头剧本）的基础上，按东洋的审美习惯，加入电影的视觉表现（诸如镜头的拉近、推远，镜头摇摆，长镜头及特写等），成了今天新漫画的雏形。因为日本漫画的舶来性，漫画人物从一开始就是"脱日本"的，手塚可谓这种洋风漫画的始作俑者（如 1947 年的《新宝岛》）。

当然，日本漫画真正的发扬光大，是在消费文化成为主流之后。换句话说，是与现代大众传媒的发达同步的，不仅因为前者要以后者为搭载内容的平台，更因为前者本身即构成了媒体之一种。

"视觉化物语"

如果说西洋漫画是一种以插画为情节表现辅助手段的"插画物语"的话，那么日本漫画则是"视觉化物语"。以漫画稀释故事线索，构筑情节。为表达一个故事，日本漫画不惜 10 页、20 页，甚至几百页的篇幅，且"惜墨如金"——文字少到不能再少，几乎只剩下一些必要的台词和拟音词。文艺复兴巨匠米开朗琪罗尝言其宗教壁画是为文盲画的《圣经》，在日本漫画人气的背后，也许有类似的背景。日本有号称世界最高的识字率，但实际上识字率的标准，跟其他国家是不同的。同时，日语的文字表达过于艰深，也许助长了漫画的普及——聊备一说。

大众传媒性

众所周知，日本漫画的产品化要依托大众传媒，漫画家的作品要先在漫画杂志上连载，连载完成后再成书出版。近年来，人气漫画越发出息，不仅出书，甚至拍成电视连续剧、拍成电影上演。当然，电视、电影也是广义的大众传媒。就是说，漫画的内容，要以大众传媒为平台搭载。但这只是问题的一个方面。

问题的另一个方面，是漫画本身的媒体化。为什么这样说呢？

先看形式：读漫画虽然也是阅读（Read），但有别于读小说和理论书籍的阅读，无需深读，类似一种浅读，或曰"速读"（Scan）。一般来说，一部 300 页左右的漫画 20 分钟即可读罄，即一分钟 16 页，平均一页不到 4 秒钟，跟看掌上电视的感觉差不多。读完就扔，值得重读的漫画，绝无仅有。一册漫画约两美元，按日本的物价水准，是很便宜的。所以，从形式到价格，漫画基本上就是一册杂志的感觉。

再看内容：到过日本的人，会惊叹于漫画选题范围之广：从日本古典《源氏物语》，到 SONY 公司前老板盛田昭夫的畅销书 *Made in Japan*，从当下的电视肥皂剧，到"反思"历史的《战争论》，可谓不拘一格，应有尽有。最近，随着日本的世纪转型，表现各种社会现实问题的所谓"社会派漫画"格外引人注目。譬如，有表现日本企业进入中国市场的《岛耕作》系列，表现男女平等的《工作男》（*Hataraki Man*），表现经济欺诈犯罪的 *Kurosagi*，表现对合同制职员（即公司的非正式雇员）、派遣劳动者的经济歧视的《派遣的品格》等等。

以其选题的广泛，已经完全不输于纯文学、电视及其他形式的大众传媒，我们甚至可以认为，漫画，其实就是大众传媒之一种。

冷酷仙境的冒险

权威的漫画评论家，美国文化学者 Frederik L. Schodt 说，"（日本）漫画，就是江户时代后期的大众艺术，即以夸张的性和形式化的暴力——切腹的武士和喷血的场面——为标准特征的艺术的直系子孙"，"基本是垃圾，但却是无害的娱乐"。它不是社会的直接反映，更不是相应线形地表达社会现实的延长。但它不仅反映社会的价值观，某种程度上甚至可以创造它们——正如威力强大的电视之于社会那样。

唯其不是现实社会直接的、线形的拷贝，漫画的形式才更纯粹、更极端、更超现实，所以也就更刺激、更富于悬念、更"酷"。读过一定量日本漫画的人会知道，漫画所表达的暴力，要比小说、电影等写实性文本的表现要血腥、冷血得多；同样的，漫画中的色情，那才真叫色情，几乎是无节制的。

漫画中的人物，乍看上去不太遵循现实生活中人物的逻辑，不按常理出牌，但这恰恰是漫画的逻辑。人物及其活动，包括对话、内心独白，遵循"漫画现实主义"（Mange Realism）的原则。而这种"现实主义"，翻译到现实生活或传统情节剧的语境中，几乎是反现实或超现实的。

用某位日本战国题材漫画发烧人士的话说，如此日本漫画"是心跳的热血江湖"；用村上春树式的表达，则是"冷酷仙境"的冒险。

漫画·动漫·宅男

在战后东洋社会，就对一代青年的影响而言，最重要的媒介莫过于漫画和动漫。两种媒介凭借各自的资源独立发展，分别形成了巨大的市场。而被称为"御宅族"（又称"宅男"）的特定社会人群，可以说是这种市场的直接催生物，同时也是上述两种媒介的狂热受众群。

关于"宅男"的由来，历来有诸说。其中比较靠谱者，是说源自1983年，作家中森明夫根据日文中的第二人称"御宅"（Otaku）的命名。具体指那些热衷于漫画、动漫、"特摄"（特技摄影）等亚文化的消费人群，不客气地说，这本来是一群在文化品位上被轻蔑的对象：由于性格内向，他们多不善社交；即使早已成人，却难以从儿童趣味中蜕身。

20世纪90年代以降，宫崎骏、押井守、大友克洋、庵野秀明等大家的作品的影响溢出国界，在海外获得好评，所谓"东洋动漫"（Jap-animation）的现象广为人知，甚至成了一种全球化的品牌，为日本挣来了巨额外汇和文化软实力。在这种情况下，日本国内围绕漫画、动漫的状况也为之一变，从政府到民间，从最初的蔑视、无视，转为扶持、支持。这种变化，也使社会对作为漫画、动漫的最大受容人群的"御宅族"们的印象有所好转——从"百无一用是宅男"到还算"差强人意"。

最初把"宅男"的创意植入现代艺术的艺术家是中原浩大和Yanobe Kenji：前者从商店买来塑模人形，自己着彩，把玩具作品化；后者以铁臂阿童木为原型，做成"阿童木套装"。这些创意，透出一种对孩提时代耳濡目染的青年亚文化的眷恋的同时，还流露出某种对长期以来自我表现不被认可、对既成艺术体制的厌恶情绪。但这些草创时期的"宅男"创意，现在已少被提起，因为同为新生代艺术家、出道较晚的村上龙（Murakami Takashi）、奈良美智（Nara Yoshitomo）等人作品所表现出的"宅男"情结，更强烈、更孤独，更偏执，也更富存在感。尤其是村上，从传统日本画届（相当于我国的国画）厕身前卫艺术，在"东洋动漫"名声如日中天的20世纪90年代中期，迅速向"宅男"文化倾斜，凭借其日本画科班出身的卓异造型能力，接连推出一系列诸如《DOB君》那样的拟人偶像和类似 Second Mission Project ko2 的美少女人形。与一般艺术家不同的是，其新作发布不是在普通的画廊与美术馆，而是动辄安排在大型艺术文化节的会场，其轰动效应可想而知。

相比较而言，村上龙虽然把"宅男"创意植入自己的创作中，但核心部分仍然是对"日本"要素的强调，以一种东洋得不能再东洋的形式，极端地表现人的欲望。这一方面与其日本画的出身有关；另一方面，也与其扬名海外在先有关，所谓"墙外开花墙内香"——先成大名于海外，后受瞩目于本土。原本被认为与现代艺术格格不入的日本要素，反而被村上炫于反手，成为其海外成功的敲门砖。而奈良美智，尽管也是先成名于海外、名声效应后回流本土的艺术家，但其创作的以东洋大头女囡为主题的系列作品，正如那女孩的一只眼常被纱布蒙着，总处于受伤状态一样，在女孩看来，世界过于坚硬、强大，而人是软弱、易碎的。从某种意义上说，比起村上狂飙突进般的欲望表达，奈良作品的主调似与"宅男"情境有更深层的契合。当然"御宅族"里也分"安静型"与"狂躁型"，趣味不一，难以一概而论。

随着日本泡沫经济的崩溃及其国内基于新自由主义经济、社会政策的所谓"构造改革"的深入，东洋社会的"御宅族"已经历了四代变迁：从终日沉湎于SF电影录像、成人漫画的60年代出生的"宅男"，到在互联网、手机文化中长大成人的80—90后"宅男"；尽管社会早已今非昔比，但对技术进步的受用和陶醉，相当程度上麻痹、稀释了"就业冰河期"、"格差社会"等转型阵痛所造成的心理落差，纵然也有诸如秋叶原无差别杀人案等骚动发生，但从整体上说，"宅男"们跨出"御宅"的勇气和动力仍嫌不足。

但是，作为一代，不，几代"宅男"集体自觉自愿退出社会竞争，

"只消费，不创造"，且多系家境殷实的中产阶级家庭子弟构成的庞大社会人群，其文化消费的嗜好和取向本身，无疑便构成了繁育某种新型文化的母体。正因此，东洋"宅男"的文化效应早已溢出国界——不出家门的"宅男"，却先出了国门：自从上映《电车男》以后，"阿宅"、"宅人"的称呼成了港台流行语，虽然大老爷们"大门不出，二门不迈"的形象与男耕女织、勤勉苦干的中华民族传统美德相去甚远。

在欧美社会，舆论似乎更关注令无数"宅男"沦陷其中、难以自拔的日本造电玩和网络游戏中的暴力倾向问题，出于"必须保卫社会"的使命感，他们担忧"日本沉没"是否会殃及大洋彼岸。典型者如法国《费加罗报》："有朝一日，东洋的动漫会成为法兰西之毒瘤。"

东京街头的青年亚文化。

日本人到底爱不爱撒谎

学者余世存说:"以我在中国生活近四十年的经验观察,我国人养成的习惯里,保持得最好、发挥得最淋漓的习惯乃是撒谎的习惯。关于中国撒谎学的研究,除了为撒谎辩护的高论外,至今是一个空白,印象中只有鲁迅等人的作品有所涉及……关于撒谎的教化,不仅政治家高兴,就是受苦受压的老百姓也是同意的。"显然,余先生在这里把撒谎当成了某种民族性的问题,做的是文化社会学剖析,多少有"酷评"的成分。由此,笔者想到的一个问题是:中国人爱撒谎,就像公德淡漠、随地吐痰、不讲卫生等陋习一样,是屡受世人质疑、批判的对象。但在世界民族之林中,是不是独中国人爱撒谎呢?譬如,东邻岛国日本,是举世公认的美丽清洁的环保天堂,其国民勤勉、爱美、富于公心,一般来说也憨厚、朴实,到底爱不爱撒谎呢?

我相信,从道德伦常、经典教化上说,任何一个社会都不鼓励撒谎,否则那个社会便是"反社会"的,儒教之中国如此,深受儒教文化辐射、影响的日本亦不例外。古时武士的道德修养最重要者有三,曰"仁"、"诚"、"勇"。其中,"诚"者,即诚实。日本近代教育家、《武士道》一书作者新渡户稻造尝言:"无信义、诚实的话,所谓礼仪便是滑稽和做戏。"美籍日裔社会学者福山(Francis Fukuyama)在其赫赫有名的学术著作《信任——社会美德与创造经济繁荣》(*Trust—The Social Virtues and the Creation of Prosperity*)中,有个著名的判断:一个社会的信任度与其经济发达程度之间有某种逻辑关系。进而,他对世界主要国家,按信任度作了一番评价、排序:与日本、德国、美国等"高信任文化"社会相比，中国、意大利南部地区、法国属于"低信任文化"，所以经济繁荣也受到抑制。理由是，低信任的社会，其信任只局限于血亲关系层面，因而无力构筑现代社会中基于商业互信和共同利益而形成的社会中间组织（如教会、商会、公会、俱乐部等），自然也不善于打造出非血亲的私营企业组织。

福山的结论正确与否另当别论，日本作为东亚民族，堪称诚信社会，则是不争的事实。从非血亲继承的普遍存在到明治维新前近三个世纪的江户社会的商业繁荣，亦可佐证这一点。今天，随便到岛国的某个乡下居酒屋或偏僻小镇的陋店，依然可以看到对熟客记账消费的前商业社会的文化遗留。要知道，记账消费原本就是现代信用消费的雏形。

对日本社会有所体察者会知道，作为个体的日本人，确实绝少撒谎。他们轻易不对人承诺什么，而一旦承诺，则一诺千金，当全力兑现。那种瞎话流舌、说了不做的人，就像诺而不为的企业一样，在日本社会很难立足。一个主要原因，就是所谓"信任社会"，靠的是人与人之间"信"的维系。今天，随着增长神话的破灭，虽然终身雇佣已成过去时，但相对来说，日本的社会流动仍然算少的。一个人进了某家公司、机构，如果不出意外，是打算从长计议并在此"出世"的。因此，其信任度的大小，能否让上司、同僚信得过，把工作全交给你，便是至关重要的，没人愿意拿自己的信任度作赌注。换句话说，破坏信任的成本相当高。

但也不能仅据此就认为日本人从不撒谎或不爱撒谎。撒与不撒，关键看撒谎的主体和目的诉求。对作为超越个体的组织之一员的日本人来说，只要被认为一己的行动代表了公司、机构，乃至"国家利益"的话，撒谎并不困难。岂止不困难，有时简直就是下意识的职业习惯，张口就来，近乎本能性的机械反应。近读张超英①的回忆录《宫前町九十番地》②，谈到其于 20 世纪 80 年代初，看到日本人赴中国台湾签证申请后只需 24 小时即可到手，而台湾人申请赴日则要等两周，痛感如此

---

① 张超英（1933—2007），生于日本东京，毕业于明治大学政经学部。就职于台湾行政当局的新闻部门，作为新闻发言人常驻东京、纽约。退休后赴美定居。

② 张超英口述，陈柔缙执笔，『宫前町九十番地』，时报文化出版社，2008 年 6 月。

"不对等"。对此，质询日本政府的结果，被告知赴日签证需绕道香港总领事馆才能发行云云。如此拐弯抹角的说明岂能蒙得过资深日本通？于是，张开始水面下的工作，终于抓住了一位在内阁府的常设咨询机构"观光政策审议会"挂名的著名女电视制作人。通过她的斡旋，说服有关部门，成功改变了政策"路线图"。不出两个月，台湾人赴日观光签证的申请时间便从两周缩短为两天——原来的说法不攻自破。

笔者在日企服务时，从事对中国电力成套设备的出口。贸易合同中，最重要的条款之一，是交货期，多一天少一天是可以按合同总价折算成钱的。应该说，原则上，日本公司不会无故拖延交货。但有时公司订单过多，受制于生产能力，也难免会出现捉襟见肘的极端情况。一次，一个合同已经过了一周仍无法交货，再拖下去，按合同，罚则条款将自动启动，那公司损失就大了。

万般无奈之下，老板打电话给负责国际营销的伙计："对不起，公司想请你明天飞赴中国，直接对客户陈情，就说你妈死了。因'个人原因'，误了物流公司的装船期。现已做好相关处理，一俟船到……"可怜的伙计稍微怔了一下，立马对着话筒大声说："哈依，明白，部长：我妈死了！"

服饰的表情

照罗兰·巴特的说法，日本是一个由种种视觉化象征构成的符号帝国："在这个国度里，能指（Signifiants）符号的帝国如此之广阔，它超过了言语的范围，乃至使符号的交换依然保留着一种迷人的丰富性、流动性和微妙性。尽管这种语言晦涩难懂，但这些迷人的性质有时甚至就像是那种晦涩的结果。"在这个意义上，最典型的表征该是东洋服饰。虽然每个国家的民族服饰，都有其独特而丰富的表情，但少有像东洋服饰那样来得如此体系化。

日本近代民俗学者柳田国男说："服装是最能直接表现那个国家国民气质的东西。"传统的和服只有两种尺码：男物和女物，因此，只有着衣者挑选适合自己的衣服穿，鲜有量体裁衣者。日本的温泉、进门脱鞋的日式餐馆里的拖鞋，也都是不分左右的。就是说，有种高度统一的族群认同：除了最重要的男女差别之外，日本人皆"同质"。试图在和服的剪裁上打出个性，显然不是日本的传统价值观：在任何时候，只有"和"才是最高目标，而和服恰到好处地体现了这种文化同一性。

当然，不是完全没有变化：少女着衣色彩明艳，上年纪的妇人则低调收敛；那些虽然社会地位不高，但却殷实富有的商人的行头乍看质朴无华，但衣服的里衬则是穿金戴银的绫罗绸缎。除了和服，发型也无言地诠释着身份：云鬟高挽、簪钗娉婷"满舰饰"的艺伎与寻常百姓家的糟糠人妻是不致混淆的。

与阿拉伯妇女穿的哪都不挨哪的长袍不同的是，和服，尤其是"女物"，精确地描绘出人体的曲线。而且，女性和服内侧有好几层布，一层层裹住酮体，更强调了线条的轮廓。与西洋服饰所不同的，是强调的要素不同：不是胸、腰、臀，而是从肩胛上方到脖颈。凡事有利亦有弊，和服束缚了身体，妨碍了运动，基本上把动作限定于走、立、坐、跪，仅满足于在榻榻米上的活动。所以，现代乘电车上下班的 OL 们，平时绝少穿和服。但纵然如此，和服是不会被淘汰的。相反，和服美女被看成带有某种古风的氛围，是教养的象征。家境过得去的姑娘，闺中至少会保有一套和服，以备不时之需（成人式、茶道、花道、结婚式等）。日人不会因为和服束缚身体便将其废除或改革。就跟美国姑娘脱下牛仔裤换上婚纱一样，日本女性在和洋两种行头之间的转换几乎不需要过程。

"锁国"时期结束后，服饰的西化是近代化最初的功课之一。尽管开始的时候，闹了不少笑话（如把撑裙子以衬托腰臀曲线的鲸骨衬箍倒着用等等），但最终的结果却再次证明了模仿功夫的了得，不仅像模像样，且青出于蓝而胜于蓝。东洋制西装，做工考究，品质精良，板型更适合东方人瘦削的体形；三宅一生、山本耀司、高田贤三、川久保玲等，日本的时装设计师国际一流，自有品牌举世公认，且价格不菲。

鹿鸣馆时代，东洋绅士不仅西装革履，且怀表、礼帽、手套、手杖，欧洲贵族范儿被认为是套餐，一个不能少，乃至彼时有笑话形容日人着洋服，个个像是去参加婚礼或葬礼。从这里也能窥见日本的民族性格，要拿来，就全套拿来，眼里不揉沙子，容不得半吊子。还有一种解释是，习惯了里三层外三层和服的束缚的日人，把束缚感诉诸于过剩装备的洋装——所谓"人是衣服马是鞍"，服饰作为一种表情，先于个性，首先是社会性的。

而最能体现现代日本服饰之表情者，非制服（Uniform）莫属。日本是当仁不让的制服大国，从警察到医护，从空姐到大公司 OL，从学生到蓝领……不一而足。且其制服设计之完美、用料之高级、品质之优异，堪称精品。也许唯其如此，日人才偏爱制服也未可知。常见上班族下班时脱掉笔挺的制服，换上皱巴巴的廉价便装，坐电车回家。

但是，如果考虑制服本质上所带有的某种"被强制检阅"的意味的话，日人之偏爱制服的社会心理便耐人寻味了。大体说来，两种潜意识的交织构成了如此心理的底色：一是专业意识。日本虽然也是等级社会，但比起纵向的等级，日人更看重自己的职业，干什么爱什么，并以之为荣，所以被称为"职人"（手艺人）社会。一个成天跟砧板、鱼生打交道的厨子觉得自己的职业很荣光，自然对系着围裙、带着白纸糊的高帽子招摇过市毫无抵触。二是集团精神。日人在人群中会有意无意地以"我是谁"、"我在哪"的问题自我提示，同时确认自己的定位，目的是不被边缘化。只要在集团中，哪怕玩得不够好也没问题，但不能掉队。所以，大公司的上班族们，每天早上拎着沉重的公事包，穿着颜色、款式差不多的西装，胸前别着社员证，在同一个时间鱼贯进入写字楼，是比什么都踏实的事。

知日当如李长声①

我"粉"长声老师久矣。

20世纪80年代末，放东洋游学，一年后归来，对日本的兴趣却浅尝而不能辄止，开始留心本土传媒对东瀛的舆论。但很快发现，绝大多数舆论，要么还放不下意识形态的架子，作假正经状，要么自以为是，以为窥一斑而知全豹，对什么都敢乱下判断。如此"舆论"，与其说是对日本的报道、评论，不如说是对异邦的想像来得更准确。大概正因为看那种东西看伤了，坐下了"舆论"恐惧症的病根，至今怕读记者文字，尤其是那种一味煽情、全然不顾现实客观性与常识的游记体观感文字。

在这种情况下，长声的文字，是一个异数，对长声文字的发现，无论如何当记一笔。其于20世纪90年代为《读书》杂志撰写的系列日本文化专栏"日知漫录"，是我眺望东洋风景的一扇别致的窗，是了解东瀛出版文化、风土世相的一座精致的桥，对我来说，是"知日"的最初功课之一。在因特网时代到来之前的"寂寞"岁月，许多出版信息、文化资讯，均来自对长声文字的阅读，乃至十数年后的今天，对众多的"日知"文本，至今记忆犹新。

在我的记忆及与长声老师有限的交往中，无论是文本，还是发言，长声老师从未自诩过"知日派"。但纵然如此，在中国及日本的华文媒介上发声之频密如长声者，"知日"的帽子躲是怕躲不掉了。一个既欣慰，同时又不无悲哀的事实是，知日如长声者，鲜矣。悲哀者是太少，以今

---

① 此文系为文化散文集《日下集》（李长声著，世纪文景，2009年3月）所写的序言。

天两国政商往来之规模及因特网时代信息流通之迅捷，我们本该有更多的知日派；但可资欣慰的是，我们幸而有长声，他对日本社会的观察细微而具体，假之其独特的、恰如其分地融入了些许东洋味儿的文体，使我们对这个一衣带水的遥远的近邻，得以保持某种持久的热情和大体平衡的视角，从而避免了对邻国的想像在时而很美、很柔媚，时而"很黄、很暴力"的两极间摇摆。一定程度的摇摆并不可怕，可怕的是，长此摇摆下去，我们照准异邦的战略视野将永远找不到聚焦的焦点。

长声老师对日本的解读，从文学而社会，从艺术而生活；从文人掌故到饮食男女，从民间传说、风俗世相到现代东洋人的待人接物，颇有"东洋文化，一网打尽"的野心和架势，其扫描范围之广，当代中国文人鲜有出其右者。细察之下更会发现，其观察自有独特的视角。大体说来，借用日文的表达，是从出版切入，最后"落着"于文化之上。正因此，我一向是把长声之文当日本文化论来读的。

那么，何以从出版切入呢？一来，作者20世纪80年代末赴日以来，长期从事出版，出版既是"志业"，也是赖以糊口的营生。所谓"远来的和尚会念经"，就长声而言，出版之经，无疑是念得烂熟于心、最有心得者。二来，东瀛大众传媒发达，有冠全球之首的新闻纸购读量和出版物发行量，是不折不扣的传媒社会。谈日本文化总绕不开出版，而从出版切入，则不失为一条有效"链接"日本文化深层资源的捷径。

但是，纵然有再独特的文化视角和再深入的观察，如果不能找到一种契合的表达方式，也是枉然，至少文字难以广传。近20年来，纵论日本出版问题的著译也颇有一些，大体难逃甫一问世，便被束之高阁的命运（包括曾几何时的日本畅销书《出版大崩溃》之类），而长声的文字，则始终葆有一定数量的读者群，每有新著问世，也会在圈内引发一阵话题效应。究其原因，笔者以为表达形式的问题尤为重要：形式问题绝不仅仅是"形式"的——所谓什么脚穿什么鞋子，舒服与否，只有脚知道。纵观近百年来国人对日本的观察、读解，在汗牛充栋的文献中，有多少是还在被公众阅读的有效文字，有多少会继续传承下去，而又有多少是真正为东洋知识社会所看重的"干货"呢？黄遵宪、戴季陶和周作人之所以赢得日人长久的敬重，除了"识"的因素以外，与随笔性的文体表达似应有一定的关联。

日本是随笔大国，随笔产量之大，达泛滥的程度。某种意义上，日本文学，无论是小说、诗歌、戏剧，都可以看成是随笔及其变种。长声老师有时自称随笔作家（Essayist），而不是传统中文意义上的散文家，想来与长年浸淫日本文化有直接的关系。其文字中适性冲淡、机智调侃的一面也确乎与日本文学的随笔传统更"接地气"，而在为文码字的态度上和文章本身所呈现的气场上，则常令人想到知堂的文字。

应该说，长声的文字受日本文学的影响是显而易见的。这样说，并不单单指文字的表达形式本身，还有文字的节奏、内在张力及其所传达的情绪。"乘地铁去讲谈社，在护国寺下车。地下有直通讲谈社大楼的专用入口，一进去别有洞天，气派的大厅更像是酒店或银行。偶尔到这家日本最大的出版社办事，倘若天气好，就顺便逛一逛附近的护国寺。那里有野间清治的墓地，他就是讲谈社的拓荒人。"（《一代杂志王：野间清治》）读到这样的文字，令人不由得联想起川端康成的名作《雪国》开篇的那段著名描写："穿过县界长长的隧道，便是雪国。夜空下一片白茫茫。火车在信号所前停了下来……"

就笔者而言，之所以"粉"长声老师的文字，与他对日本的态度是分不开的。读其文，或听其谈论日本的物事，每每共鸣于其对东洋喜而不哈、悦而不媚，拿得起、放得下的心态，简而言之，就是"是其是，非其非"，该怎样就怎样。而"非"的时候，也不是动辄板起面孔，作手持板砖拍人状，而是满脸怪笑地调侃之，好玩之极。以我对旅日华人社会的了解，拥有如此性情而平衡之心态者，如果不是与生俱来的天性使然的话，至少其性格中不乏某种建基于本土文化之上的自信、旷然的气质。正因此，长声的文章常常能出堂入巷，左右逢源，谈日本古典时，不忘中国的经典，时而也拿日本的现象说中国的事，某种意义上，不啻为中日比较文化读本。

作为长声老师的资深"粉丝"，我对其书向来是出一本买一本。但20世纪90年代末，笔者人在东京，竟错过了《东游西话》和《居酒屋闲话》的出版。如今遍寻坊间已不得见，日益成为心痛。因此，一个深藏于心的小小盘算是，来年春节，等嗜酒豪饮的长声老师回京时，试以请喝酒为诱饵，厚脸强索之。不知能搞掂否？

日本人为什么不喜欢《蝴蝶夫人》?[①]

一

谁是世界上最有名的"东洋魔女"？答案不是哪位东洋女明星、女作家，不是李香兰、原节子，也不是外交官出身的皇太子妃小和田雅子，而是蝴蝶夫人（Madame Chocho）。众所周知，《蝴蝶夫人——日本的悲剧》（以下简称《蝴蝶夫人》）是意大利剧作家贾科莫·普契尼（Giacomo Puccini，1858—1924）的代表作之一，从 1904 年公演以来一个多世纪的时间里，历久不衰，至今是欧美各大剧场的保留剧目。即使在欧洲古典大师中，普契尼也是以具有良好的剧场感而著称，其歌曲与管弦乐仿佛被赋予了某种可视性色彩。充满异国情调的题材、背景，蝴蝶夫人悲情、凄切的故事，都使该剧成为不可多得的东方主义文本，其意义远远超出了戏剧、音乐本身。

但是，对这部以东洋生活为背景题材的作品，日本观众心态复杂，往往无法抱着"拿来主义"的态度进入情境，为其艺术魅力所感染。所谓"日本的悲剧"，在许多人心中唤起的，是眷恋与嫌恶两种截然相反的情感共鸣：在为蝴蝶夫人的残酷命运而悲戚的同时，内心却为某种刺痒、别扭的不快感所左右，让人直想别过脸去；一方面为剧情所吸引，另一方面，恨不得立马逃离预设的情境。毋宁说，这出名剧呈现给

---

① 本文为《东方主义与性》［小川さくえ著，『オリエンタリズムとジエンダー』，（日）法政大学出版会，2007 年 10 月］撰写的书评，发表于《书城》（2009 年 6 月号）。

日本观众的，就是一种异样的、分裂的张力场。日本很多艺术家、作家都吐露过这种烦恼。音乐评论家高崎保男如此写道：

> 我对意大利歌剧的需求永无餍足，尤其喜爱普契尼，《波希米亚人》《图兰朵》无疑是杰作。但是，说到《蝴蝶夫人》，不以为然者众……实际上，我也曾经是其中之一。虽然我深信《图兰朵》忝列意大利歌剧史前五名而毫无愧色，但对《蝴蝶夫人》，无论是现场演出，还是唱片，我是能躲就躲。硬说那是名演奏，剧情最后会令人不由自主潸然泪下的话，反而更搓火于被普契尼的感伤主义、煽情主义所利用，越发陷入自我嫌恶之中，从而对这出歌剧也变得嫌恶起来。

高崎的话颇有代表性。恰恰是对《蝴蝶夫人》的感动，会陷欣赏者于自我嫌恶之中，继而"嫌屋及乌"，连带着对这出戏也讨厌起来。这种迂回曲折的心理，确乎是众多日本人共通的"抗药性"拒斥反应。

蝴蝶夫人及属于同一谱系的一系列日本女性形象，作为近代西方对东洋文化的大半基于想像基础上的形象化、类型化描述，实际上为西方打造了一面叫做日本的魔镜：通过它，东洋女子看上去像孩子般柔弱，楚楚可人怜，而西方男性，则自然而然地成为与其相对立的存在，雄健、自信，富于权威。如果说，在这里，日本女性只是西方为了确立自身的文化身份而利用的"他者"的话，那么对西方男性来说，这个"他者"的意义其实是双重的：通过她们温柔、仰视的视线，站在对面的人，西方和男性的身份获得了双重的确立。但反过来，对日本人来说，则无异于双重屈辱。

二

文学批评家伊藤整说，蝴蝶夫人是"日本女性像在西欧世界和男性眼中的投影，善也好，恶也好，其构成了一种类型化的存在"。而既然是类型化的存在，这种类型就是复合的，而不是单一的。事实上，蝴蝶夫人，既是普契尼同名歌剧中不幸的女主人公，也是一系列由西方人塑造的东洋女性的代名词。这个谱系内涵丰富，作为一种东方主义文本，甚至逸出了"东洋"的地理范畴，延伸到了越南、中国。

一般认为，法国作家彼埃尔·洛蒂（Pierre Loti，1850—1923）的小说《菊子夫人》（*Madame Chrysanthème*）是《蝴蝶夫人》的雏形。这部小说在欧美社会获得意想不到的成功，迷倒了小泉八云（Patrick Lafcadio Hearn）等众多怀抱东方情结的作家、学者。美国作家约翰·卢瑟·朗（John Luther Long，1861—1927）受其影响，1898 年以《菊子夫人》为蓝本，发表了一篇不长的小说《蝴蝶夫人》，旋即成畅销书。继而，美国导演、剧作家戴维·贝拉斯科（David Belasco，1853—1931）将小说改编为舞台剧，在纽约上演，一炮走红。普契尼在伦敦观看了该剧的演出后，虽不谙英语，却感动异常，当即决定改编成歌剧，于 1904 年首演，风靡世界。其余韵至今不绝，克隆版如雨后春笋，并呈"全球化"态势，著名者如 20 世纪 80 年代末百老汇的音乐剧《西贡小姐》（*Miss Saigon*）和同一时期被好莱坞搬上银幕的《蝴蝶君》（*M. Butterfly*）。虽然两者均系"美国造"，但就故事的背景而言，如果说前者系越南版蝴蝶的话，那么后者则是蝴蝶的中国版。

不过，若论及在蝴蝶夫人谱系构成中的重要性，则首推彼埃尔·洛蒂的《菊子夫人》和普契尼的《蝴蝶夫人》，两者对蝴蝶夫人，这个东洋女性"标本"的成形和定型，起了决定性的作用。

三

彼埃尔·洛蒂，原名于里安·维欧（Julien Viaud），是一名法兰西海军军官出身的声名显赫的作家。活跃于 20 世纪 30 年代上海文坛的作家叶灵凤，曾撰文解释过其笔名的由来。"洛蒂"，这个塔希提岛女人对心爱的漂亮男人的昵称，后来为作家爱用不已，并以之名世。

作为职业水手、帝国海军军官，洛蒂在退休之前，一直过着"乘桴浮于海"，周游列国的生活，他尤其对远东地区的异域风情，充满迷恋。由于水手和作家的双重身份，洛蒂得天独厚，随走随写，其细腻、感性的文字，带有异国情调的表达，在法国和欧洲读者眼前呈现了一个关于古老、神秘的东方的异文明读本，被评论界誉为给"法国小说添了一种新的空气，在法国散文里输入了一种新的音乐"。1892 年，以多数票数击败自然主义大师左拉（Emile Zola），当选法兰西学院院士。73 岁去世时，法国为其举行国葬，灵柩进驻先贤祠，成为"不朽者"。如此哀荣，是对雨果、法朗士等文豪级的待遇。

洛蒂的小说《菊子夫人》，早在 20 世纪 20 年代末便由徐霞村介绍到中国。顺便提一句，被介绍到中国的洛蒂小说还有《冰岛渔夫》（*Pêcheur d'Islande*），早年有黎烈文译本，20 世纪 80 年代由戈沙重译。更为国人熟悉的是长篇游记《在北京最后的日子》（*Les derniers jours de Pékin*），20 世纪 30 年代由留法诗人李金发翻译，是洛蒂作为法兰西军官，在"庚子事变"后远征北京的手记，历来被看成是殖民主义经典文本。

1858 年夏天，35 岁的海军上尉洛蒂初次靠港日本长崎。在这个被称为离西洋最近的东洋港口城市，洛蒂与 18 岁的日本姑娘阿兼过了一段短暂的同居生活。洛蒂把从是年 7 月 8 日到 8 月 12 日，共 36 天的生活和所感记录在日记中。两年后，以日记为摹本，扩写为一部小说，1857 年在《费加罗报》上连载，即《菊子夫人》。1893 年，由著名的巴黎加尔曼－莱维（Calman-Levy）书店出版了单行本。

19 世纪后半叶，正是"日本主义"（又称"东洋趣味"）风靡整个欧洲，影响如日中天的时期。借助印象主义等现代艺术流派的逆向传播效应，日本的绘画、瓷器、家具及其所代表的东方主义审美情趣，成为欧美上流社会的前卫和流行。江户幕府和后来的明治政府，也把国粹作为公关西方的"国家软实力"，从 1862 年（文久二年）的伦敦万国博览会，直到 1867 年（庆应三年）的巴黎万博会、1873 年（明治六年）的维也纳万博会及 1878 年（明治十一年）的巴黎万博会，有意识地向国际社会推销自己的传统文化。在 1867 年巴黎万博会上，日本馆内搭建了一间和式水茶屋，三名色艺双馨的柳桥①艺伎严格按日本传统的礼仪作法为来客端茶斟酒，插花弹琴，令西方游客眼界大开，水茶屋前终日长蛇阵不断。当时的巴黎是世界花都，据说参观日本馆的游客多达 5000 万人次。

---

① 江户时代的传统花街，位于现东京都台东区南部，因神田川上的同名河桥而得名。

某种意义上，《菊子夫人》是一间由西方人自己构筑的、旨在取悦西方读者、观众的和式"水茶屋"，对于为维多利亚时期繁文缛节的道德律令禁锢已久的 19 世纪欧洲人来说，不啻为对在性上被认为"自由奔放"的遥远东洋的"问候"。在环球旅行还是一种冒险的时代，与工业化初期丑陋不堪的西方都市相比，偏安于远东一隅的东瀛列岛，无异于美丽的"逃遁花园"。

　　如果说，对于那个时代绝大多数西方人来说，对"逃遁花园"的神往，至多是一种基于想像的纯精神性自我安慰的话，那么，对乘帝国军舰，以航海旅行为职业的洛蒂来说，则是一种超越纯想像的、大半建基于某种体验之上的对异国他乡行旅的期待。这种"体验"，有很实在的一面，当然也包括性经验。洛蒂作为军人绕世界转，在各地寄港。而每到一地，作为把自己与那个国家、那块土地维系在一起的纽带，实际上是通过了当地的女人。日本翻译家、学者船冈末利说："就这样，他乘军舰在当时一般人完全无从抵达的世界各地周游，以当地女性为媒介，触摸斯地风物，了解习俗惯行，待人接物，让短暂的勾留贮满欢愉。曾几何时，与岛女共沐塔希提岛风光，体验了一把天堂乐园；塞内加尔混血女郎，令他感受沙漠地带干燥的风土和热气，领教了爱欲与倦怠；通过阿姬亚黛①，得以体味回教的神秘和爱恋的苦恼；而在日本，扮演类似角色的，则是菊子。"

　　但是，有期待就有幻灭，期待越殷，幻灭就越大。从中国驶往日本的军舰上，在"我"向自己的下级士官透露船靠长崎港后，自己将"结婚"的消息时，日本对洛蒂来说，还是一个未知的国度。他所有对这个国家的知识，基本上限于东洋工艺品和浮世绘所传达的程度。但唯其如此，对异国的憧憬才更加蛊惑。尤其想到被在中国枯燥乏味的生活"浪费"了的大把时间，更恨不得一步跨越剩余的海路，即刻登陆长崎。"绿色庭园的正中，茂密的浓荫下，纸的房子"；"金色的肌肤，黑的头发，有着猫一般眼睛的娇小玲珑的女人……"西方男性对东洋的夹杂了相当情色意味的官能性想像，可谓具体而生动。尽管"我"是

---

　　① 1879 年，洛蒂发表了处女作《阿姬亚黛》（*Aziyadé*），记述了土耳其异国情调的风光和作者的一段恋情，从此步入文坛。

头一次寄港日本，但同船的军人同侪，已在相互交换交易信息，诸如去一家叫"百花园"的茶屋，有位叫勘五郎的"人种结合秘密斡旋人"（皮条客），可以介绍年轻的东洋女郎等等。事实上，在军舰寄港期间，找日女同居者远不止"我"一人，好歹腰包有点裕富的士官，均毫不犹豫地投入了"结婚"生活。

随着军舰徐徐驶入长崎港，空气中充满花香，蝉鸣悦耳，碧海青山宛如一幅画，"我"的期待也涨潮到了顶点，兴奋得禁不住在心里叫道："好一个绿荫之国，日本！好一个连想像都无法企及的乐园……""为了把我们引入自己的心脏深处，日本就好像在我们眼前魔法似的开了一道口子。"这种象征意味明显的叙事太容易使读者从中感受到某种性的暗示，联想到即将展开的主题。但同时，工于景物描写的作家其实不意间也落入了老套的窠臼：近代海通以来，以船只入港来象征征服与被征服、强与弱、男和女，在欧美社会描绘其对日本及东方关系的著作中真不知有多少。

但是，当抱着类似梦游的心境在天上飞的"我"终于瞥见长崎港的景观的时候，仿佛被失望重重地摔在地上，"这是对我们眼睛的背叛"。为求不可思议的神秘国土，万里迢迢，远渡重洋，眼前却是一个再平凡不过的渔港。风景如此，人更不堪：那些一窝蜂似的拥到船上，争相兜售土产的男女的丑态令"我"错愕不已，乃至"结婚"的念想瞬间就萎缩了。想到自己的对象，也许就像站在那儿的"小白鼠一样的女孩子"，不禁倒抽一口凉气。

这种对岛国的第一印象是一个隐喻，昭示了一段露水姻缘的结局。不过，洛蒂的桃花运并没有那么不济。在用"猴子"、"猫"、"犬"、"老鼠"、"蛇"等各种不堪的小动物糟改了一通当地男女的"天生丽质"之后，作者对从勘五郎手里以一个月40日元的契约价格"娶"来的"新妻"菊子，其实是满意的，甚至有些沾沾自喜。这个18岁的江户名艺伎的女儿，精致得简直就像从所有东洋折扇、屏风、茶碗上走出来的一样，乃至令"我"平生似曾相识之感。

但作者毕竟不是单纯的海军军官，同时也是情感细腻的文人。菊子优雅、落寞、孤独的性格很快就令"我"索然。对屡痕处处，内心储存有各种版本的异国性体验的作者来说，这个看上去如此"上品"的东洋女子无疑有点"闷",他希望她能像某些传说中的日本人妻那样充满"绽放的活力和情热"。换句话说,令作者感到乏味的,是菊子对爱情表达的贫乏。但是,对于一个缺乏男性经验、没见过世面的18岁乡下女孩来说,要具备作者所期待的那种能轻易捕获男性的官能性蛊惑的魅力,无论如何是不现实的。但尽管如此,"我"还是尽量进入"婚姻"的角色,一边尝试以各种方式与菊子沟通,一边像纯情男生似的假戏真做起来,乃至竟发展到与自己同僚之间的三角关系。情欲、妒忌、爱的丧失与孤独,所有言情小说的要素,在这里一应俱全。

终于到了出帆之日。女主人公的一句"请来对我说声'撒哟娜啦'吧",让经过一个多月的"家庭"生活之后,被种种情感折腾得有些意兴阑珊的"我"突然又变得兴奋起来,"她是爱我的!"作者蹑手蹑脚,想给她一个惊喜。从屋里传来菊子快乐的小曲,同时伴有一种奇怪的声响。"我"手脚并用,爬上楼梯,扒开门缝,但见菊子正在把玩昨晚"我"付给她的银币。在手里捏一捏,翻过背面瞅一瞅,扔到地面上听听声儿,用小铁锤敲一敲……原来她在确认银币的真伪。这情景令"我"崩溃,作者觉得他被背叛了,一种对"爱情"的幻灭感油然而生。

伊藤整说:"洛蒂所描绘的日本轻浮、下等,被囿于某种奇怪的古风中,乃至今天读起来,令我们有种如芒在背的不快感。但同时,通过这种不快感,又能感受到一种残酷的肯定。就是说,虽然今天到访日本的外国人不复写洛蒂那样的事情,但并不意味着洛蒂所描绘的日本已不存在。同样的鄙陋、无视人性、对外国人的诌媚、阿谀,还存在于日本人中。在阅读洛蒂那种不客气的描写时,反而能感受到某种不得不直面事实的残忍喜悦。"对日本人来说,《菊子夫人》并非通常意义上的小说,而是一部关于外国人(特别是欧美人)如何看待自己,如何评价东洋文明的日本论、日本人论。其作为民族论、文明批评论之成立与否另当别论,至少日本人是从这种视角来接受的。

就作者洛蒂而言,虽然作为小说家早已功成名就,但对自己这部作品,心情却颇复杂,自我评价似乎也缺乏自信。小说付梓后,他题赠给某位血统高贵的公爵夫人时如此写道:"我对于是否把此书奉献给您踌躇再三,因为题材似乎有些不妥。但是,我已经努力使表达不欠品位,并自忖如此希望已然达成。"显然,令作者"踌躇"的,是小说的题材。作品中，男主人公与菊子的关系以疑似"结婚"的形式做了暧昧的处理，但事实上，那无非是外国人与当地女性间的买春、卖春交易而已。

对此，英国东方文化学者魏根深（Endymion Wilkinson）对洛蒂的包括《菊子夫人》在内的一系列小说有一个著名的酷评：殖民地性利用小说①。说穿了，即以殖民者的身份、立场，谋求、达成性的利用而已。

四

普契尼版歌剧《蝴蝶夫人》初演于 1904 年 2 月 17 日。仅一周前，日俄战争爆发。此前对日本的认识仅停留在"东方的神秘之国"的肤浅层面的西方诸国，开始惊愕于这个在甲午战争后，连续挑战大国的远东蕞尔岛国，其奇迹般的崛起，也从反面催生了"黄祸论"的西方意识形态。这个通过近代化迅速向帝国主义倾斜的远东岛国的动静，虽然已经引起了欧美国家的警觉，但由于地理的隔绝，有效信息的屏蔽，日本的面孔上仍然蒙着一层面纱——文化的面纱。

对日本及其文化的误读和"西方 VS 东洋"式权力力学关系的预设，是日本人难以接受《蝴蝶夫人》的主要原因。先看前者。为创作此剧，普契尼对日本作了一番堪称深入的研究，并得到了当时日本大使馆的襄助，在以约翰·卢瑟·朗的小说为蓝本的戴维·贝拉斯科版舞台剧的基础上，做了大幅改写、加工。这个爱上美国海军军官，终遭始乱终弃的艺伎出身的日本人妻的悲剧，是如此打动西方观众，从情节设计、人物对白，到音乐创作、舞台布景，无不充满戏剧性张力、冲突，高潮迭起。可以说，作为一出歌剧而言，几乎无懈可击，无疑是杰作。但唯其如此，才更令日本观众感到屈辱难当。这不仅是由于舞台上充斥着对东洋社会滑稽的、不无时代错误的描绘，在普契尼的咏叹调中，对《君之代》《江户日本桥》《越后狮子》等日本传统曲目的"嫁接"移植，也使日本人哭笑不得，而且，作为欧洲人的创作者与作为鉴赏者的

① 《误解——日米欧摩擦の解剖学》，魏根深（Endymion Wikinson）著，（日）白须英子译，（日）中央公论社，1992 年，第 73 页。

东洋观众之间，存在一种根本性的认识上的错位：西方人对日本的视线基本还停留在彼埃尔·洛蒂的时代，把明治初期的东洋社会当成"真正的日本"来理解，而进入大正时代的日本，则已师法西洋，正以自己急风骤雨般的近代化谋求与西方大国同等的认同。文化误读加时间错位，令日本人对此剧不以为然。

再看力学关系。如果说《蝴蝶夫人》的舞台，是西洋与东洋两种不平等的文化邂逅、碰撞、纠缠、倾轧的"磁场"的话，那么，这种"磁场"既是文化的，也是政治的，无往不投影出西方与东方、男性与女性的权力构造。爱德华·萨伊德（Edward W. Said）在《东方学》（Orientalism）中说："东方与西方从根本上而言是一种权力关系、支配与被支配的关系。"他认为，话语支配权力并不是孤立的，而是与其他权力有着千丝万缕的联系，是通过政治权力、文化权力、道德权力、知识权力等复杂交换而形成的一种"文化霸权"（Hegemony）。在婚礼之夜的一幕中，男女主人公的一段二重唱，以蝶与捕蝶者的隐喻，把这种权力关系描画得淋漓尽致：

> **平克尔顿：**"我的蝴蝶，多么般配的名字啊，轻盈的蝴蝶……"
>
> **蝴蝶：**听说在大海彼岸您的国家，如果蝴蝶被人手捉住的话，要一只只用针刺穿后，固定在桌子上！
>
> **平克尔顿：**有些说来确有其事。但你知道是为什么吗？是为了让它无法逃走，就像我这样抓住你似的……我心狂跳地抱紧你，你是我的。
>
> **蝴蝶：**是的，奴一生都是您的。

在这种权力关系的支配下，几乎所有东洋的物、事、人都被打上了"未开化"、"野蛮"的标签。在婚宴一场中，除了蝴蝶夫人本人被塑造成一只美丽、精致、可人的玩具外，所有女方的亲朋好友，一概是下流、没教养、阴险、不健全的。男主人公肆无忌惮地奚落、挖苦，甚至不顾体面，大开粗俗的玩笑。诸如假装听不懂"婚姻"的掮客五郎的三个女佣的日本名字（轻云、曙光、升香），说成是"像胡闹一样开玩笑的名字"，故意用形容动物口鼻部的词"Muso"，叫"畜面一号、二号、三号";命下人把所谓"东洋珍馐"糖渍蜘蛛蝇、果酒蜜制鸟巢等劳什子料理端上来等等，对日本文化的极端蔑视，完全是一幅19世纪西方殖民者的高慢嘴脸。

但是，为一个如此不堪的俗物及其"爱情"，日本武士之女竟不惜离亲叛众，抛弃祖先的牌位，皈依基督，相夫教子，从而成为在东洋社会中完全孤立无援的存在，把蝴蝶的华丽身体毫无保留地交付给西洋"博物学者"。萨伊德认为，东方主义作为一种文化霸权，其影响并不通过暴力统治强加于人，而是通过葛兰西（Antonio Gramsci）所谓的"积极赞同"（Consent）来达到目的。

武士之女，对所爱竭尽忠诚；在明白被欺骗之后，为保全作为"妻子"的贞节和作为母亲的慈爱，毅然以祖传的、武士之父切腹的短刀自刃，如此煽情的"爱与死的物语"，无论如何难与女主人公艺伎的出身联系在一起，倒像是西方十七八世纪市民社会关于所谓"完美女性"的道德教化。

深藏于东洋背景后面的西洋视角，且作为西方合理主义话语下的"日本的悲剧"，其隐蔽的二重构造的背后，也许本来就是对彼时甚嚣尘上的"日本主义"的策略性利用而已，所兜售的，其实还是近代西方包括殖民主义在内的主流价值，远东的岛国、东方主义与性，不过是舞台道具罢了。

后　记
让善意的批评成为中日关系的增殖因子

2008 年夏天，我在《凤凰周刊》撰文，以对我来说颇为罕见的刺激性标题——《日本的恶心》（多少有"标题党"的嫌疑），批评了日本政府针对中国的、把签证发放与否与观光者个人收入挂钩的观光签证政策，斥其为"反社会"、"反文明"。

该批评本身成立与否，另当别论，但笔者的初衷是想让日本观光及出入境管理政策的决策者明白一个道理，那就是如此政策，在中国公民的心中，无论其能否达到规定年收的门槛条件（25 万元人民币），都注定无法唤起愉快的情感回应：未达标者，厌恶，更坐实了对日本所谓"经济动物"的传统印象；达标者，侥幸之余，也感到个人隐私被公权力窥视、侵犯，不会有什么好感。

国与国之间的外交，第一原则就是公平、对等，我不知道如此明显缺乏"费厄泼赖"的、严重不对等的外交政策是如何出台的，据说与国人观光者在日本的"失踪"有关。但极少数分子（而且有数据表明是越来越少）的"人间蒸发"缘何成为抬高政策门槛的借口，进而又为个人收入公开与签证发放挂钩之所谓"必要性"而背书的，其间的逻辑关系过于跳跃，过程含混不清，缺乏透明。

据日本《中文导报》报道，如此政策实施近一年，截至 2008 年底，以这种被称为"家庭游"的形式获得签证，前往日本旅游的中国家庭仅有四个。而 2008 年，是日本"观光立国"的国策得到极大强化的一年，为此内阁不惜单独成立观光厅来推动该国策的实施。在这种情况下，从仅次于日本的世界第三大经济体、最大的贸易伙伴的中国，仅有四个家庭前来"捧场"的事实，说明该政策完全是失败的，它浪费了社会资源和近一年的时间，直接损害了日本的国家利益。而且，其在中国国民心中造成的负面影响，多少也削弱了日本的国家软实力，未来日本有必要从政策上加以调整、矫正，以证明"日本其实并非那么势利"，挽回在中国人心中的丢分。进一步的消息表明，外务省与观光厅方面已经意识到问题的严重，正着手修改有关政策。不久的将来，国人赴日旅行的政策限制，可望进一步放宽。

我并不认为，是拙文菲薄的努力收到了实效，我对舆论作用的期待，没那么乐观。但从拙文发表后得到的一些反馈来看，可以说，正是包括拙文在内的来自中国方面的善意的舆论批评，与日本政策决定机制的自我诊断、自我纠错程序的良性互动，导致了政策版本的"升级"。判断一个国家的政策决定机制是否健全，并不在于绝对不能出台坏政策，而要看出台坏政策之后，系统能否实现自我诊断，检出错误信息，进而启动纠错程序、升级版本。从这个意义上说，日本社会的反应能力、应变机制还是相当靠谱的。

我希望，不久的将来，包括笔者在内的每一个有兴趣了解日本的中国人，都能像我的那些日本朋友自由地来中国旅行、购物、享受美食那样，能自由地去日本的百货店购物，在东京的学术书店里消磨时间，品尝正宗的日本料理和札幌生啤。我相信，那必将极大促进中日两国国民的相互理解，客观上贡献于当地经济，有利于日本的"国益"。当然，与此同时，作为"对等"的外交，中国也会对日本更加开放，我的一些想要更深入地了解中国社会的日本作家、学者朋友，将无需担心滞留超过每次签证允许的法定期限，免去不得不每每中断手中的工作，花时间、花钱为再度取得一个月的合法居留权而辗转出境到第三国的再折返之苦。

哪些政策是促进中日关系的发展、实现国家利益最大化的良策，哪些是起相反作用的"恶法"，两国为政者都有反思之责。只有这样，制约中日关系发展的政策性瓶颈才有可能获得突破，一种指向双赢而不是零和的、良性循环的双边关系才可望构筑，从而从长远的时间轴上有利于双方各自的国家利益和两国的共同利益。观光签证问题只是其中的一环，类似亟待解决的课题还有很多很多。

这本书是我研究日本问题、中日关系的第二本书。其中的篇章，均发表于《南方都市报》《南方周末》《新京报》《21世纪经济报道》《南风窗》《凤凰周刊》《瞭望东方》及《艺术世界》等媒体，可谓"新锐主流，一网打尽"。不同的篇章，时间跨度较大，有些成文于七八年前，甚至连当初发表的刊物都已然消失于无形了。我对日本关注的时间虽然更长一些，但真正的"研究"却基本上与21世纪同步，这正是中日关系因两国各自定位的变化而发生激烈摩擦、重新照准的"调整期"。此前双方建基于对对方的想像基础上的学术资源面对新的现实显然已捉襟见肘，亟待版本升级，而"新学"的建构尚需时间。在这种情况下，两国民间交流已悄然跃至近550万人次/年的水平，百年来中日关系第一次突破了精英交通的层面，从规模上已经进入真正的民间交流时代。对此，毋庸讳言，两国学界、传媒界都不乏心理准备不足，赶鸭子上架、疲于应付的一面。

由于对两国舆论的持续关注，我个人较早意识到传媒视野中的中日关系与其原本实态之间的错位。其成因相当复杂，既有两国各自定位的重新调整问题，也有观察者自身对异文化的隔膜及叙事方式的问题，且无不受制于文化和意识形态的差异，"超越"之说谈何容易！全球化到底是否具有弥合世界的鸿沟、改写成"平的"大同存在之神力，诚大可存疑。老一辈日本汉学家、京都大学教授竹内实（Minoru Takeuchi）尝言"友好易，理解难"，笔者深感"友好已不易，理解实更难"。

因此，我一直试图摸索一种触摸与理解外部世界的方式，它根本有别于既成本土传媒的模式，同时也应该与学术叙事保持距离。尽管不敢妄称"实现"，但虽不能至，心向往之。希望有一天，我能有勇气说：虽不中，亦不远矣。

感谢《南方都市报》编辑李海华、邓志新、雷剑峤诸君，没有他们的"逼迫"，怠惰如我者可能会一直泡在丽都和798的OPEN CAFÉ里浪掷光阴；感谢《南风窗》编辑谢奕秋、《凤凰周刊》编辑陆南，他们精湛的学术背景和开放、锐利的专业视角每每给我以启发；感谢《纵横周刊》的安替、羽良、贾葭、阳淼等同侪，京城评报会上的觥筹交错和网上日复一日的观点沟通、碰撞，已成为不可或缺的日课。而如果没有浙江大学出版社编辑赵琼小姐敬业的奉献的话，这本书的出笼是难以想像的，80后一代的专业素质、水准令人肃然起敬。

在作为观察者、描述者叙事的同时，我时时感到日本的呼唤。我得承认，我对她依然陌生。但唯其陌生，才激起我了解的欲望；而越是了解（或自以为"了解"），她便越加陌生。这是我的困惑，也是我的宿命，或使命。

刘　柠
2009 年 3 月 5 日
于北京望京

图书在版编目（CIP）数据

　穿越想像的异邦：布衣日本散论/刘柠著．—杭州：浙
江大学出版社，2009.8
　ISBN 978－7－308－06996－0

　Ⅰ．穿…　Ⅱ．刘…　Ⅲ．日本－研究　Ⅳ．X313.07

中国版本图书馆 CIP 数据核字（2009）第 152114 号

穿越想像的异邦：布衣日本散论
刘柠著

责任编辑	赵　琼
文字编辑	杨苏晓
装帧设计	丁　丁
出版发行	浙江大学出版社
	（杭州天目山路 148 号　邮政编码 310028）
	（网址：http://www.zjupress.com）
排　版	北京京鲁创业科贸有限公司
印　刷	北京中科印刷有限公司
开　本	635mm×965mm　1/16
印　张	18
字　数	277 千
版印次	2009 年 10 月第 1 版　2009 年 10 月第 1 次印刷
书　号	ISBN 978－7－308－06996－0
定　价	35.00 元

浙江大学出版社发行部邮购电话　（0571）　88925591